Dokumentationen der Evangelischen Akademie Nordelbien

Band 15

JUGEND IN DER SACKGASSE ?

- Gegen die Entwarnung in der Jugendfrage! -

Hans-Hermann Wiebe (Hrsg.)

Verlag C. H. Wäser   Bad Segeberg

Redaktion: Dr. Brigitte Arend

Dokumentationen der
Evangelischen Akademie Nordelbien Band 15

Jugend in der Sackgasse?
- Gegen die Entwarnung in der Jugendfrage! -

Herausgeber: Hans-Hermann Wiebe

Fotos: argus, Hamburg

Auflage: 500

(c) Verlag C. H. Wäser

Bad Segeberg 1989

3-87883-037-8

Inhaltsverzeichnis

Seite

Hans-Hermann Wiebe
Vorwort: Gegen die Entwarnung in der Jugendfrage! 5

Günter Apel
Thesen zur quantitativen Entwicklung auf dem Ausbildungsmarkt 7

Walter R. Heinz
Jugend zwischen Bildung und Arbeitsmarkt 11

Harry Friebel
Jugend in der Krise. Berufsstart und Familiengründung in
historischer Perspektive 19

Eva-M. Otto-Brock/Peter Wahler
Jugend und Wertewandel. Der soziale Kontext der Einstellungen
Jugendlicher zu Arbeit und Beruf 37

Gertrud Kühnlein
Neue Abhängigkeiten der Jugendlichen von der Familie 45

Wolfgang Gaiser
Hürden fürs Erwachsenwerden. Probleme der sozialräumlichen
Verselbständigung in der nachschulischen Jugendphase 51

Karl Stengler
Thesen zur Situation jugendlicher Sozialhilfeempfänger -
am Beispiel Hamburgs 69

Hans-Hermann Wiebe
Der Funktionswandel von Schule und Jugendarbeit 73

Erich Raab/Hermann Rademacker
Zur Bewältigung des Übergangs in den Beruf: Schulsozialarbeit
und arbeitsweltbezogene Jugendhilfe 89

Seite

Willy Klawe
Außerschulische Bildung gegen Diskriminierung der Hauptschüler
auf dem Ausbildungsmarkt? Das Projekt "Berufsperspektiven und
Berufswahl" der Volkshochschule Norderstedt   99

Gabriele Alt/Bettina Banse
Mädchen zwischen Schule und Beruf. Wie begleiten wir den Übergang im Mädchentreff?   121

Winfried Seibert
Berufsorientierung im Spannungsfeld zwischen subjektiven Verarbeitungsformen und gesellschaftlichem Ausgestaltungsprozeß   127

H. Dieter Mueller
Zukunft der Berufswahlfreiheit. Plädoyer für eine soziokulturelle
Neuinterpretation und Neuorganisation der Berufswahl und Berufsorientierung   141

Eyke Berghahn/Rolf Deutschmann
Neue Wege gegen Jugendarbeitslosigkeit aus gewerkschaftlich-
GRÜNER Sicht: Das Konzept eines Jugendausbildungs- und
Beschäftigungs-systems (JABS)   165

Autorenverzeichnis   175

Hans-Hermann Wiebe

Vorwort: Gegen die Entwarnung in der Jugendfrage!

In der öffentlichen Diskussion über die Übergangsprobleme Jugendlicher in Arbeit und Beruf ist es seit einiger Zeit populär geworden, Entwarnung zu geben. Weitblickende Politiker weisen darauf hin, daß die Probleme der Ausbildungskrise und der Jugendarbeitslosigkeit sich mit den abnehmenden Zahlen der Jugendlichen allmählich von selbst erledigten. Sprecher von Industrie- und Handelskammern wie Handwerkskammern verkünden, daß das Verhältnis von Angebot und Nachfrage bei den Lehrstellen sich nunmehr umzukehren beginne. Es gäbe schon wieder ein zahlenmäßiges Überangebot an Lehrstellen. Branchenvertreter klagen bereits wieder über nicht zu besetzende Ausbildungsplätze, etwa in der Gastronomie. Besorgte Jugendfunktionäre blicken schon beklommen auf das Ende des Jahrhunderts in der Sorge, nicht mehr genügend Jugendliche für ihre Verbände und Aktivitäten rekrutieren zu können. Im Blick auf das zentrale Jugendproblem der gesellschaftlichen Integration Jugendlicher durch Ausbildung und Beruf hätte sich also die Politik der bildungs- und sozialpolitischen Ersatzlösungen als Übergangsstrategie bewährt. Die "Zwischenlagerung" Jugendlicher, wie W. Heinz präzise formuliert, hätte sich als Pazifizierungsmethode des Übergangskonflikts trefflich bestätigt. Eine Bilanz der Kosten, die die Jugendgeneration der letzten 15 Jahre bezahlen muß, interessiert nun sowieso niemanden mehr und wird besser unterlassen. Ist das Jugendproblem in quantitativer Hinsicht nunmehr erfolgreich seiner Entsorgung zugeführt, scheint der entscheidende Konflikt vorerst gelöst, so daß die gesellschaftliche Diskussion der Jugendfrage ruhen kann, solange Jugendliche im wesentlichen ruhig bleiben. Damit wäre auch hinreichend deutlich, daß die gesellschaftlich-politische Umgehensweise mit dem Jugendproblem sich analog den Bewältigungsmaximen vollzieht, die sich schon in anderen Überlebensfragen als wirksam erwiesen haben. Die Diskussion der qualitativen Dimension gegenwärtigen Jungseins unter den gegebenen gesellschaftlichen und epochalen Auspizien darf darum getrost auf den kleinen Kreis von "Jugendexperten" beschränkt bleiben, bis Gruppen von Jugendlichen sich wieder in so herrlich kreativen Protestformen artikulieren, die dann auch medienrelevant werden.

Einem solchen jugendpolitischen Zynismus, der in unserer Gesellschaft gang und gäbe ist, will dieser Band, der aus einer Tagung der Evangelischen Akademie Nordelbien in Bad Segeberg unter meiner Leitung entstanden ist, auf vielfältige Weise widersprechen. In der hier dokumentierten Begegnung von Theoretikern und Praktikern der "Jugendarbeit" im weitesten Sinne werden entschiedene Einsprüche gegen die vorschnelle und die Probleme unzulässig vereinfachende Entwarnung in der Jugendfrage formuliert.

Die Einsprüche richten sich vor allem auf eine differenzierte Sicht folgender Zusammenhänge:

- des quantitativen Problems von Angebot und Nachfragen von Lehrstellen (Apel)
- der biographischen Bedeutung der Übergangsprobleme und deren innerer Verarbeitung (Heinz; Friebel; Otto-Brock/Wahler)
- der Verselbständigungsprobleme Jugendlicher (Kühnlein; Gaiser; Stengler)
- des Funktionswandels von Schule und Jugendarbeit und der Probleme ihrer Lösungsversuche (Wiebe; Raab/Rademacker; Klawe; Alt/Banse)
- der Probleme von Berufsorientierung und Berufswahl (Seibert; Mueller)
- der Alternativen zum "dualen System" der Berufsausbildung (Berghahn/ Deutschmann).

So ergibt sich ein komplexes Bild der Übergangsprobleme Jugendlicher in den Erwachsenenstatus, der allzu klar die Hürden erkennen läßt, die das jugendliche Individuum im individualisierten Prozeß gesellschaftlicher Integration überwinden muß. Es zeigt sich, wie wenig gesellschaftliche Institutionen strukturell darauf eingerichtet sind, dem biographisch durch eine Fülle von Aufgaben beanspruchten Jugendlichen in diesem Prozeß zu helfen; der Mangel an politischen Lösungsmöglichkeiten ist ohnehin offenkundig. Entwarnung kann in der Jugendfrage nicht gegeben werden.

Ich danke den Autoren für die Hergabe ihrer Texte, für vielfachen Austausch und alle Begegnungen.

Günter Apel

Thesen zur quantitativen Entwicklung auf dem Ausbildungsmarkt

Die Zahl der Schulabgänger wird in der Bundesrepublik bis 1995 um etwa 40 % zurückgehen. In Hamburg werden wir einen noch stärkeren Rückgang zu verzeichnen haben. Die Zahl der "Schulabgänger" ist aber nicht identisch mit der Zahl der Bewerber auf dem Ausbildungsmarkt; denn der Rückgang der Nachfrage wird im kommenden Jahrzehnt deutlich hinter dem der Abgänger aus den allgemeinbildenden Schulen zurückbleiben. Der Höhepunkt der (Bewerber-)Nachfrage ist in der Bundesrepublik 1984 erreicht worden; in Hamburg 1986. 1987 ist in Hamburg kein starker Rückgang zu verzeichnen, bis 1990 dürfte er sich auf 25 % belaufen. Ich halte dies für den höchstmöglichen Rückgang, mir scheint ein geringerer noch wahrscheinlicher. Bis 1995 dürfte in der Bundesrepublik ein Rückgang von 25 % zu erwarten sein. Prognosen für die Hamburger Entwicklung sind wegen der nicht vorhersehbaren Entwicklung der Umlandnachfrage besonders schwierig.

Die eigentliche "Unbekannte" ist allerdings nicht die Nachfrage, sondern das Angebot. Es läßt sich nicht aus statistisch faßbaren Daten, wie z. B. Schülerzahlen, Jahrgangsstärken oder erkennbarem Bildungsverhalten, errechnen; es hängt vielmehr Jahr für Jahr von Hunderttausenden von betrieblichen Einzelentscheidungen ab. Da sich die Betriebe verständlicherweise nicht in der Lage sehen, heute anzugeben, wie viele Ausbildungsplätze sie 1990 oder gar 1995 besetzen werden, läßt sich das zukünftige Angebot - im Unterschied zur Nachfrage - auch nicht näherungsweise berechnen. Lediglich begrenzte Aussagen sind auf Grund der bekannten Entwicklung der zurückliegenden Jahre möglich:

a) Das Gesamtangebot an Ausbildungsplätzen ist im letzten Jahrzehnt der Nachfrage gefolgt. So standen 1976 einer Nachfrage von 524.000 Bewerbungen 514.000 angebotene Plätze gegenüber. Festzuhalten ist also eine rechnerische Unterdeckung von 10.000 Plätzen. 1984 - auf dem Höhepunkt der Ausbildungsplatznachfrage - ergab sich ein Verhältnis von 764.000 Bewerbungen zu 727.000 angebotenen Plätzen; die rechnerische Unterdeckung lag bei 37.000 Plätzen. 1986 standen 732.000 Bewerbungen 716.000 Ausbildungsplätze gegenüber, dies waren 16.000 Plätze zu wenig.

Die Nachfrage stieg von 1976 bis 1984 um rund 46 %, das Angebot um 41 %. Bemerkenswert erscheint mir dabei, daß über einen Zeitraum von 8 Jahren die Schwankungsbreite weniger als 5 % betrug. Nach dem Erreichen des Nachfragehöhepunktes 1984 veränderte sich auch das Angebot. Seit 1984 ist es um 2 % gesunken, die Nachfrage sank um 4 %. Das Angebot folgte also - wenn auch zögernd - der Nachfrage.

Mithin: Die Erfahrungen des letzten Jahrzehnts zeigen eine deutliche Abhängigkeit des Angebots von der Nachfrage, wobei in diesem Zusammenhang nicht die Differenzen - die notorische Unterdeckung -, sondern die fast unglaubliche Parallelität beider Entwicklungen von entscheidender Bedeutung ist.

b) Im Bereich der Handwerkskammer Hamburg ist die Zahl der eingetragenen Ausbildungsverträge bereits rückläufig.

Die aus den zurückliegenden Jahren abgeleitete Entwicklungswahrscheinlichkeit scheint sich zu bestätigen. Im Handwerk, in der Landwirtschaft und in der Hauswirtschaft ist das Angebot an Ausbildungsplätzen von 1984 bis 1985 um rund 16.000 Plätze zurückgegangen. Dabei sank das Angebot im Handwerk um 12.500, in der Landwirtschaft um 2.500 und in der Hauswirtschaft um 1.000 Plätze. Verrechnet man diese Entwicklung mit Steigerungen in anderen Ausbildungsbereichen, bleibt ein Negativsaldo von 8.500 Plätzen, dies entspricht einem Rückgang von 1,2 %. Auch für 1986 läßt sich eine ähnliche Entwicklung feststellen: Insgesamt sank das Ausbildungplatzangebot um 12.000 Stellen, dies entspricht einem Minus von 1,7 %.

Die Bundesvereinigung der Arbeitgeber erwartet auch für die Zukunft einen nachhaltigen Rückgang des Angebots. Ingeborg Weegman (BdA) formulierte am 1. Dezember 1986, bisher sei oft über den Eigenbedarf hinaus ausgebildet worden, aber mit nachlassendem Quantitätsdruck würden in den nächsten Jahren die Bedarfsgesichtspunkte wieder stärker in den Vordergrund treten. Dies bedeutet: Weniger Ausbildungsplätze in der Zukunft.

Zwar wurde im Bereich der Handelskammer Hamburg 1986 mit etwa 11.000 eingetragenen Ausbildungsverhältnissen ein neuer Höhepunkt erreicht, aber bis 1992 erwartet diese zuständige Stelle einen Rückgang der Ausbildungsverträge auf 6.000 bis 7.000. Dies entspräche innerhalb von 6 Jahren einer Minderung der Vertragsabschlüsse von etwa 7 % pro Jahr. Würden die Neuverträge insgesamt in der Bundesrepublik nur halb so stark schrumpfen, wie es die Kammer für Hamburg signalisiert, also nur um 3,5 % pro Jahr, so hätten wir 1995 etwa 470.000 Vertragsabschlüsse.

Auf der anderen Seite rechnet das Bundesinstitut für Berufsbildung für 1995 mit 490.000 Bewerbern. Selbst wenn im positiven Fall möglicherweise 490.000 Ausbildungsverträge abgeschlossen werden sollten, bedeutete dies noch keine Entspannung, die über einen rechnerischen Ausgleich in der Bundesstatistik hinausginge; vor allem hätten wir dann immer noch keinen Angebotsüberhang, wie er notwendig wäre, damit wirklich jede und jeder in der Bundesrepublik eine greifbare Chance auf Berufsausbildung erhielte.

Entscheidende Faktoren der Ausbildungplatzproblematik sind auch regionale, strukturelle und inhaltliche Probleme. Sie sind zum größten Teil ungelöst oder wachsen. Es bleibt eine nachdrückliche Forderung, sie unter den Bedingungen eines weithin angespannten Marktes zu lösen. Solche Disparitäten sind:

a) Differenzen zwischen der Vorbildung und den betrieblichen Anforderungen
b) Chancenungleichheiten
   Hier ist eine deutliche Benachteiligung der Mädchen festzustellen. 66 % der 1986 vermittelten Bewerber waren Mädchen, von den anderen vom dualen System Abgewiesenen 74 %. Allerdings ist auch die Nachfragemobilität zu gering. Die Konzentration der Mädchen auf sogenannte "frauentypische" Berufe hält immer noch an, auch wenn der Anteil der Frauen in sogenannten Männerberufen von 2 % auf fast 8 % gestiegen ist.
c) Umlandprobleme
d) Probleme einzelner Wirtschaftszweige
   So gibt es Wirtschaftszweige, die gut dotierte Ausbildungsplätze anbieten, z. B. die Bauwirtschaft, aber bei starren Vorbildungsstandards nicht besetzen können.
e) Probleme von Sondergruppen, wie Benachteiligten, Ausländern, Schwächeren und Behinderten
   Die Probleme dieser Gruppen werden durch den Schülerrückgang nicht gelöst.
f) Vorzeitige Vertragslösungen
   1977 wurden im Bundesgebiet rund 57.000 Verträge vorzeitig gelöst, das waren knapp 10 % aller Verträge. 1985 waren es bereits 104.000 oder knapp 15 %. Während sich der Anstieg der Vertragslösungen im Bereich der Industrie und des Handels (1977: 9,6 %; 1985: 11,1 %) sowie im öffentlichen Dienst (1977: 3,1 %; 1984: 3,7 %) noch in Grenzen hielt, ist für das Handwerk (1977: 14 %, 1985: 22 %), die Landwirtschaft (1977: 6 %, 1985: 14 %), die freien Berufe (1977: 8 %; 1985:

11 %) und die Hauswirtschaft (1977: 9 %; 1985: 18 %) eine deutlich verschärfte Entwicklung festzustellen.

Vor diesem Hintergrund sind die Realitäten zu sehen. 47.000 Bewerber um einen Ausbildungsplatz waren bis zum 30.9.1986 in der Bundesrepublik (2.143 in Hamburg) unvermittelt. Weiter hat das duale System 32.400 Bewerber abgewiesen, die zum Teil anderswo unterkamen. Das sind zusammen rund 80.000 Bewerber (= 11 %).

Schätzungsweise weitere 80.000 Bewerber (= 11 %) wurden in Ausbildungsplätzen untergebracht, die als Sonderprogramme öffentlich finanziert wurden. Das Ausbildungsplatzangebot der Wirtschaft und der Verwaltung müßte demnach um über 20 % größer sein, wenn es allein, d. h. ohne öffentliche Hilfe, allen Bewerbern eine Chance auf einen Ausbildungsplatz gewähren soll. Selbst wenn der Staat auch weiterhin über 10 % der Ausbildungsplätze finanzieren würde, müßten die Arbeitgeber ihrerseits noch 10 % mehr Plätze als bisher zur Verfügung stellen.

Die Aufgabe, dies zu leisten und dabei die strukturellen Probleme zu lösen, ist riesengroß. Sie ist jedoch nicht unlösbar und kein Grund zu Pessimismus. Aber wer sie gering schätzt, wer die Augen davor verschließt, daß bestimmte Entwicklungslinien korrigiert werden müssen, bringt die schlechtesten Erfolgsvoraussetzungen mit.

Walter R. Heinz

Jugend zwischen Bildung und Arbeitsmarkt

Die Möglichkeit, den Übergang der Jugendlichen in die Arbeitswelt im Interesse von Qualifizierung, Persönlichkeitsentwicklung und Lebenssicherung zu gestalten, liegt weitgehend in den Händen der Betriebe und bei den für Berufsbildung zuständigen Gremien. Der Gestaltung der Struktur und Bedingungen des Berufswegs durch Jugendliche und Eltern, die Schule und die Gewerkschaften sind dagegen enge Grenzen gesetzt. Auch in dem Auseinanderklaffen von Ausbildungsgängen und dem zukünftigen Bedarf an Fachkräften, worauf die Bund-Länder-Kommission für Bildungsplanung jüngst hingewiesen hat, zeigen sich die begrenzten Gestaltungsmöglichkeiten.

Diese Lagebeschreibung muß skeptisch stimmen hinsichtlich griffiger Antworten und praktikabler Lösungen für die Verwertungsprobleme erworbener schulischer Qualifikationen. Sie soll uns aber nicht zu dem Fehlschluß verleiten, daß die Situation des Jugendarbeitsmarkts völlig neuartig sei. Jugendliche aus Arbeiterfamilien und Mädchen hatten auch in Phasen der Vollbeschäftigung selten die "Qual der Berufswahl", sondern mündeten in schicht- und geschlechtsspezifisch vorgezeichnete Ausbildungs- und Berufswege ein.

Was sich seit Mitte der siebziger Jahre abzeichnet, ist eine umsichgreifende Labilisierung der Übergangs*strukturen* vom Bildungs- und Beschäftigungssystem. Die Gründe für diese Labilisierung können nicht auf die demographische Entwicklung abgewälzt werden, sie liegen vielmehr in den tiefgehenden Veränderungen von Arbeitsteilung und Arbeitsorganisation im Gefolge der neuen Technologien in Industrie, Gewerbe und Dienstleistungen. In den gesellschaftlichen Lebensverhältnissen trifft diese Entwicklung auf Auflösungstendenzen überkommener Formen der sozialen Integration im Familien- und Verwandtschaftssystem und in kollektiven Organisationen wie den Gewerkschaften.

Die *zweifache* Labilisierung des Übergangs in den Beruf - auf der ersten Schwelle eines unsicheren Berufsstarts und auf der zweiten Schwelle einer unsicheren Übernahme in ein Beschäftigungsverhältnis - bringt die Gefahr einer Individualisierung der Krisenfolgen in zwei Richtungen mit sich:

- Beruflicher Erfolg wird wieder der individuellen Leistungsorientierung zugeschrieben; beruflicher Mißerfolg und Ausgrenzung vornehmlich auf individuelles Versagen zurückgeführt.
- Neben den individuellen Zuschreibungen ergeben sich auch dauerhafte Benachteiligungen erheblicher Teile der jungen Generation. Aus der Sicht der Lebensläufe der jungen Generation kann die gegenwärtige Ausbildungsmisere nicht als vorübergehender Engpaß betrachtet werden. Die Biographien der Jugendlichen, die keinen Ausbildungsplatz finden und in großer Zahl in "Warteschleifen" einmünden, nach einer Berufsausbildung eine Dequalifizierung hinnehmen müssen oder arbeitslos werden, lassen sich nämlich nicht anhalten.

Für die Sozialisationsstruktur der Jugendphase ergibt sich aus den skizzierten Entwicklungen eine individualisierende Tendenz, wie dies jüngst von den Soziologen Ulrich Beck und Martin Baethge hervorgehoben wurde. Die im Arbeitsprozeß angelegte Chance zu einer kollektiven Identitätsbildung wird für immer mehr Jugendliche immer später zugänglich.

Die vor oder neben der Erwerbstätigkeit entstehenden Entwicklungsspielräume haben für die Jugendlichen einen ambivalenten Charakter: Einerseits haben sich ihre zeitlichen und sozialen Dispositionschancen erweitert, andererseits nimmt die materielle und emotionelle Abhängigkeit von der Familie und die Unmündigkeit als noch nicht in die Berufsarbeit integrierte Person zu. So befürchtet beispielsweise Baethge, daß unter solchen Sozialisationsbedingungen weniger die selbstbestimmte Persönlichkeit, sondern der Typus des ratlosen und gesellschaftlich isolierten Einzelindividuums entsteht.

Ich würde hier nicht so pessimistisch und verallgemeinert argumentieren wollen: Es gilt auch, positive Auswirkungen der Individualisierung im Sinne von Verselbständigung festzuhalten. Dazu zählen vor allem die wachsenden Ansprüche an eine sinnvolle und selbstbestimmte Arbeitstätigkeit bei vielen Jugendlichen und die hohe Bedeutung der Berufsorientierung in der Lebensplanung der Mädchen. Dies spiegelt sich auch darin, daß nahezu alle Haupt- und Realschulabsolventen eine Berufsausbildung anstreben, nur ca. 60 % (1985) der Abiturienten ein Studium aufnehmen wollen und die anderen mit einer Berufsausbildung beginnen möchten. So verbinden immer mehr Jugendliche in ihrer eigenen Bildungsbiographie die allgemeine und die berufliche Bildung.

Wer behauptet, daß heute eine wertegewandelte Jugend ihr Leben jenseits des Reichs der Notwendigkeit von Erwerbstätigkeit einrichten würde, argumentiert an der Lebenswirklichkeit der meisten Jugendlichen vorbei. Es gibt aus der neueren Jugendforschung vielmehr die Folgerung, daß es mit der Arbeitsmarktkrise nicht zu einer Abwendung von der Berufsarbeit gekommen ist, sondern eher zu Verschiebungen innerhalb der Lebensperspektiven - von der Dominanz der Erwerbstätigkeit und Karriere auf selbstbestimmte Tätigkeiten im Arbeits- und Privatbereich. Diese Einschätzung will ich im folgenden anhand neuerer Forschungsergebnisse zum Verhältnis von Jugend und Arbeit untermauern.

Eine wichtige Rolle spielen bei den Handlungsstrategien im Beschäftigungssystem die Erfahrungen, die die Jugendlichen bei der Suche nach einem Ausbildungsplatz machen. Dies belegen die Ergebnisse unserer Bremer Studie[1] und die Studien der Sozialforschungsstelle Dortmund[2]. Die meisten Jugendlichen, die in eine Ausbildung gehen konnten, bemühen sich, Arbeit und Berufsleben in ihren Lebenszusammenhang mit einzubauen. Sie tragen nämlich an Berufssuche, Ausbildungssituation und Arbeitstätigkeit nicht nur Vorstellungen über eine sinnvolle Arbeit und zufriedenstellende Arbeitsbedingungen, sondern auch ihre Erwartungen an eine Vereinbarkeit von Arbeit und Privatleben heran. Dabei müssen sie sich jedoch an den konkreten Lebens- und Arbeitsbedingungen orientieren und entsprechende Handlungsstrategien entwickeln, die ihnen nicht normativ vorgegeben, sondern in die Verfolgung von Qualifikationsinteressen und beruflichen Lebensperspektiven eingebunden sind.

Die Schlußfolgerung der Dortmunder Sozialforscher, daß die Jugendlichen von sich aus nicht bereit seien, ihre Ansprüche dem Arbeitsmarkt unterzuordnen, trifft wohl auf der Prinzipienebene zu, nicht aber auf der Handlungsebene. Das Prinzip bleibt lebendig und wird längerfristig angestrebt. Doch die Chancen, es zu realisieren, werden im Lebenszusammenhang durch die Hürden vor der Berufsausbildung und der Beschäftigung immer wieder in Frage gestellt. So sind Jugendliche und junge Erwachsene auch bereit, vorübergehend ihre eigenen Zumutbarkeitskriterien für Arbeitsverhältnisse abzusenken - daran werden sie ja bei der oft qualvollen Suche nach einem Ausbildungsplatz "gewöhnt".

Diese Unterscheidung zwischen Prinzipien- und Handlungsebene kann die oftmals widersprüchlichen Forschungsergebnisse und Interpretationen des Verhältnisses von Jugendlichen zur Arbeit aufklären: Auf der Handlungsebene stellen sie ihre Ansprüche zurück, um einen Ausbildungsplatz oder eine Arbeitstätigkeit zu bekommen. Auch diejenigen, die nach einer Ausbildung nicht in Beschäftigung einmünden können, beanspruchen aber weiterhin die Umsetzung ihrer Qualifikationen - allerdings im Rahmen der geltenden Leistungs- und Marktmechanismen.

Im Hinblick auf die Deutungsmuster und Handlungsstrategien finden wir in der Forschung optimistische und skeptische Interpretationen des Zusammenhangs zwischen Arbeitsverständnis bei Jugendlichen und den Entwicklungstendenzen auf dem Arbeitsmarkt. Die Jugendlichen seien einerseits nicht bereit, ihre Ansprüche an eine sinnvolle Arbeit, die sich mit dem Privatleben vereinbaren läßt, zu reduzieren. Andererseits wird von einer umsichgreifenden Ratlosigkeit und einer starken Konzessionsbereitschaft bei denjenigen Jugendlichen gesprochen, die sich immer wieder um Ausbildungs- und Arbeitsplätze bewerben. Dazu ist anzumerken, daß diese unterschiedlichen Interpretationen sich auf verschiedene Gruppen von Jugendlichen beziehen. Die optimistische Variante beruft sich meist auf Befragungen von Auszubildenden in Großbetrieben, von denen die Mehrheit mindestens einen Realschulabschluß hat. Die eher skeptische Interpretation bezieht sich auf Untersuchungen mit Jugendlichen, die mit Hauptschulabschluß noch auf der Suche nach einem Ausbildungsplatz oder in Überbrückungsmaßnahmen eingemündet sind.

Versucht man, die Ergebnisse der Jugendforschung auf den Lebenszusammenhang der Jugendlichen zu beziehen, so ergibt sich, daß die Arbeitsmarktverhältnisse zu einer widersprüchlichen Entwicklung führen müssen: Einerseits entsteht ein starkes Bildungs- und Qualifikationsinteresse, motiviert aus den Ansprüchen an eine sinnvolle Tätigkeit, andererseits eine hohe Bereitschaft zur Anpassung an die Selektionsbedingungen, die die Betriebe setzen[3].

Insgesamt betrachtet, haben die Berufssuche und die Berufsausbildung vielen Jugendlichen Erfahrungen vermittelt, die sie zu Ernüchterung und zu Strategien des Durchhaltens veranlassen. Der Übergang von der Schule in den Arbeitsmarkt und die Berufsausbildung sind nämlich Qualifizierungs- und Sozialisationsprozesse in einem: Arbeitsmarkt- und Ausbildungs*anforderungen* werden durch subjektive Interpretation und Handeln zu Bildungs- und Arbeits*erfahrungen*, die nachhaltige Folgen für die Persönlichkeitsentwicklung und das gesellschaftliche sowie politische Bewußtsein der Jugendlichen haben. Berufssuche und Berufsausbildung sind also auch und zentral Erfahrungsfelder der politischen Sozialisation, die die Lebensplanung, das gesellschaftliche Engagement, die Formen der Interessendurchsetzung, aber auch das Risikobewußtsein der Jugendlichen prägen.

Die Deutungsmuster und Handlungsweisen, die verschiedene soziale Gruppierungen von Jugendlichen in dieser Lebensetappe entwickeln, könnten nun als reine Anpassungsreaktion auf die Verwertungsprobleme ihrer schulischen und beruflichen Qualifikationen betrachtet werden. Im

Lebenszusammenhang der Jugendlichen ist ihr Handeln jedoch aktiv, verschiedene Optionen abwägend und an Tätigkeitsinteressen orientiert, was angesichts unsicherer Gegenwarts- und Zukunftsbedingungen durchaus realitätsgerecht ist.

Das Verhältnis der Jugendlichen zu Qualifikation und Arbeit muß sich in einem Spannungsfeld zwischen Erwerbsnotwendigkeit und berufsinhaltlichen Ansprüchen artikulieren. Es ist somit durch eine zwiespältige Qualität gekennzeichnet: Einerseits wissen die Jugendlichen, daß sie sich für ihren Berufsstart so gut wie möglich qualifizieren müssen, andererseits sind sie sich auch des Risikos bewußt, dennoch im Beschäftigungssystem umgelenkt oder gar von attraktiven Laufbahnen abgedrängt zu werden. Ihre Überlegungen konzentrieren sich demnach auf Zwischenziele: einen guten Schulabschluß, um überhaupt einen Ausbildungsplatz zu bekommen, sich während der Ausbildung zu bewähren, um danach im Betrieb übernommen zu werden.

Um die Motivationslage und Überlegungen der Jugendlichen angemessen zu verstehen, müssen wir aber den Blickwinkel auch auf den außerbetrieblichen Lebenszusammenhang erweitern und dort auf die Formen der Unterstützung, aber auch auf die Konfliktlagen eingehen, die die krisenhaften Prozesse des Übergangs vom Bildungs- ins Beschäftigungssystem begleiten. Jugendliche entwickeln bei der Bewältigung von Handlungsanforderungen, die sich aus der Verkettung von Arbeits- und Lebensverhältnissen ergeben, aktive Problemlösungsstrategien. Dabei Reflexion und Unterstützung anzubieten, ist auch eine Aufgabe der Schule.

In der erziehungswissenschaftlichen Debatte wird für die Zukunft der Bildung bevorzugt die Folgerung gezogen, daß durch das Leerlaufen erfolgreicher Qualifikationsprozesse die Erwägungen über die Nützlichkeit von Schulbildung immer mehr durch die Bedeutsamkeit von Lernprozessen für die persönliche Entwicklung ersetzt würden. So wird in der Schrift "Bildung für das Jahr 2000"[4] von zwei alternativen Szenarien über den Zusammenhang von Bildung und Arbeit ausgegangen: "Mehr Arbeitsteilung - weniger Qualifikation" bzw. "Weniger Arbeitsteilung - mehr Qualifikation".

Hiermit werden die Akzente jedoch falsch gesetzt: Es wird nämlich beide Tendenzen nebeneinander geben. Einmal werden die von den Schulen vermittelten Kenntnisse und Fertigkeiten in der beruflichen Ausbildung und im Arbeitsleben weiterhin benötigt. Zum anderen geht es nicht um die Frage von mehr oder weniger Qualifikation für die technisierte Arbeitswelt, von Sinnverlust oder Sinngewinn in den neuen Arbeitssystemen, sondern um die jeweiligen sektoralen, branchenbezogenen und betriebsspezifischen Strategien und Formen, die die Rationalisierungsschübe annehmen - kurz: um die Arbeitspolitiken der Betriebe und deren Verbände, die jedoch keineswegs immer planvoll und rational handeln.

Wie Kern und Schumann in ihrer Studie "Ende der Arbeitsteilung?"[5] prognostizieren, vollzieht sich in den Kernsektoren der Wirtschaft ein grundlegender Wandel der Produktionskonzepte, die auf einen ganzheitlichen Aufgabenzuschnitt zielen. Dabei werden die Qualifikationen und die fachliche Souveränität der Arbeitnehmer wieder als Produktivkräfte an Bedeutung gewinnen. Daraus erwächst - allerdings auch in Abhängigkeit von der Stärke der gewerkschaftlichen Interessenvertretung - ein neuer Spielraum in der Gestaltung von Arbeitsteilung und -ausführung. Dabei spielen durchaus auch Wirtschaftlichkeitsüberlegungen eine Rolle; beispielsweise ist die Beteiligung der Facharbeiterkompetenzen bei der Werkstattprogrammierung von CNC-Werkzeugmaschinen kostengünstiger als die Auslagerung der Programmierung in die Arbeitsvorbereitung.

Der Schlüssel zur Gestaltung liegt sprichwörtlich in den Schlüsselqualifikationen der Arbeitenden, und zwar in berufsfachlicher wie sozialer und politischer Hinsicht. Der Gestaltungsspielraum fällt nicht in den Schoß, er muß vielmehr bei der Abwehr der Negativfolgen von Rationalisierungsmaßnahmen erst gesichert werden. Das Abbremsen der fortschreitenden Zerteilung von Arbeit zugunsten einer ganzheitlichen Arbeitstätigkeit wird nämlich nur für einen privilegierten Teil der Arbeitnehmer Wirklichkeit werden. Die Schattenseite der neuen Produktions- und Dienstleistungskonzepte ist die Spaltung der Arbeitskräfte, vor allem eine verschärfte Abgrenzung zwischen Kernmannschaften und Randarbeitskräften.

Eine gespaltene Konjunktur hat eine nach Regionen und Branchen extrem unterschiedliche Beschäftigungslage zur Folge. Dies konfrontiert vor allem die Schulabgänger mit einem fragmentierten Arbeitsmarkt, d. h. mit Beschäftigungsstrukturen, die einerseits durch die Standortnachteile von Stahl-, Schiff- und Bergbau, andererseits durch die Standortvorteile von Mikroelektronik, Automobil- und Maschinenbau geprägt sind. Eine dieses Strukturgefälle aktiv angehende Beschäftigungspolitik muß neue Arbeitsplätze vor allen Dingen dort schaffen, wo die Arbeitslosigkeit hoch ist, anstatt moralisierend auf die mangelnde Mobilitätsbereitschaft und vermeintliche Fehlqualifikationen der Arbeitsuchenden zu verweisen - als ob die Ursachen für Arbeitslosigkeit bei den Motivstrukturen und Orientierungen der Berufsanfänger liegen würden.

Die von den Wirtschaftsverbänden propagierte Politik der Ankoppelung des Bildungs- an das Beschäftigungssystems wälzt die Folgen des Strukturwandels und der Arbeitsmarkt-Krise durch eine verschärfte Selektion und Individualisierung auf die Berufsanfänger ab. Die Veränderungen der Arbeitswelt werden sich aber auch auf die Ausbildung in der Schule, Berufsschule und Betrieb auswirken und aufgrund des fortbestehenden Mangels an zukunftsträchtigen Ausbildungsplätzen und arbeitsrechtlich gesicherten Beschäftigungsverhältnissen zu einer Erhöhung der jeweiligen Eingangsvoraussetzungen der Berufsstarter führen. Neben fundierten Grundfertigkeiten und -kenntnissen werden psychosoziale Qualifikationen gefordert, die den Arbeitskräften ermöglichen sollen, sich den arbeitstechnischen und -organisatorischen Veränderungen flexibel, z. B. auch durch Eigeninitiative in der Weiterbildung, anzupassen.

In der Allgemeinbildung muß also in einem Sinne qualifiziert werden, daß sich die Jugendlichen Lern- und Problemlösungsstrategien aneignen können, die ihnen eine Umstellung auf veränderte Arbeitsanforderungen bis hin zu einem mehrfachen Wechsel des Berufes erleichtern. Dies würde jedoch ohne die Förderung von Tätigkeitsinteressen und persönlichen Wertorientierungen eine einseitig auf die Arbeitskräfteperspektive gerichtete Bildung sein. Im Sinne der Autoren von "Bildung für das Jahr 2000"[6] ist außerdem eine verallgemeinerungsfähige Bildung nötig, die nicht nur auf die Erwerbsfähigkeit schlechthin vorbereitet, sondern Orientierungsgrundlagen für die individuelle Stellung zu Gesellschaft, Geschichte und Umwelt aufbauen hilft.

Damit wird jedoch das Dilemma des Verhältnisses von persönlicher Kontinuität und beruflich-sozialer Integration noch nicht gelöst. Eine selbstbewußte Mitgestaltung gesellschaftlicher Veränderungen setzt nämlich auch die Vermittlung sozial-normativer *und* sozial-innovativer Qualifikationen durch schulische Bildungsprozesse voraus. Das heißt, daß Denk- und Urteilsfähigkeit im fachlichen und gesellschaftlich-moralischen Bereich gleichermaßen gefördert werden müssen. Zuverlässigkeit ohne Initiative und Neugierde, Verantwortung ohne Kritikfähigkeit, Sorgfalt ohne Gestaltungsfähigkeit, Leistungsbereitschaft ohne Kooperationsfähigkeit sind weder der Persönlichkeitsentwicklung noch der Bewältigung gesellschaftlicher und ökologischer Probleme förderlich. Das allgemeinbildende Schulwesen kann also ohne eine verengte Orientierung auf die Arbeitskräfteperspektive nur dann zur Förderung von Kompetenzen der Partizipation und Antizipation von Strukturwandlungen in der Arbeitsgesellschaft beitragen, wenn es Selbständigkeit und soziale Phantasie fördert.

In nüchterner Einschätzung möchte ich jedoch auch darauf hinweisen, daß die hohen Anpassungsleistungen, die den Jugendlichen schon bei der

Suche nach einem Ausbildungsplatz abgefordert werden, ihre berufliche Lebensplanung immer kurzfristiger werden lassen. Aber auch für diejenigen Jugendlichen, die in Überbrückungsmaßnahmen einmünden müssen, bleibt die Orientierung an einer qualifizierten Arbeitstätigkeit lebendig. Es ist keine Schwarzmalerei, auf eine drohende Spaltung der Lebenschancen von Jugendlichen hinzuweisen: Neben den deutlich steigenden Tendenzen zur Marginalisierung von Problemgruppen und der damit einhergehenden Zunahme von Überbrückungsmaßnahmen, die weniger der Qualifikationsverbesserung dienen als der "Zwischenlagerung", treten neue Formen der Teilqualifizierung und Teilzeitbeschäftigung von Jugendlichen. Die psychischen und sozialen Auswirkungen von Ausbildungs- und Arbeitsbiographien in der wachsenden Grauzone des Jugend-Arbeitsmarkts werden deshalb zu einem Kernproblem innerhalb des Zusammenhangs von Jugend und Arbeit.

Anmerkungen

1 Heinz, W. R., u. a., "Hauptsache eine Lehrstelle". Jugendliche vor den Hürden des Arbeitsmarktes. Weinheim/Basel 1985.
2 Kühnlein, G./Paul-Kohlhoff, A., Veränderungen in der Einstellung von Jugendlichen zu Ausbildung und Beruf. In: Fricke, W., u. a. (Hrsg.), Jahrbuch Arbeit und Technik in NRW 1985. Bonn 1985.
3 Vgl. ausführlicher Heinz, W. R., Jugend und Arbeit - Kontinuität und Diskontinuität. In: Baacke, D./Heitmeyer, W. (Hrsg.), Neue Widersprüche. Jugendliche in den 80er Jahren. München 1985.
4 Klemm, K./Rolff, H. G./Tillmann, K.-J., Bildung für das Jahr 2000. Reinbek 1985.
5 Kern, H./Schumann, M., Das Ende der Arbeitsteilung? München 1984.
6 Siehe Anm. 4.

Harry Friebel

Jugend in der Krise.

Berufsstart und Familiengründung in historischer Perspektive

In der vorindustriellen, bäuerlichem Gesellschaft waren Erwerbsarbeit und Familiengründung lebensgeschichtlich simultane Ereignisse. Mit dem Erbe des väterlichen Hofes oder mit der Übernahme einer Vollstelle in einem Handwerksbetrieb war das Recht auf Heirat und Familiengründung verbunden. Beide Ereignisse zusammen verkündeten den Übergang in das Erwachsenenalter.

Die Funktions- und Integrationsansprüche des Arbeits- und Familienlebens in der vorindustriellen Zeit ließen Jugend als besondere Lebensphase nicht zu. Jugend war vielmehr gleichbedeutend mit Arbeitsfähigkeit; Jugend mußte sich dem "Ganzen Haus" vollständig unterwerfen, arbeitete und lebte unter der strengen Kontrolle der patriarchalischen Hausgemeinschaft, hatte kaum Kontakte zu Gleichaltrigen der Region.

Erwachsen wurde, wer erbte bzw. eine Vollstelle bekam und eine eigene Familie gründete. Jugend war bestenfalls eine von den ökonomischen Verhältnissen der Herkunftsfamilie bestimmte Voranwartschaft auf den Erwerb einer Arbeitsstelle und die Gründung einer Familie. "Die Familie war eine Wirtschaftseinheit, eine Gruppe, die zusammen lebte und zusammen wirtschaftete. Das Ziel war die Versorgung des 'Ganzen Hauses', also aller Mitglieder."[1] Dabei umfaßte die Familie nicht nur Blutsverwandte, sondern auch das Gesinde.

Erst die industrielle Entwicklung im 19. Jahrhundert, die Entwicklung industrieller Ballungszentren in den Städten, die schrittweise Trennung von Arbeitssphäre und Familienhaushalt, führte zur Herauslösung der Jugendlichen aus dem patriarchalischen Familienverband, war die Geburtsstunde von "Jugend" als besonderer Lebensphase zwischen Kindheit und "Erwachsensein". Jugend wurde ein soziales Phänomen eigener Erfahrung, für Jugend wurden besondere gesellschaftliche Institutionen geschaffen. Die Möglichkeit von Eheschließung und Familiengründung wurde de jure entkoppelt von der Wirklichkeit der persönlichen ökonomischen Verhältnisse. Die Befreiung aus der alltäglichen Bevormundung durch Gutsherrn, Pfarrer und Obrigkeit, die Freisetzung zum Staatsbürger, schuf unter den Bedingungen des Kapitalismus aber neue Probleme. In den neu entstehenden Industrieorten, in denen die Arbeiter/-innen massenweise ihre Arbeitskraft zu Markte trugen, wuchs das Elend der Arbeiterfamilien genauso schnell wie die Entwicklung der Industriegesellschaft. Der Frühkapitalismus zwang alle Familienmitglieder in die Fabrik, um die Existenz der Familie zu sichern. Die Arbeits- und Wohnverhältnisse der Arbeiterfamilien waren verheerend. Während die industrielle Revolution im Frühkapitalismus die "freie Lohnarbeit" schuf, während Staat und Klerus die Familie als "Grundpfeiler" der Gesellschaft priesen, verelendeten die Familien an ihren Arbeitsverhältnissen, stand die familiäre Privatheit unter dem immerwährenden Diktat der physischen Existenzsicherung. Mehr als die Hälfte der Familien "überlebte" unterhalb des Existenzminimums.[2] Eine Wochenarbeitszeit von 80 Stunden galt als Normalfall. Jugendliche flüchteten aus diesen Lebens- und Arbeitsverhältnissen: verdingten sich frühzeitig als billige Arbeitskräfte, heirateten ebenso frühzeitig, vervielfältigten damit das Elend der Herkunftsfamilie.

Die Segnungen der industriellen Revolution und den Schutz der bürgerlichen Familie erfuhren nur die Jugendlichen der gehobenen sozialen Schichten. Qualifizierende Bildungs- und Ausbildungsmöglichkeiten und Chancen zur selbstbewußten Partnerschaftswahl wurden nur ihnen gewährt. Für die große Mehrheit der jugendlichen Industriearbeiter waren Begriffe wie freie Berufswahl, freie Partnerschaftswahl und Freizeit Fremdwörter.

Erst die Wende zum 20. Jahrhundert, schließlich die Gründung der Weimarer Republik nach dem Ersten Weltkrieg brachte strukturelle und soziale Verbesserungen für die Jugend. Wurden Jugendliche bis dahin entweder als frühreife Kinder oder als unreife Erwachsene[3] wahrgenommen, so gewannen sie im 20. Jahrhundert zunehmend Akzeptanz als Realisation einer krisenreichen Lebensphase.

Das 20. Jahrhundert vergesellschaftete schrittweise zwei Ideale der bürgerlichen Gesellschaft; es idealisierte damit sogleich Jugendlichkeit in Folge von Aufklärungsdenken und Individualismus. Im Rahmen der Idee von der "Bildungsgesellschaft"[4] - d. h. Bildung sollte als Schlüssel von Lebens- und Berufserfolg gelten - wurden die schulischen und beruflichen Qualifikationsmöglichkeiten erweitert; das so verallgemeinerte Bildungsideal sollte für den Einzelnen heißen: "Jeder nach seiner Leistung". Die Idee der freien Persönlichkeit als bürgerliches Individuum führte zum Konstrukt der freien Partnerschaftswahl, zum romantischen Liebesideal. Für das Individuum brachte es das Versprechen einer "erfüllten Liebespartnerschaft".[5]

Das 20. Jahrhundert entdeckte das Jugendalter aufs neue, führte zu neuen Jugendkulturen im Freizeitbereich und zu neuen Jugendbewegungen. Jugend wurde zur sozialen Erfahrung mit Gleichaltrigen, zur Herstellung von Arbeitsvermögen und zur Persönlichkeitsentwicklung in eigens hierfür geschaffenen gesellschaftlichen Einrichtungen.

Jugend wurde der Gesellschaft ein Problem. Der Jugend war Gesellschaft ein Problem. Individuelles Erleben von Jugend und Jugend als gesellschaftliche Veranstaltung nötigte dem Jugendlichen und der Gesellschaft ein Höchstmaß an Initiative, Engagement und Anstrengung ab. Erwerbsarbeit und Familiengründung wurden als krönender Abschluß dieser Lebensphase betrachtet.

Das faschistische Deutschland führte zu einer entscheidenden Zäsur in dieser Entwicklung. Jugend wurde für die Blut-und-Boden-Romantik des Nationalsozialismus gewonnen, nachdem die Weimarer Republik ihre Entwicklungsversprechen nicht einhalten konnte. Die totalitäre Gesinnung der Hitler-Jugend reduzierte Jugend als Lebensphase auf arische Gebärmaschinen und Kanonenfutter. 1945 bestand diese "Jugend" aus Trümmerfrauen und geschlagenen Soldaten. Eine Generation ohne Jugenderfahrung. Die alten brüchigen Ideale wurden wieder aufgegriffen.

Besonders die "Wirtschaftswunderentwicklung" in der BRD brachte eine Renaissance des oben beschriebenen Doppelideals - im Zeichen einer klerikalen Familienpolitik und restaurativen Bildungspolitik.[6] Der bruchlose Übergang von der Herkunftsfamilie in die eigene Gründungsfamilie galt als hohes Lied des Übergangs von der Jugend in das Erwachsenenalter. Jugend war damals eine allgemeine, ungeduldige Veranstaltung zur Vorbereitung auf die "Selbständigkeit" versprechende Erwachsenenreife.

Doch seit Mitte der 60er Jahre zeichnet sich ein deutlicher Wandel in der Eheschließungs- und Familiengründungsbereitschaft Jugendlicher und junger Erwachsener ab[7]: Die Familie verliert an Attraktivität. Parallel hierzu werden wachsende Scheidungsziffern und sinkende Geburtenziffern registriert. Immer mehr Jugendliche ziehen früher von zu Hause aus, schließen immer häufiger freie Lebensgemeinschaften.

Etwa 10 Jahre später wird ein weiterer Grundpfeiler des Generationenwandels erschüttert: Seit Mitte der 70er Jahre finden Jugendliche keine Erwerbsarbeit, keine Ausbildungsplätze mehr. Die strukturelle Wirtschaftskrise führt zu Massenarbeitslosigkeit, die Jugendliche und junge Erwachsene besonders trifft. Der so sicher geglaubte Übergang der Jugend in Erwerbsarbeit wird für viele hunderttausend Jugendliche unerreichbar. Bis etwa Mitte der 70er Jahre gab es für Jugendliche relativ stabile Übergänge in den Beruf; stabil sowohl hinsichtlich der zeitlichen

Erstreckung als auch hinsichtlich der Funktionserwartung und Übernahmechance. Doch diese ehemals bruchlosen Übergänge von der Schule in den Beruf werden immer seltener. Für viele Jugendliche wird der Übergang zu einem Prozeß ohne Ende, für die Mehrheit der Jugendlichen bedeutet der Übergang einen Verzicht auf ursprüngliche Pläne und Erwartungen; für nahezu alle Jugendlichen ist der Übergang zu einem gnadenlosen Konkurrenzkampf geworden.[8] Andererseits hat diese Jugend Ansprüche an Arbeit als sinnerfüllte Tätigkeit, reduziert Arbeit also nicht aufs Geldverdienen.

Stimmen da die alten Formeln noch? Erwerbsarbeit und Familiengründung als Ende von Jugend? Ist diese Jugendgeneration auf eine "Sinnkrise" programmiert? Muß man mutmaßen, daß es die persönliche Chance Jugend als Möglichkeit der beruflichen Qualifikation und Persönlichkeitsentwicklung nicht mehr gibt/geben wird, wenn die gesellschaftliche Finalisierung von Jugend auf Familiengründung und Erwerbsarbeit nicht mehr funktioniert? Wird dann Jugend zum - statistisch gesehen - häufigsten Sozialfall?[9] Wird Jugend zunehmend ausgegrenzt aus der gesellschaftlichen Produktion, grenzt sich Jugend zunehmend aus der familiären Reproduktion aus? Taugt Jugend zu nichts mehr? Was wird aus einer Jugend in einer vorstellbaren nachindustriellen Gesellschaft; in einer Gesellschaft, die Jugend nicht mehr braucht? Wird Jugend ohne Familiengründung, ohne Erwerbsarbeit erwachsen?

Was lernen wir aus diesem historischen Exkurs?

Jugend realisiert sich nicht nur in einem je individuellen Erleben, Jugend ist zugleich auch eine gesellschaftliche Erscheinung. Sie ist bestimmten gesellschaftlichen Verhältnissen unterworfen; sie bestimmt die weitere gesellschaftliche Entwicklung in besonderer Weise. Bestimmte gesellschaftliche Phasen bestimmen Jugendphasen; die so bestimmte Jugendphase bestimmt das Erwachsenwerden in der Gesellschaft.

So wie sich Gesellschaft wandelt, so wandelt sich auch Jugend. Es wird eine Menge dafür getan, daß Jugend in die Gesellschaft "paßt". Diverse gesellschaftliche Einrichtungen sind eigens für die Herstellung von Arbeitsvermögen und für die Entwicklung des "Ichs" geschaffen worden. Die sozialen Existenzformen der Jugend sind die sozialen Existenzformen der Gesellschaft.

Unser Alltagsverständnis sagt uns, daß Jugend mit der Geschlechtsreife beginnt, daß sie mit Erwerbsarbeit und Familiengründung abgeschlossen ist. Ein ebenso umgangssprachlicher Versuch, Jugend zu beschreiben, ist die Definition im Rahmen einer Altersgruppe, z.B. die 14- bis 21jährigen oder die 18- bis 25jährigen. All dies sind Versuche,

Jugend als berechenbare Größe in den "Griff" zu bekommen. Was aber, wenn sich die Sexualreife - historisch gesehen[10] - immer früher einstellt? Was aber, wenn einem erheblichen Teil der 18- bis 25jährigen die Chance zur beruflichen Qualifikation und zur Persönlichkeitsentwicklung verwehrt, während sie einem anderen Teil großzügig gewährt wird? Wie paßt das in unser Bild von der Jugend?

Dem Begriff "Jugend" haftet etwas Trügerisches an. Er ist eine Kunstfigur. Er ist eine geschlechtsneutrale Kategorie, er abstrahiert von realen Lebensbedingungen; über das vordergründige Altersklassenmerkmal suggeriert er etwas "Gleiches" in der Erfahrung der 14- bis 21jährigen, der 18- bis 25jährigen. Hinter dieser Altersspanne aber verbergen sich Lebenswelten, Erfahrungen und Perspektiven, die alles andere als "Gleiches" bedeuten. Jugend ist immer ein je besonderer Ausdruck allgemeiner gesellschaftlicher Verhältnisse. Ihre jeweilige Besonderheit ist dabei immer auch geschlechts- und herkunftsspezifisch bestimmt.

Schon auf der Zeitachse können wir - wie oben bereits angedeutet - einen raschen Wandel der Lebensverhältnisse Jugendlicher verfolgen. Die "geburtenstarken Jahrgänge", die aktuell auf den Arbeitsmarkt drängen, "passen" nicht in die Krise der Arbeitsgesellschaft, der die Erwerbsarbeit ausgeht. Die "Überversorgung" mit Jugendlichen und die "Unterversorgung" mit Erwerbsarbeitsplätzen macht Jugend zum Problem. Die aktuelle Krisengeneration Jugend unterscheidet sich wesentlich von früheren und nachfolgenden Jugendgenerationen.[11]

Fazit: Die Erfahrung von Jugend ist immer zugleich die Erfahrung der historisch bestimmten gesellschaftlichen Verhältnisse. Die Jugendgeneration der Nachkriegszeit ist nicht mit der Generation der Jugend in Konsum und Wirtschaftswunder, beide nicht mit der Krisengeneration der 80er Jahre gleich. Die Jugend der 80er Jahre als Lebenswelt ist mit dem langen Verbleib im Bildungssystem, mit den aktuellen Problemen der Berufsstarts, mit Berufsnot identisch. Es gibt also nicht *die* Jugend. *Jugend wird historisch jeweils gestaltet.*

Die gesellschaftlichen Vermögens- und Eigentumsverhältnisse realisieren sich unmittelbar in den Lebensverhältnissen der Jugend. Die Lebensqualität des Jugendlichen ist gebunden an seine soziale Herkunft. Die Herkunftsfamilie arrangiert sich zwischen den gesellschaftlichen Vermögens- und Eigentumsverhältnissen und den individuellen Entwicklungsbedingungen des Menschen. Arbeiterkinder erleben nach wie vor eine verkürzte Jugendzeit, sind nach wie vor von vielfältigen Möglichkeiten der Jugendentwicklung ausgegrenzt. Kinder in der Mittel- und Oberschicht, Kinder von Angestellten und Beamten sind nach wie vor privilegiert in den Bedingungen der Persönlichkeitsentwicklung, ihnen wird Jugendzeit als experimentelle Lebensphase großzügig gewährt.[12] Das bedeutet, bezogen auf die oben skizzierten historischen Veränderungen von Jugend:

- "Nach wie vor haben acht von zehn Akademikerkindern eine 'gymnasiale Chance'."[13]
- "Nur jedes zehnte Arbeiterkind schafft den Sprung aufs Gymnasium, während bereits jeder zweite Beamte sein Kind auf eine solche Schule schickt."[14]

Diese soziale Selektion der Bildungschancen hat unmittelbare Konsequenzen für die Berufschancen: Jugendliche aus Arbeiterfamilien schließen die Schule überdurchschnittlich häufig ohne weitere Schulabschlüsse ab, haben wenig Chancen auf eine qualifizierte Berufsausbildung, stehen auf dem Arbeitsmarkt in Folge von minderqualifizierten Schul- und Berufsabschlüssen mit dem Rücken zur Wand.

Diese Informationen sind Signale gesellschaftlicher Ungleichheit, Signale der fortwährenden Chancenlosigkeit Jugendlicher aus Arbeiterfamilien. Die Bildungsexpansion hat angesichts der Krisenlage auf dem Arbeitsmarkt, angesichts der fehlenden Erwerbsarbeitsplätze, zu einem Verdrängungswettbewerb Jugendlicher um attraktive Berufsstarts geführt.[15] Die allgemeinen Krisenprobleme der Gesellschaft wirken sich besonders gravierend auf die schwächsten Glieder der Gesellschaft aus; auf die Lebensbedingungen und die Lebensqualität der Arbeiterjugendlichen. Die Kunstfigur der Altersklassendefinition von Jugend ist dagegen Schein, Ideologie. Denn was hat beispielsweise ein 21jähriger Jugendarbeiter aus einer Arbeiterfamilie, der seit 5 Jahren als Hilfsarbeiter am Fließband eines Automobilunternehmens arbeitet, mit einem 21jährigen Studenten aus einer Akademikerfamilie gemeinsam, der möglicherweise noch 5 Jahre Studium an einer Universität vor sich hat?

Gemeinsam ist ihnen das kalendarische Alter, es trennt sie eine bis zu 12jährige Differenz in der persönlichen Bildungs- und Qualifikationsentwicklung: der Jugendarbeiter hat z. B. im Alter von 16 Jahren die Schule ohne Hauptschulabschluß verlassen, keine Berufsausbildung absolviert. Der 21jährige Student wird voraussichtlich mit 28 Jahren sein Studium erfolgreich abschließen, wenn er zwischen Abitur und Studium noch eine Berufsausbildung dazwischengeschoben hat.

Doch Jugend ist nicht nur ein historisch spezifischer Ausdruck gesellschaftlicher Verhältnisse, Jugend ist nicht nur eine durch soziale Lage der Herkunftsfamilie bestimmte Lebensqualität. Jugend ist zudem die unterschiedliche Jugend der Jungen und Mädchen. Ein Bild über die Jugend ist eine Fiktion, wenn geschlechtsspezifische Erlebniswelten und Ausdrucksformen Jugendlicher unberücksichtigt bleiben. Doch das primär maskulin geprägte Bild von Jugend wird nachgerade deutlich, wenn wir uns allgemeine Statistiken über Jugend anschauen. Mädchen finden in diesen Statistiken selten Platz; wenn überhaupt, dann als Restkategorien, z. B. als "verhaltensauffällige" Gruppen, als Problemgruppen. Mädchen werden in dieser Gesellschaft auf vielfältige Weise diskriminiert.

Unbestritten ist zwar, daß die Mädchen hinsichtlich der Bildungsabschlüsse dank der "Bildungsexpansion" der letzten 20 Jahre in der BRD gleichgezogen haben[16]; unbestritten ist aber auch, daß Mädchen und junge Frauen beim Berufsstart erheblich größere Schwierigkeiten haben als Jungen bzw. junge Männer.[17] Zwei Drittel aller Jugendlichen, die keine Ausbildungsstelle bekommen, sind Mädchen.[18] Die Vermittlungschancen weiblicher Ausbildungsstellenbewerber sind also merklich geringer als die der männlichen. Seit 1977 liegt die Arbeitslosenquote bei Frauen über der der Männer.[19]

Angesichts der Tatsache, daß sich Frauen ohne Arbeitsplatz weitaus seltener beim Arbeitsamt registrieren lassen als Männer, beschönigen diese Zahlen noch das wirkliche Ausmaß der Frauenbenachteiligung.

Die Betroffenheit durch Arbeitslosigkeit, der Einstieg in minderqualifizierte Berufsausbildungen, die Einkommensdiskriminierung, die Benachteiligung bei Aufstiegspositionen sind Beispiele einer allgemeinen Diskriminierung von Mädchen und Frauen auf dem Arbeitsmarkt. Weibliche Jugendliche werden im Rahmen der Verdrängungskonkurrenz besonders ausgegrenzt. So weist der hohe Frauenanteil in Berufsfachschulen von im Bundesgebiet durchschnittlich 70 % auf die größeren Schwierigkeiten von Mädchen hin, einen Ausbildungsplatz im dualen System zu bekommen. Nach Berufsfeldern aufgeschlüsselt, besetzen Mädchen fast ausschließlich das Berufsfach Hauswirtschaft und Ernährung.[20] "Bei den überproportional steigenden Schülerinnenzahlen werden zumindest die 'hausfraulichen Pflichten' zukünftig wieder qualifiziert wahrgenommen werden können."[21] Mädchen und junge Frauen ziehen sich eher resigniert auf die klassische Frauenrolle zurück, weil der Arbeitsmarkt ihnen unüberwindbare Barrieren entgegenstellt.

Die meisten jungen Frauen dieser Generation haben zwar die Absicht, Beruf und Familie miteinander zu verbinden[22], aber der gesellschaftliche Druck, den sie erfahren, drängt sie immer mehr in klassische Familienkarrieren zurück. Angesichts der sozialen Bewertung von männlich (= das starke Geschlecht) und weiblich (= das schwache Geschlecht) nimmt der männliche Jugendliche den Kampf um Erwerbs- und Berufskarrieren auf; weiblichen Jugendlichen verbleibt der Rückzug in Familienkarrieren.

Nicht nur die historische, die herkunftsbedingte und die sozial definierte geschlechtliche Eingebundenheit determiniert die Lebensqualität des Jugendlichen, sondern in erheblichem Maße auch die sozialräumlichen Lernmilieus. Es ist für die Lebensbedingungen eines Jugendlichen von großer Bedeutung, ob er diese Lebensspanne in einer Großstadt oder auf dem Dorf erfährt. Rein schichtungstheoretisch bestimmte Kategorien oder geschlechtsspezifische Dimensionen überdecken die Bedeutung sozialökologischer Bedingungen für Berufs- und Familienkarrieren. Jugend in den großstädtischen Ballungszentren, in Klein- und Mittelstädten, Jugend auf dem Lande realisiert sich jeweils ganz unterschiedlich. Die soziale Infrastruktur im Wohnquartier stellt einen Tatbestand eigener Art dar, der von Scheuch als "Quasi-Gruppen-Mitgliedschaft"[23] bezeichnet wird: Die sozial-räumlichen Gegebenheiten kanalisieren die Handlungskompetenzen der Bewohner.

Besonders "familienfreundliche" Wohnfeldbedingungen bieten günstige Voraussetzungen für "Familienkarrieren". Andererseits können bestimmte Regionen, Gebietstypen unerläßlich für eine angestrebte "Berufskarriere" sein.

Die Entwicklungsmöglichkeiten Jugendlicher sind abhängig von Experimentier- und Spielräumen; Interessenartikulation und Partizipation in der Lebensphase Jugend benötigen Frei-"Räume". Insbesondere die Jugendarbeit hat von diesem sozialräumlichen Sozialisationsansatz auszugehen, hat sich kleinräumlich zu organisieren, um den Jugendlichen Chancen der Selbstbestimmung, der Selbstentwicklung offen zu halten. Diese regionale Funktion der Jugendarbeit "... im Sinne der Bereitstellung von Räumen, in denen selbstbestimmt kulturelle und politische Erfahrungen für Jugendliche möglich sind, ohne daß hierbei immer gleich pädagogische Institutionalisierung angestrebt wird; oder auch infrastrukturelle Funktionen, die als den Jugendlichen offen zugängliche und verfügbare Dienstleistungen zu organisieren sind - in Form von Informations- und Beratungswesen - und die nicht der kurzatmigen Logik sozialpolitischer Krisenmanagements unterworfen sind ..."[24], ist eine praktische Umsetzung der Einsicht in die sozialisierende Wirkung von räumlichen Bedingungen. Enorme Umsetzungsdefizite beherrschen allerdings noch die kommunale Jugendarbeit auf dem Lande und in den Kleinstädten.[25]

Mit der einführenden Diskussion über historische, schichtenspezifische, geschlechtsspezifische und sozial-räumliche Rahmenbedingungen der Lebensqualität sollte deutlich geworden sein, inwieweit Jugend als gesellschaftliches Phänomen selektiv gestaltet wird, inwieweit Jugendliche je nach Lebensbedingungen privilegiert oder diskriminiert werden. Folglich sind Untersuchungsergebnisse, die nicht auf diese mehrfach bedingte Lebenswelt eingehen, nur Abstraktionen von Jugend.

Diese auf den "Anfang" von Jugend bezogenen Erkenntnisse über Muster sozialer Selektierung führen zu erheblichen zusätzlichen Informationen, wenn wir Jugend als lebensgeschichtlichen Prozeß "weiterverfolgen". Der Übergang in die Berufsausbildung, der Berufsstart, erste Sexualerfahrungen, Partnerschaftsbeziehungen und Familiengründungen unterliegen - als weitere lebensgeschichtliche Wendepunkte - anderen Selektionsbedingungen und schließen andere Handlungsvoraussetzungen ein. Wir fragen im folgenden nach den sozialen Bedingungen von Berufs- und Familienkarrieren Jugendlicher und junger Erwachsener in der BRD in den 80er Jahren.

Sind Erwerbstätigkeit und Familiengründung noch universelle Ereignisse, die regelhaft an die Jugendzeit anschließen? Sind sie in der BRD "normative Übergänge", d. h. Lebensereignisse, die "aufgrund ihrer sozialen und biologischen Normierung regelhaft und für die Mitglieder unseres sozialen Systems universell vorgegeben" sind? Besteht zwischen dem Start ins Berufsleben und der Familiengründung noch oder wieder ein lebensgeschichtlicher Zusammenhang wie in der vorindustriellen bäuerlichen Gesellschaft? Sind Beruf und Familienkarrieren gleichermaßen allgemein gewollte und universell mögliche Perspektiven von Lebensgestaltung bzw. -planung?

Ca. 600.000 Jugendliche im Alter bis zu 25 Jahren waren 1985 laut Statistik arbeitslos.[26] Hinzuzurechnen sind noch ca. 300.000 Jugendliche, die arbeitslos sind, aber - weil sie ohne Anspruch auf Geld vom Arbeitsamt sind - keinen Grund sehen, sich bei den Ämtern registrieren zu lassen.[27]

Jugendliche haben Probleme, einen Ausbildungsplatz zu finden. Jugendliche haben Schwierigkeiten, nach einer erfolgreich abgeschlossenen Berufsausbildung einen Arbeitsplatz zu finden. Jugendliche sind in Berufsnot. Die Übergänge von der Schule in die Berufsausbildung und von der Berufsausbildung in die Erwerbsarbeit sind - als lebensgeschichtliche Wendepunkte Schwellen - voller Schwierigkeiten und Probleme. In der Phase also, wo es dem Jugendlichen darum geht, sich in der Arbeitswelt qualifizieren, entwickeln und beweisen zu können, wird er von der Gesellschaft nicht gebraucht, wird er aus dem gesellschaftlichen Funktionszusammenhang ausgegrenzt. Der Berufsstart wird bei vielen zum Fehlstart. Seit Mitte der 70er Jahre wachsen diese Schwierigkeiten und Probleme. Die Schwellen beim Übergang von der Schule in den Beruf werden immer unüberwindbarer. Diese Wirklichkeit steht im Widerspruch zu dem Anspruch Jugendlicher, ihr "Selbst" in die Gesellschaft produktiv einzubringen.

Die Jugend der 50er Jahre hat in der BRD mit 14 Jahren die Schule verlassen, die Jugend der 80er Jahre mit durchschnittlich 16 - 17 Jahren.[28] Die Jugendlichen der 50er Jahre haben die erste Berufsausbildung mit 17 - 18 Jahren abgeschlossen, die Jugendlichen der 80er Jahre erwerben den ersten Berufsabschluß etwa mit 20 Jahren.[29] Dies bedeutet eine Verschiebung im Lebenslauf um etwa 2 - 3 Jahre innerhalb von nur 30 Jahren der Gesellschaftsgeschichte. Diese altersmäßige Verschiebung von Berufswahl, Berufsausbildung und Einstieg in die Erwerbsarbeit um 2 - 3 Jahre konkreter Lebensgeschichte ist ein Signal für die aktuelle Möglichkeit Jugendlicher, selbstbestimmt ihr Verhältnis von Arbeit und Persönlichkeit zu entfalten. Denn die Sozialpersönlichkeit eines 16- bis 17jährigen hat vergleichsweise entfaltetere Fähigkeiten, Kompetenzen und Perspektiven als die eines noch pubertierenden 14jährigen. Die lebensgeschichtliche Verschiebung von Berufswahl hat somit Auswirkungen auf das Selbstverständnis und die Berufsorientierung. Aber die gesellschaftliche Wirklichkeit sieht anders aus.

Die Ansprüche Jugendlicher an Arbeit sind bestimmt durch arbeitsinhaltliche Interessen. Die Jugendlichen wollen eine inhaltlich anspruchsvolle und befriedigende Arbeitstätigkeit. Ergebnisse der Jugendforschung bestätigen diese primär arbeitsinhaltlichen Orientierungen Jugendlicher und junger Erwachsener. Arbeit und Person bilden eine Einheit.[30] Die primären Ansprüche Jugendlicher an Arbeit beschreiben die Mitarbeiter des Forschungsprojekts "Jugend, Ausbildung und Beruf" an der Sozialforschungsstelle Dortmund mit der folgenden Aussage: "Die Arbeit soll 'Spaß' machen. Hinter diesem Topos stecken - von Beruf zu Beruf verschieden ausdifferenziert - Vorstellungen von komplexen Arbeitstätigkeiten, die selbständig und eigenverantwortlich erfüllt werden können und sich abgrenzen gegen langweilige, stupide, repetitive Teilarbeiten, deren Zusammenhang der eigenen Kontrolle entzogen ist. 'Spaß' bezieht sich auch auf bestimmte Interessen am jeweiligen Arbeitsgebiet, die die Jugendlichen mitgebracht oder in der Ausbildung entwickelt haben."[31] Diese Forderung nach einer Sinngebung in der Arbeit überrascht sowohl angesichts der Krise der Arbeitsgesellschaft als auch angesichts der vielfältig veröffentlichten Alltagsweisheit, daß die Jugendlichen kein "richtiges" Verhältnis zur Arbeit hätten. Arbeit wird bei Jugendlichen und jungen Erwachsenen aber nicht primär als Pflicht gesehen, sondern wird mit persönlichen Entwicklungsinteressen in Verbindung gebracht. Zu grundsätzlich ähnlichen Ergebnissen hinsichtlich der Interessen Jugendlicher an Arbeit, an Berufsarbeit kommen die Mitarbeiter des Forschungsprojekts "Jugend und Krise" am soziologischen Forschungsinstitut in Göttingen: "Die identitätsstiftende Potenz von Arbeit vermittelt sich über die auch unter den Bedingungen abhängiger Erwerbsarbeit vorhandenen und von Jugendlichen nach wie vor gesuchten Möglichkeiten, sich in eine konkrete Tätigkeit persönlich einbringen zu können, sich in ihr zu beweisen und weiterzuentwickeln und in einem Feld verbindlicher sozialer Beziehungen ein Gefühl sozialer Integration und von gesellschaftlicher Nützlichkeit entfalten zu können."[32]

Aus der Sicht der Jugendlichen haben Arbeit und Beruf einen hohen Stellenwert. Sie erwarten von der Arbeitswelt Chancen zur Qualifikations- und Persönlichkeitsentwicklung[33]; was sie jedoch erwartet, ist Arbeitslosigkeit und Berufsnot. "Unter den gegebenen Bedingungen eines restriktiven Arbeits- und Ausbildungsstellenmarktes wird dabei zunehmend nicht nur die Anwendung von Arbeitskraft im Produktionsprozeß, sondern bereits ihre Ausbildung in Frage gestellt: Arbeitslosigkeit zu vermeiden wird zunehmend zum 'Berufswunsch' von Schulabgängern und Lehrlingen, weil es für die Mehrheit der Heranwachsenden zum Anbieten ihrer eigenen Arbeitskraft keine Alternative im Rahmen der gegebenen gesellschaftlichen Reproduktionsmöglichkeiten gibt."[34]

Subjektiver Arbeitssinn und objektive Arbeitsverhältnisse stehen in einem "verkehrten" Verhältnis. Die strukturellen Bedingungen der Arbeits- und Berufswelt versagen dem Jugendlichen und jungen Erwachsenen Sinn- und Lebensentwürfe. Jugendarbeitslosigkeit im allgemeinen, Ausbildungsstellenmangel und mangelnde Übernahmechance nach der Ausbildung im besonderen sind die Rahmendaten der objektiven Verhältnisse. Seit Mitte der 70er Jahre reduziert die strukturelle Dauerkrise des Arbeitsmarktes mit zunehmender Beschleunigung die Chance Jugendlicher, subjektiven Sinn zu realisieren. Sie erleben eine Wirklichkeit, die ihre Berufsperspektive bestimmt, die sie aber nicht beeinflussen können.

1974 stieg die Zahl der Arbeitslosen in der BRD um mehr als die Hälfte gegenüber dem Vorjahr; die Zahl arbeitsloser Jugendlicher bis 25 Jahre verdreifachte sich sogar. 1985 lag die Zahl der arbeitslosen Jugendlichen bei etwa 600.000. Die Zahl arbeitsloser Jugendlicher hat sich im Zeitraum zwischen 1973 und 1985 mehr als verzehnfacht.

Synchron zur Massenarbeitslosigkeit entwickelt sich der Mangel an Ausbildungsplätzen. So lag die Zahl der angebotenen Ausbildungsplätze zu Beginn steigender Arbeitslosenzahlen unter der Zahl von "ausbildungsplatznachfragenden" Jugendlichen - mit geringfügigen Ausnahmen 1979 bis 1981. 1976 wurde das "Ausbildungsplatzförderungsgesetz" mit der Maßgabe, "allen Jugendlichen, die es wünschen, ein quantitativ und qualitativ ausreichendes Angebot an Ausbildungsstellen zu sichern"[35], geschaffen. Der Gesetzgeber definierte auch in Zahlenangaben, was er unter ausreichend verstehen wollte: Eine ausreichende Versorgung mit Ausbildungsstellen sollte dann als gesichert gelten, wenn die Zahl der durch Betriebe und Unternehmen insgesamt angebotenen Ausbildungsplätze die Zahl der insgesamt nachgefragten Ausbildungsplätze um mindestens 12,5 % überschritt. Ein Kernpunkt des Gesetzes war der politische Wille, strukturell und finanziell auf den Ausbildungsstellenmarkt einzugreifen, wenn diese 12,5-%-"Überschußquote" unterschritten würde. Das Gesetz wurde wenig später durch höchstrichterliche Rechtsprechung wieder zu Fall gebracht.

Die 12,5-%-Überschuß-Forderung war Ausdruck des politischen Willens, Mindestbedingungen von "Berufswahl" sicherzustellen. Seit mehr als 10 Jahren hat sich die Berufswahlchance jedoch verflüchtigt. Chancen hat ein - noch nicht vermittelter - Bewerber, der in Bremen lebt und in der Elektrobranche einen Ausbildungsplatz sucht, nur, wenn er nach Niederbayern zieht und dort eine Bäckerlehre aufnimmt. Diese offizielle Nachfrage-Angebots-Bilanz kaschiert die tatsächlichen Probleme Jugendlicher. So hat der DGB im DGB-Bildungsbericht gegenüber den für 1984 offiziell erfaßten 58.426 noch nicht vermittelten Ausbildungsplatzbewerbern 288.700 (!) ermittelt.[36]

Daß selbst eine erfolgreich abgeschlossene berufliche Ausbildung nicht für einen glatten Berufsstart bürgt, erfährt nahezu jeder zweite Jugendliche und junge Erwachsene an der Schwelle von der Berufsausbildung zur Erwerbstätigkeit.[37] Die Krise an diesem zweiten Wendepunkt in der Verberuflichungsbiographie Jugendlicher ist Resultat des strukturellen Widerspruchs zwischen Ausbildungsstellenmarkt und Arbeitsmarkt; also ist die Krise an der zweiten Schwelle eine unmittelbare Folge der Krise an der ersten Schwelle Jugendlicher von der Schule in die Berufsausbildung. Frei nach dem Motto "Ein Ausbildungsplatz ist besser als keiner"[38] werden beim Übergang von der Schule in die Berufsausbildung (1. Schwelle) jährlich systematisch zigtausende von Jugendlichen in Berufen ausgebildet, für die es mit an Sicherheit grenzender Wahrscheinlichkeit beim Übergang von der Berufsausbildung in die Erwerbsarbeit (2. Schwelle) keine Arbeitsplätze gibt bzw. geben wird. Auf einen Nenner gebracht, bedeutet dies: Die Jugendlichen tragen das Verwertungsrisiko: "Lehrjahre sind eben keine Herrenjahre".

Das Verwertungsrisiko von Arbeitsvermögen nimmt beständig zu. "Innerhalb weniger Jahre hat sich die Zahl der Arbeitslosen mit abgeschlossener betrieblicher Ausbildung (1980 - 1983; d. V.) in der entscheidenden Gruppe der 20-24jährigen mehr als verdreifacht."[39] Immer mehr Jugendliche werden nach abgeschlossener Berufsausbildung arbeitslos oder müssen sich mit der zweifelhaften Chance einer ausbildungsfremden Hilfsarbeit anfreunden. In beiden Fällen wird ihr in der Ausbildung erworbenes Arbeitsvermögen entwertet. Eine besonders betroffene Problemgruppe im Rahmen des Übergangs von der Berufsausbildung zur Erwerbsarbeit sind die im Handwerk Ausgebildeten. Ihre Anzahl ist im Windschatten der politischen Parolen "Ein Ausbildungsplatz ist besser als keiner" absolut und relativ am stärksten gestiegen.[40] Die im Handwerk Ausgebildeten haben die geringsten Chancen auf Übernahme im Ausbildungsbetrieb; sie werden am häufigsten zu Berufs- und Betriebswechsel gedrängt; sie erfahren am ehesten Arbeitslosigkeit. Ausgebildete ohne Arbeitsvertrag stehen vor dem Scherbenhaufen ihrer ersten Verberuflichung, sind das Opfer der Berufsbildungspolitik, die der rotierenden Problemumschichtung dient. Sie stehen nach Jahren beruflicher Qualifizierung dort, wo sie ihre jugendlichen Kollegen ohne Ausbildungsvertrag stehen gelassen haben: Vor dem Nichts.

Arbeitslosigkeit, erfolglose Ausbildungsstellensuche an der 1. Schwelle, erfolglose Bemühungen um einen Arbeitsplatz nach der Ausbildung, also an der 2. Schwelle, sind nur Fixpunkte einer komplexeren Dramatik in der Wechselwirkung zwischen Bildungssystem und Beschäftigungssystem. Die Übergangsprozesse vom Bildungssystem in das Beschäftigungssystem sind seit Mitte der 70er Jahre erheblich umstrukturiert worden.[41]

Dominierten früher noch zwei Qualifikationswege - die duale Berufsausbildung und der Königsweg Studium -, so wurde zur beabsichtigten Vermittlung von Bildungs- und Beschäftigungssystem und schließlich als Auffangbecken für Jugendliche, die keine Berufsausbildung finden konnten, ein differenziertes, vielschichtiges berufsbildendes Beschulungssystem "dazwischengeschoben". Es begann Anfang der 70er Jahre mit der Etablierung von Fachhochschulen und setzte sich in Folge der Ausbildungsstellen- und Arbeitsmarktkrise mit der quantitativen Erweiterung von Fachoberschulen, Berufsfachschulen, Fachschulen, Berufsgrundbildungsjahren, Berufsvorbereitungsjahren etc. fort. Diese Einrichtungen sind überwiegend Vollzeitschulen mit beruflicher, berufsbildender Orientierung, aber weitgehend nur formalen beruflichen Qualifikationsversprechen; sie haben kaum unmittelbar berufspraktische Funktionen. Schätzungsweise 800.000 bis 900.000 "beherbergt" dieses neue intermediäre berufsorientierte Beschulungssytsem. Mittlerweile dient dieses Beschulungssystem weitestgehend als "2. Wahl" des Berufsstarts. Studium und duale Berufsausbildung beherrschen zwar immer noch die Szene des berufsbildenden Übergangssystems, aber eben in nicht hinreichender Weise. Die Etablierung und vor allem der rasche Ausbau dieser berufsorientierten Beschulung war und ist eine Mixtur aus Bildungs- und Beschäftigungspolitik; eine politische Reaktion auf die fortschreitende Krise des Übergangssystems.[42]

Um nicht arbeitslos zu werden, um die individuelle Position im Verdrängungswettbewerb zu sichern und nach Möglichkeit auszubauen, nehmen Jugendliche und junge Erwachsene alle politischen Vorgaben wahr. Es hat in der BRD noch nie so viele doppelt und mehrfach qualifizierte junge Erwachsene gegeben. Jugendliche ohne weiterführenden Schulabschluß bemühen sich nicht nur um eine Ausbildung im dualen System, sie werden zudem durch Berufsgrundbildungsjahr, Fachschulen etc. geschleust. Jugendliche mit Realschulabschluß streben eine berufliche Ausbildung im Betrieb an und realisieren Beschulungsmaßnahmen in Berufsfachschulen, Fachoberschulen etc. Jugendliche mit Abitur erhöhen ihre individuellen Verwertungschancen, indem sie zwischen Schulabschluß und Studium eine betriebliche Ausbildung absolvieren.[43] Dies hat zu einer Bildungsmobilität Jugendlicher in einem bisher unbekannten Ausmaß geführt. Da allerdings das objektive Verwertungsrisiko davon unbeeinflußt bleibt, kann dieses widersprüchliche Verhältnis zwischen "permanenter Weiterqualifikation" und "unveränderter Chancenlosigkeit" die "Motivation zur Weiterbildung und zum Aufstocken der beruflichen Qualifikation"[44] zerstören - wenn die Chancenlosigkeit der Chancen deutlich wird: Eine überqualifizierte Jugendgeneration in einem Übergangssystem ohne Ende. Eine Jugendgeneration, die sich im Wartestand auf Erwerbsarbeit immer neu qualifiziert und immer wieder erfährt, daß sie nicht gebraucht wird. "Das Problem besteht darin, daß Ausbildung einerseits objektiv immer wichtiger wird als Eingangsvoraussetzung, auf der anderen Seite aber für die Betroffenen untauglicher wird für die individuelle Existenzsicherung, sie garantiert weniger Lebensperspektiven und Zukunftssicherheit als je zuvor. Ob die erworbene Qualifikation überhaupt zum Berufseintritt und damit in die ökonomische Eigenständigkeit und zum Ende von Jugend führt, ist vielfach offen und bei den unteren Rängen der Bildungshierarchie fast ausgeschlossen."[45]

Mit der 7. Novellierung des Arbeitsförderungsgesetzes (AFG) bemühte sich die Bundesregierung um eine neue politische Vorgabe, um das Dilemma dieser Arbeitsgesellschaft ohne Erwerbsarbeit "abzufedern". Ein Bonner "Koalitionskompromiß" vom September 1985 führte ab Januar 1986 zur Etablierung der Maßnahme "Teilzeitarbeit und Weiterbildung" als Angebotspaket. Junge Erwachsene sollen sich um einen Teilzeitarbeitsplatz bemühen, und ergänzend wird ihnen von der Bundesanstalt für Arbeit für die "beschäftigungslose (Frei-)Zeit" eine Weiter- und Fortbildungsmaßnahme - einschließlich der Zahlung eines Teilunterhaltsgeldes - angeboten. Apel, der Bevollmächtigte des Senats der Hansestadt Hamburg zur Lage auf dem Ausbildungsmarkt, formulierte die Offerte für die Jugendlichen wie folgt: "Geht man davon aus, daß es in den kommenden Jahren nicht zu ermöglichen sei, alle Ausgebildeten in ein volles Arbeitsverhältnis zu bringen, und daß deshalb Teilzeitarbeitsplätze unausweichlich sind, so bedeutet dies keineswegs, daß die 'beschäftigungslose Zeit' solcher Arbeitsverhältnisse (vom Freizeitwert abgesehen) nutzlos sein müßte. Diese 'beschäftigungslose Zeit' könnte vielmehr und sollte auch planmäßig mit der beruflichen Fort- und Weiterbildung, dem Erwerb höherer und zusätzlicher Qualifikationen, der Nachqualifizierung in einem ausbildungsfremden Beruf, in dem man 'vorübergehend' untergekommen ist, und - wenn unumgänglich - auch der Umschulung zugeführt werden."[46] Eine neue Qualifikationsoffensive also.

Für aktuelle Berufsnot und Perspektivlosigkeit hat dieser Koalitionskompromiß kaum aufschiebende Wirkung, gerade weil das "Qualifikationsparadox" - einerseits ist Qualifikation eine unverzichtbare Voraussetzung, andererseits bietet Qualifikation keine Gewähr - dadurch keinesfalls aufgelöst wird. Jugendliche erfahren, daß ihr Berufsstart von gesellschaftlichen Vorgaben bestimmt ist, von ihnen kaum beeinflußt werden kann. Jugend wird zum Sozialfall.

Anmerkungen

1 Schmidt, G., Das große DER DIE DAS - über das Sexuelle. Herbstein 1986, S. 6.
2 Fischer-Kolleg Geschichte. Frankfurt 1979, S. 146.
3 Gillis, J. R., Geschichte der Jugend. Weinheim 1984, S. 178.
4 Vgl. Bourdieu, P./Passeron, J. C., Die Illusion der Chancengleichheit. Stuttgart 1971.
5 Vgl. Schmidt, G., a. a. O. 1986.
6 Vgl. Schäfer, G./Nedelmann, C., Der CDU-Staat. München 1967.
7 Deutscher Bundestag, 8. Wahlperiode, Dritter Familienbericht. Drucksache 8/3121, Bonn 1979, S. 196.
8 Vgl. Friebel, H. (Hrsg.), Von der Schule in den Beruf. Opladen 1983.
9 Vgl. Balsen, W., u. a. (Hrsg.), Jugend, Jugendarbeitslosigkeit und neue Armut. Köln 1986.

10 Gillis, J. R., a. a. O. 1984, S. 190.
11 Vgl. ebenda.
12 Vgl. Friebel, H., Jugend als (Weiter-)Bildungsprozeß. In: Deutsche Jugend 6/86.
13 Rolff, H. G., u. a. (Hrsg.), Jahrbuch der Schulentwicklung. Bd. 1. Weinheim 1980, S. 63.
14 Bundesministerium für Bildung und Wissenschaft, Arbeiterkinder im Bildungssystem. Bonn 1981, S. 4.
15 Blossfeld, H. P., Bildungsexpansion und Berufschancen. Frankfurt 1985, S. 157 ff.
16 Rolff, H. G., u. a. (Hrsg.), a. a. O. 1980, S. 55.
17 Vgl. ebenda.
18 Schober, K., Jugend im Wartestand. In: MittAB 2/85, 247 - 264; S. 252.
19 Nauhaus, B., Problem der Frauenarbeitslosigkeit in der gegenwärtigen Krise. Köln 1980, S. 90.
20 Frackmann, M., Mittendrin und voll daneben. Hamburg 1985, S. 101.
21 Ebenda, S. 103.
22 Deutscher Bundestag, 6. Jugendbericht 1982, S. 17 u. 40.
23 Scheuch, E., Sozialer Kontext und individuelles Verhalten. In: Eberlein, G./Kondratowitz, H. J. v. (Hrsg.), Psychologie statt Soziologie? Frankfurt 1977, S. 132.
24 Deutscher Bundestag, 5. Jugendbericht. Drucksache 8/3685, Bonn 1980, S. 202.
25 Ebenda, S. 197.
26 Vgl. Schober, K., a. a. O. 1985, S. 249.
27 Balsen, W., u. a. (Hrsg.), a. a. O. 1986, S. 3.
28 Jugendwerk der Deutschen Shell, Jugendliche und Erwachsene '85. Leverkusen 1985, S. 216.
29 Ebenda, S. 219.
30 Frackmann, M., a. a. O. 1985, S. 48.
31 Kloas, P. W., u. a., Auswirkungen der Verwertungskrise von Berufsausbildung auf die Zukunftsorientierung Jugendlicher. In: Hoff, E. H., u. a. (Hrsg.), Arbeitsbiographie und Persönlichkeitsentwicklung. Bern 1985, S. 159.
32 Baethge, M., u. a., Arbeit und Gewerkschaft. Göttingen 1985, S. 39.
33 Frackmann, M., a. a. O. 1985, S. 47 ff.
34 Wahler, P./Witzel, A., Arbeit und Persönlichkeit - jenseits von Determination und Wechselwirkung. In: Hoff, E. H., u. a. (Hrsg.), a. a. O. 1985, S. 230.
35 Bundesministerium für Bildung und Wissenschaft, Berufsbildungsbericht 1980. Bonn 1980, S. 1.
36 Frackmann, M., a. a. O. 1985, S. 95.
37 Schober, K., a. a. O. 1985, S. 259.
38 Teichler, U., Zum Wandel von Bildung und Ausbildung in den 70er und 80er Jahren. In: MittAB 2/85, 167 - 176; S. 169.
39 Kloas, P. W., u. a., a. a. O. 1985, S. 156.

40 Friebel, H., Lehrstellenmangel. Die Ausbildungskatastrophe. In: betrifft erziehung 6/1983, S. 43.
41 Vgl. Diekmann, H./Reinhold, B., Soziale Versorgung oder berufliche Integration? In: Balon, K. H. (Hrsg.), Arbeitslosigkeit. Frankfurt 1986.
42 Schober, K., a. a. O. 1985, S. 249 u. 251.
43 Ebenda, S. 262.
44 Ebenda.
45 Tully, C. J./Wahler, P.: Jugend und Ausbildung - von der Statuspassage zur Übergangsbiographie mit 'open end'. In: Schweizerische Zeitschrift für Soziologie 2/1985, S. 191 ff.
46 Apel, G.: Vierter Bericht an den Senat über dringliche Probleme auf dem Ausbildungsstellenmarkt in Hamburg. Hamburg 1985, S. 60.

Foto: argus Hamburg

Eva-M. Otto-Brock
Peter Wahler

Jugend und Wertewandel.
Der soziale Kontext der Einstellungen Jugendlicher zu Arbeit und Beruf

In der wissenschaftlichen Debatte um die Jugend hat in den letzten Jahren vor allem die Behauptung eines Wertewandels im Bewußtsein der Jugendlichen, der primär die Einstellungen zu Leistung und Arbeit ergriffen habe, Aufmerksamkeit auf sich gezogen. Die Diskussion hat nicht nur in der bundesrepublikanischen Presse ihren Niederschlag gefunden[1], sondern sich auch in einer immer noch wachsenden Zahl wissenschaftlicher Publikationen bemerkbar gemacht.[2]

Diese Diskussion speist sich vor allem aus zwei Quellen: die ersten Thesen, die einen solchen Wandel programmierten und begründen, stammen von dem amerikanischen Autor R. Inglehart Ende der 70er Jahre, der in seinen Untersuchungen in mehreren westeuropäischen Ländern einen Wertewandel empirisch festgestellt haben will. Seinen Thesen zufolge herrschen unter der jüngeren Generation in den westeuropäischen Gesellschaften immer mehr postmaterialistische Werte vor, d. h. Werte, die sich mehr auf ideelle Ziele des guten Zusammenlebens oder der Lebensqualität etc. beziehen, während unter den älteren Generationen eher Werte des materialistischen, d. h. auf ökonomische Ziele bezogenen Typs vorherrschen.

Für die materialistischen und postmaterialistischen Wertorientierungen hat Inglehart aus einer Reihe von umfangreicheren Fragebatterien früherer Untersuchungen einen Index herausgearbeitet, der zentral folgende vier Items benutzt:

1. Aufrechterhaltung der Ordnung in der Nation (mat.).
2. Verstärktes Mitspracherecht der Menschen bei wichtigen Regierungsentscheidungen (postmat.).
3. Kampf gegen steigende Preise (mat.).
4. Schutz der freien Meinungsäußerung (postmat.).

Diese Ziele weisen darauf hin, daß sich hinter den Wertwandel-Theorien von Inglehart eine Erhebung zu politischen Prioritäten verbirgt, die weniger mit materialistischen bzw. postmaterialistischen persönlichen

Präferenzen zu tun hat, sondern eher auf einem Kontinuum politischer Werte von konservativ bis liberal-progressiv angesiedelt sein dürfte.

In Ingleharts Theorie wird einerseits die Ausprägung grundlegender Wertorientierungen in der sog. "formativen" jugendlichen Sozialisationsphase behauptet, andererseits die relative Stabilität dieser Orientierungen im Leben des Erwachsenen unterstellt. Indem der Autor von einem theoretischen Modell ausgeht, das die Ausprägung genereller politisch-sozialer Verhaltens- und Wertorientierungen in Relation zum ökonomischen "Wohlstandsniveau" der westlichen Industriegesellschaft in den vergangenen Jahrzehnten setzt, kommt er in seinen empirischen Studien zu dem Befund, daß eine intergenerationelle Differenz besteht zwischen den Bevölkerungsschichten, die in der Phase relativer ökonomischer Depression der 30er und 40er Jahre erwachsen wurden und zu dieser Zeit ihre prägenden Sozialisationserfahrungen gemacht haben, und der Generation der 50er und 60er Jahre, für die der ökonomische Wohlstand der prosperierenden Nachkriegsentwicklung prägend war.

Die öffentliche Aufmerksamkeit, die die Befunde gefunden haben, erklärt sich zu einem guten Teil aus der Aura politischer Relevanz, mit der diese Ergebnisse von Inglehart selbst versehen werden. Denn obwohl diese Wertpräferenzen zunächst nichts anderes abbilden als ein Meinungsspektrum innerhalb der untersuchten Bevölkerungsgruppen, versucht Inglehart diese politischen Prioritäten in Verbindung zu bringen zu möglichen politischen Handlungen und zu einem Protestpotential, das seiner Meinung nach zu unkonventionellen politischen Aktionen wie Hausbesetzungen oder Blockaden neigt.

Versucht man die umfangreiche Kritik an Ingleharts Arbeiten kurz in ihren Kernpunkten zusammenzufassen, so scheinen folgende Probleme bemerkenswert. Einige Autoren bestreiten die Existenz einer intergenerationellen Kluft und damit den von Inglehart postulierten Wertwandel, zumindest in der bundesrepublikanischen Gesellschaft, zum Teil mit dem Verweis darauf, daß die Befunde eher das Auf und Ab politischer Konjunktur, auch im biographischen Zyklus, wiedergeben als einen tatsächlichen Wandel zwischen Generationen.

Auf der anderen Seite fällt mit einer handlungsorientierten Interpretation der Ergebnisse die jedem empirischen Sozialforscher vertraute Erfahrung unter den Tisch, daß globale Wertorientierungen *nicht* als handlungsleitende Maximen fungieren und eben auch nicht in diesem Sinne interpretiert werden können.

Etwas anders gelagert sind die Beiträge zur Wertewandeldebatte, die sich im bundesdeutschen Sprachraum vor allem an die Arbeiten von

Noelle-Neumann/Strümpel (1984) anschloß. Die Autoren präsentieren hier weniger eine theoretische Analyse der Entwicklung von gesellschaftlichen Wertesystemen, sondern stellen Befunde aus repräsentativen Studien dar, die im Verlauf der letzten Jahre in verschiedenen westeuropäischen Ländern durchgeführt wurden. Publizität haben diese Ergebnisse vor allem deshalb erlangt, weil sie die These eines Wertewandels zumindest im Bereich der Arbeitsorientierungen zu stützen scheinen und die Autoren aufgrund der von ihnen zusammengestellten Befunde zu dem Ergebnis kommen, daß sich in der Bundesrepublik eine geradezu "unfaßbare" Abnahme an Arbeitsmoral und Arbeitszufriedenheit abspielt, so daß die Verfasser von einer deutschen Spezialität im internationalen Vergleich sprechen und die Frage stellen: "Warum distanziert sich die Mehrheit der deutschen Arbeitnehmer von ihrer Arbeit in einem Ausmaß, daß man sich international über die schlechte deutsche Arbeitsmoral die Augen reibt?"[3]

Diese Diagnose stützt sich nicht nur auf die sinkende Zufriedenheit mit der eigenen Arbeit, sondern auch in anderen Themenbereichen wird empirisch ein Niedergang der Orientierungen konstatiert, beispielsweise im Hinblick auf die Frage nach den liebsten Stunden (Arbeit oder Nicht-Arbeit) und in der Frage, ob man das Leben ohne Arbeit am schönsten fände oder nicht.

Allerdings ist solchen Befunden - trotz oder gerade wegen der breiten Öffentlichkeitswirkung, die sie erzielt haben - mit Vorsicht zu begegnen. Im Zuge der ausgedehnten sich anschließenden Kontroverse um die Arbeitsmoral haben einige Autoren immer wieder darauf hingewiesen, daß andere Studien einen Rückgang beispielsweise der Arbeitsfreude im genannten Zeitraum nicht wiedergeben bzw. daß Wandlungstendenzen nicht unbedingt eine sinkende Arbeitsmoral widerspiegeln, sondern u. U. nur ein verändertes Verhältnis von Arbeit gegenüber Freizeit.

Aber stellen wir einmal diese vor allem auf der methodischen Ebene liegenden Zweifel und Einwände gegen die Wertewandelthese zurück und nehmen zu ihren Gunsten an, die Bevölkerung und insbesondere die Jugend wäre im Begriff, sich am herrschenden Wertekanon zu versündigen, Leistung aufzukündigen und die Arbeit nur noch unter hedonistischen Gesichtspunkten zu betrachten. Unter diesen Bedingungen wäre immerhin interessant, ob solche Einstellungstendenzen aus jüngst berichteten und abgeschlossenen Jugendstudien hervorgehen und in deren Datenmaterial eine Stütze finden oder nicht.

Neuere Jugendstudien, die Vergleiche unterschiedlicher Alterskohorten vornehmen und damit längerfristig Veränderungen erfassen, können eine Entwicklung in der von Noelle-Neumann oder Inglehart skizzierten Richtung auf zunehmende Leistungsverweigerung nicht belegen: So kommen Allerbeck/Hoag in ihrer Replikationsstudie einer Untersuchung aus den 60er Jahren zwar zu dem Ergebnis, daß den 16- bis 18jährigen Jugendlichen des Jahres 1983 Arbeit weniger für ihr Leben bedeutet als den Jugendlichen 1962. Die Veränderungen bewegen sich aber in einer Größenordnung, die, wie sie sagen: "weder stolze Proklamationen noch Klagelieder" lohnt: diejenigen, die "auch ohne Arbeit glücklich" sein könnten, "haben um ganze 2,2 % zugenommen: von 6,1 % auf 8,3 %"[4].

Arbeit und Leistung als solche werden auch bei Schweikert u. a.[5] eher positiv bewertet. So zeigen deren Ergebnisse, daß nur 1/5 der Befragten Negatives mit Leistung verbindet, 44 % der Auszubildenden es weiter als ihre Eltern bringen wollen und 39 % ebenso weit wie ihre Eltern. Werte wie Treue, Zuverlässigkeit, Pünktlichkeit und Ordnung werden akzeptiert.

Mit Hilfe der folgenden Studien können zwar keine längerfristigen Veränderungstendenzen erfaßt werden. Sie ermöglichen dafür aber ein ausführliches Bild der Stellung heutiger Jugendlicher zur Arbeit: Die Studie von Baethge u. a.[6] verweist darauf, daß Arbeit für die Mehrzahl der Jugendlichen zentrale Lebenskategorie bleibt, daß sich kein Gegensatz von Arbeit und Leben ergibt und Jugendliche in beiden Bereichen Sinnerfüllung suchen. Hier wurden sieben Typen von Lebenskonzepten gebildet, untergliedert in vier Konzepte mit zentralem Stellenwert von Arbeit und Beruf und drei Lebenskonzepten mit Zentrum außerhalb der Arbeit. Die Hälfte der Jugendlichen findet sich in den Lebenskonzepten mit zentralem Stellenwert der Arbeit, aber auch bei der anderen Hälfte, die Bereiche außerhalb der Arbeit zum Zentrum ihres Lebenskonzeptes macht, findet sich keine Ablehnung von Arbeit.

Nach einer Erhebung des SINUS-Instituts von 1983[7] zeigt sich eine hohe Akzeptanz von Arbeit und die Tatsache, daß die Sicherheit des Arbeitsplatzes bei den Jugendlichen nach wie vor im Vordergrund der vertretenen Meinungen steht. So ergibt sich, daß Arbeitslose erhebliche Anstrengungen unternehmen, um einen Arbeitsplatz zu finden. Darüberhinaus lehnen es 56 % der Befragten ab (und 23 % stimmen nur eingeschränkt zu), trotz ausreichender Versorgung mit Geld nicht zu arbeiten, so daß sich selbst unter der optimalen Voraussetzung finanzieller Unabhängigkeit nur ca. 20 % der Jugendlichen aus dem Erwerbsleben zurückziehen würden. Ein Vergleich der Ergebnisse von Inglehart und Noelle-Neumann auf der einen Seite mit den eben vorgestellten Jugendstudien zeigt, daß es nichts bringt, in derart verkürzter Weise der Frage nachzugehen, ob Arbeit für Jugendliche wichtig ist oder nicht. Vielmehr ist eine detaillierte Betrachtung dieses Problems notwendig. Denn dann wird deutlich, daß Jugendliche weniger mit arbeitsweltbezogenen Werten Schwierigkeiten bekommen haben, sondern viel eher mit Unsicherheiten bezüglich der eigenen beruflichen Zukunft kämpfen. Dann werden auch Ernüchterungen über berufliche Perspektiven - diese werden im folgenden dargestellt - und daran anknüpfend skeptischer werdende Betrachtungen des Leistungsprinzips verständlicher. Es wird sich zeigen, daß sich daraus keine Hinweise auf global veränderte Einstellungen zu Arbeit und Beruf ergeben.

In unserer eigenen Münchener Studie von Kärtner/Leu/Otto/Wahler[8] schien es uns sinnvoll und notwendig, eine Unterscheidung von Interpretationsmustern (als Maßstab dafür, inwieweit Auszubildende Strukturen sozialer Ungleichheit erfassen) und Handlungsplänen (die Aktivität und Konfliktbereitschaft wiedergeben) vorzunehmen, mit dem Ergebnis, daß kein eindeutiger Zusammenhang zwischen kritischer Sicht gesellschaftlicher Verhältnisse einerseits und Bereitschaft zu aktivem politischem Handeln andererseits existiert. Wer sich kritisch äußert, wird deshalb noch lange nicht aktiv. Zu vergleichbaren, wenn auch nicht identischen Ergebnissen kamen Projekte wie das Frankfurter von Mayer/Schumm u. a.[9] Auch hier ergab sich ein Auseinanderdriften von kritischer Sicht gesellschaftlicher Ungleichheit und eigenem Engagement. Ein direkter Schluß von Kritik an allgemeinen gesellschaftlichen Werten auf konkret handelnden Protest, wie Inglehart ihn zieht, scheint nach diesen Ergebnissen nicht möglich zu sein.

Bei Jugendlichen, die eine Berufsausbildung begonnen haben - und das sind zugleich Jugendliche, die in der glücklichen Lage sind, einen Arbeitsplatz zu haben -, entsteht im Verlauf der Berufsausbildung ein Abbau systemloyaler und harmonistischer Deutungsmuster. Dies ergaben die Längsschnittuntersuchungen beruflicher Sozialisationsprozesse der Münchener, Frankfurter und Dortmunder Studien.[10] Die Trennung nach Lebensbereichen im Münchener Projekt ergibt darüber hinaus, daß die deutlichste Entwicklung im Bereich Arbeit vor sich geht, also der Betrieb zunehmend häufiger als Sphäre sozialer Konflikte betrachtet und die Interpretation von Aufstieg und Leistung kritischer wird. Dabei ist jedoch nicht zu übersehen, daß unter den befragten Auszubildenden keine Gruppe war, deren Interpretationsmuster in den von uns zuvor als kritisch definierten Bereich gefallen wären. Auch mit einer wachsenden Skepsis oder Kritikbereitschaft geht also noch keine generelle Ablehnung gesellschaftlicher Systeme einher.

Viele Projekte verweisen allerdings darauf, daß im Verlauf der Berufsausbildung eine Desillusionierung über Verhältnisse und Möglichkeiten in der Arbeitswelt sichtbar wird. So ergibt sich aus der Münchener Studie ein Rückgang mitbestimmungsrelevanter Handlungspläne sowie eine abnehmende Zuversicht in die Zukunftssicherheit des eigenen Berufs. Auch die Dortmunder Untersuchung von Kruse/Kühnlein und Müller berichtet von enttäuschten Erwartungen der Auszubildenden hinsichtlich der erwartbaren Zukunft.

Eine Entwicklung in Richtung auf Leistungsverweigerung stellt sich damit jedoch nicht ein. Zwar ergibt sich aus der Münchener Studie, daß die Auszubildenden aufgrund der Erfahrungen in der Arbeitswelt mit den Lehrjahren in der Auffassung zunehmend skeptischer werden, daß allein die eigene Leistungsbereitschaft und die tatsächlich erbrachte Arbeitsleistung beruflichen und sozialen Erfolg garantieren. Dem steht jedoch gegenüber, daß das Scheitern des Einzelnen beim Aufstieg mit den Lehrjahren zunehmend als individuelles Versagen angesehen wird. Wir leiten daraus einen Beleg für unsere Vermutung ab, daß die skeptisch werdende Haltung gegenüber dem Leistungsprinzip keine generelle Kritik an der "Leistungsgesellschaft" beinhaltet. Denn Jugendliche gehen zumeist trotz verschlechterter Arbeitsmarktlage davon aus, daß eigene Leistung und eigenes Geschick ihnen die Arbeitsmarktchancen eröffnen.[11]

Die Jugendlichen gehen also für sich selber nicht von der Überzeugung aus, daß sich Leistung nicht lohnt. Ganz im Gegenteil verstärken sie ihre individuellen Bemühungen, ihre berufliche Qualifikation und Weiterbildung voranzutreiben. Bereits an der ersten Schwelle des Berufseinstiegs, beim Übergang von der Schule in den Beruf, sind früher einsetzende und vermehrte Aktivitäten der Jugendlichen zu verzeichnen. Schweikert u. a., die einen Vergleich von Auszubildenden des Jahrgangs 1985 mit Fachkräften, die 1980 ihre Ausbildung beendet hatten, sowie mit Auszubildenden des Jahrgangs 1975/76 durchführten, stellten vermehrte Bewerbungen um eine Lehrstelle fest sowie eine größere Zahl von Jugendlichen, die früher mit ihrer Lehrstellensuche beginnen.[12]

Eine mit qualitativen Methoden durchgeführte Bremer Untersuchung kann diese Ergebnisse noch erweitern.[13] Hier zeigt sich, daß bereits zwei Jahre vor Schulabschluß die Berufswahl beginnt, wobei sich die Wünsche der Schüler bald den Arbeitsbedingungen anpassen. Als Ziel der Jugendlichen tritt mit dem Näherrücken des Schulabschlusses die Vermeidung von Arbeitslosigkeit in den Vordergrund. Bestimmte Berufsinteressen werden dem nachgeordnet.

Auch an der zweiten Schwelle der Berufseinmündung, bei dem Übergang von Ausbildung in den Beruf, ergeben sich für Jugendliche im Gegensatz zu früheren Jahren erhebliche Schwierigkeiten. Ein Blick auf die Arbeitsmarktdaten bestätigt dies. Wie die BIBB-Erhebung "Ausbildung und Berufsverläufe"[14] ergab, konnte nur ca. die Hälfte der Jugendlichen ein halbes Jahr nach Abschluß der Ausbildung einen Arbeitsplatz im erlernten Beruf finden. Jugendliche, die den Einstieg zum selben Zeitpunkt durch Betriebswechsel schaffen konnten, mußten dafür Wohnortwechsel (9 %), längere Anfahrtswege (11 %), reduzierte Arbeitszeiten (8 %) und gar befristete Arbeitsverhältnisse (25 %) in Kauf nehmen. Kein Wunder, wenn unter solchen Bedingungen eine Bewertung der Übernahmevarianten derart ausfällt, daß Teilzeitarbeit im Beruf, verbunden mit gezielten Weiterbildungsmöglichkeiten, großen Zuspruch findet.

Zusammenfassend haben sich aus keiner dieser Studien Hinweise auf eine Veränderung hin zu abnehmendem Interesse an Arbeit oder gar zu steigender Leistungsverweigerung ergeben. Vielmehr zeigt sich,

1. daß sich zwar mit zunehmender Kenntnis der Arbeitswelt bei Jugendlichen Kritik an den vorgefundenen Verhältnissen verstärkt - allerdings nicht in einer das System als ganzes infragestellenden Form, und wenn, dann eher in einer Form von Ernüchterung bezüglich der eigenen Möglichkeiten;
2. daß Erfolg oder Mißerfolg bei der beruflichen Eingliederung selten im Hinblick auf den Arbeitsmarkt interpretiert, sondern vielmehr auf die individuelle Ebene verlagert werden, und damit einhergehend auf der Handlungsebene steigende Qualifizierungsbemühungen zu verzeichnen sind;
3. daß aber weder schlechte Berufsaussichten noch eine zunehmende Ernüchterung oder skeptischer werdende Deutungen gesellschaftlicher Sachverhalte bei der Mehrheit der Jugendlichen dazu führen, daß Arbeit als solche abgelehnt wird.
4. Daraus ergibt sich, daß von allgemeinen gesellschaftlichen Wertvorstellungen nicht auf konkretes Handeln oder Handlungsbereitschaft geschlossen werden kann, wie etwa Inglehart dies versucht.

Anmerkungen

1 Vgl. hierzu etwa "Die Zeit" Nr. 26/1983 sowie Nr. 41/1984.
2 Vgl. hierzu Inglehart, R.: Wertwandel in den westlichen Gesellschaften. In: Klages, H./Kmieczak, P. (Hrsg.): Wertwandel und gesellschaftlicher Wandel. Frankfurt/M. 1981, sowie ders.: Der Zusammenhang zwischen sozioökonomischen

Bedingungen und individuellen Wertprioritäten. In: KZfSS 32/1980. Zu den Thesen von Inglehart vgl. die Veröffentlichung in Klages/Kmiecziak (a. a. O. 1981), Thome, H.: Wandel zu postmaterialistischen Werten? In: Soziale Welt 1/1985, 27 ff., sowie Jagodzinski, W.: Gibt es einen intergenerationellen Postmaterialismus? In: Zeitschrift für Sozialisationsforschung und Erziehungssoziologie 1/1985, 71 ff.

3 Noelle-Neumann, E./Strümpel, B.: Macht Arbeit krank, macht Arbeit glücklich? München 1984.
4 Vgl. Allerbeck, K./Hoag, W.: Wertewandel oder gewandelte Verhältnisse? In: Deutsches Jugendinstitut (Hrsg.): Immer diese Jugend. München 1985, S. 415 ff.
5 Schweikert, K.: Einstellung zu Ausbildung, Beruf und anderen Lebensfragen. Referat für die Hochschultage berufliche Bildung. Essen, Oktober 1986.
6 Baethge, M./Hantsche, B./Pelull, W./Voskamp, U.: Arbeit und Gewerkschaften - Perspektiven von Jugendlichen. Göttingen 1985.
7 SINUS-Institut: Die verunsicherte Generation - Jugend und Wertewandel. Opladen 1983.
8 Vgl. hierzu Kärtner, G.: Die Entwicklung beruflicher Perspektiven während der dualen Berufsausbildung. Ergebnisse aus einer Längsschnittuntersuchung. In: Kaiser, M., u. a. (Hrsg.): Berufliche Verbleibsforschung in der Diskussion. Beitr. AB Bd. 89/1, Nürnberg 1985, sowie Kärtner, G./Leu, H. R./Otto, E.-M./Wahler, P. (Hrsg.): Ausbildung und Arbeitsplatzrisiko Jugendlicher. München 1983.
9 Mayer, E./Schumm, W./Flaake, K./Gerberding, H./Reuling, J.: Betriebliche Ausbildung und gesellschaftliches Bewußtsein. Frankfurt/M., New York 1981.
10 Siehe hierzu vor allem Kruse, W./Kühnlein, G./Müller, U.: Facharbeiter werden - Facharbeiter bleiben? Frankfurt/M., New York 1981, aber auch den Vergleich der drei Projekte bei Lempert, W.: Sozialisation in der betrieblichen Ausbildung. Der Beitrag der Lehre zur Entwicklung sozialer Orientierungen. In: Thomas, H./Elstermann, G. (Hrsg.): Bildung und Beruf. Soziale und ökonomische Aspekte. Berlin, Heidelberg, New York, Tokio 1986.
11 Kühnlein, G.: Berufserwartungen und Zukunftsperspektiven von Auszubildenden in Facharbeiterberufen. In: Kärtner u. a., a. a. O. 1983.
12 Vgl. Schweikert, K., a. a. O. 1986.
13 Heinz, W. R./Krüger, H., u. a.: Hauptsache eine Lehrstelle. Weinheim und Basel 1985.
14 Schöngen/Westhoff: Ausbildung und beruflicher Einstieg junger Facharbeiter: Ergebnisse einer Vorstudie. In: BWP H. 4/1984.

Gertrud Kühnlein

Neue Abhängigkeiten der Jugendlichen von der Familie

Die familiäre Abhängigkeit von Jugendlichen, die sich noch in Schule und Ausbildung befinden oder aber arbeitslos und deshalb mittellos sind, ist unter bestimmten Gesichtspunkten gar nicht so neu: in Zeiten der "sozialen Not" hat man sich auch in der Vergangenheit immer gerne auf die Leistungen der "Solidargemeinschaft Familie" besonnen.

So stellte der Soziologe Helmut Schelsky schon vor 35 Jahren ein "Anwachsen des sozialen Gewichts der Familie" fest und hebt lobend die "stabilisierende Funktion" und die "Solidaritätsleistungen" des Familienverbandes für die Gesellschaft hervor, die auch schon in den "großen wirtschaftlichen Depressionen der 20er und 30er Jahre" zutage getreten seien.[1]

So oder ähnlich muß auch die SPD-, vor allem aber die CDU-Regierung in den letzten Jahren kalkuliert haben, als sie durch weitreichende Kürzungen im sozialen Sektor praktisch dafür sorgte, daß den Familien auch tatsächlich eine solche verstärkte Bedeutung für die materielle Versorgung der jungen Generation zugewiesen wird. Ich erinnere hier nur an die Streichung bzw. radikale Kürzung des Schüler-BAföG, die Einfrierung bzw. die Umstellung des Studenten-BAföG auf Darlehen und die Erschwerung der Vergabe von Arbeitslosenunterstützung und Sozialhilfe für die große Zahl von Jugendlichen, die keine Ausbildungs- bzw. Arbeitsstelle finden können. In Dortmund z. B. erhält derzeit nicht einmal die Hälfte aller arbeitslos gemeldeten Jugendlichen staatliche Unterstützung, und wir wissen, daß auch für die anderen solche öffentlichen Leistungen meist nicht zum Lebensunterhalt ausreichen.

Was also hat sich im Verhältnis der Jugendlichen zu ihren Herkunftsfamilien verändert, inwiefern kann man von einer *neuen* Abhängigkeit sprechen?

Sehen wir uns zunächst die Seite der Jugendlichen an. Die Jugendforscher sind sich darin einig, daß man seit den 60er/70er Jahren eine *Verallgemeinerung* und eine *Verlängerung* der Jugendphase beobachten kann. Sie verallgemeinert sich insofern, als nicht nur den Kindern aus bürgerlichen Familien, sondern auch denen aus Arbeiterfamilien eine "eigenständige Jugendphase" zugestanden wird, und sie verlängert sich zeitlich nach hinten durch die Verlängerung der Schulpflicht von 8 auf 9 bzw. 10 Jahre sowie die Ausdehnung der Ausbildungs- und Studienzeiten.

Gleichzeitig, so die Jugendforschung, hat es im Laufe der Geschichte der Bundesrepublik außerordentlich starke Veränderungen in den familiären Beziehungen zwischen Eltern und Kindern gegeben: zu einem weitaus früheren Zeitpunkt als in der Vergangenheit erhalten die Jugendlichen eine höhere Selbständigkeit gegenüber dem Willen und den Wünschen der Eltern. Die Autoren der Shell-Studie '81 bezeichnen diese Tatsache als "frühes Ende der bewachten Jugendzeit"[2]. Jugend fängt also heute auch früher an. Ein verändertes Verhältnis zur Sexualität, eine höhere räumliche Mobilität (z. B. mit dem Moped) und die Entwicklung eigenständiger jugendlicher Lebensräume jenseits der Familie (z. B. durch das Zusammenleben mit einem Partner) sind weitere Merkmale, die aus der Sicht der Shell-Autoren die Entwicklung einer eigenständigen jugendlichen Alltagskultur begünstigt haben.

Die Jugendforscher, die sich - wie die Autoren der Shell-Studie - vor allem mit der jugendlichen Subkultur, den sog. Jugendstilen beschäftigen, sehen darin primär eine positive Entwicklung, weil hier ein "Moratorium" eingetreten sei, sozusagen ein Aufschub für die Jugendlichen, der sie für einen längeren Zeitraum, als das früher der Fall war, vor der Festlegung durch Berufswahl und dem Ernst des Berufslebens bewahrt.

Diese positive Seite der verlängerten Jugendzeit aber trifft keineswegs pauschal für "die Jugend" zu; hier muß vielmehr differenziert werden, vor allem hinsichtlich der jeweils unterschiedlichen beruflichen Situation.

Man muß also untersuchen, aus welchen Gründen die einen und die anderen jungen Menschen den Eintritt in das Berufsleben und damit den Status finanzieller Unabhängigkeit vom Elternhaus noch nicht erreicht haben. Denn von den Jugendlichen selbst wird dieses Hinauszögern des Erwachsenenstatus - der rechtlich zwar bereits mit 18 Jahren, ökonomisch aber heutzutage meist erst viele Jahre später erreicht ist - keineswegs unbedingt als eine für sie erstrebenswerte Errungenschaft der Moderne angesehen.

Für die Jugendlichen, die aufgrund relativ niedriger schulischer Ausbildung und anderer diskriminierend wirkender Merkmale, wie z. B. Zugehörigkeit zum weiblichen Geschlecht, ausländische Nationalität, gesundheitliche Beeinträchtigung usw., den von ihnen erwünschten und mit viel Mühe angestrebten Eintritt in das Erwerbsleben nicht schaffen, sieht das Angewiesensein auf den finanziellen und sonstigen Rückhalt durch die Familie doch anders aus als für die Jugendlichen, die durch höhere Bildungsabschlüsse in Schule und Hochschule eine bessere Position in der gesellschaftlichen Hierarchie der Berufe zu erreichen hoffen.

Nur am Rande sei hier daran erinnert, daß auch Schüler und Studenten trotz ihrer vergleichsweise günstigeren Ausgangsposition zunehmend größere Schwierigkeiten haben, ihren Bildungswillen in die Realität umzusetzen. So entstehen auch bei ihnen große Probleme dadurch, daß sie ohne familiäre Unterstützung ihr Bildungsziel meist nicht oder nur unter großen eigenen Entbehrungen und Scheiternsrisiken erreichen können.

Ich will im folgenden an der Gruppe von Jugendlichen aus dem unteren Bereich der schulischen und beruflichen Hierarchie demonstrieren, was die "neue private Abhängigkeit" impliziert. Ich beziehe mich dabei vor allem auf Ergebnisse einer Studie, die 1983/84 im Auftrag des Bundesinstituts für Berufsbildung (BIBB) durchgeführt wurde; es handelt sich um die Vorstudie "Jugend, Ausbildung und Beruf", bei der unter anderem solche Jugendlichen befragt wurden, die - mit oder ohne Berufsausbildung - arbeits- bzw. erwerbslos waren oder in sogenannten "berufsvorbereitenden" Maßnahmen darauf warteten, eine Berufschance zu erhalten.[3]

Diese jungen Frauen und Männer, die - teilweise nach bereits erfolgter Lösung vom Elternhaus, meist aber in einer Phase, in der sie eine solche Unabhängigkeit fest planten oder zumindest wünschten - auf das familiäre Zusammenleben zurückverwiesen worden waren, berichteten vielfach von Auseinandersetzungen und Konflikten, die durch ihr erzwungenes und perspektivloses Festgehaltenwerden in der Herkunftsfamilie erzeugt und geschürt wurden.

Noch ganz jenseits der oft schwierigen materiellen Situation macht es offenbar von Seiten der Jugendlichen wie auch der Eltern einen großen Unterschied aus, ob die Jugendlichen um der Verbesserung ihrer beruflichen Chancen willen bis zum Abitur und darüber hinaus von den Zuwendungen der Eltern abhängig sind oder ob die Jugendlichen auf die Solidargemeinschaft Familie zurückverwiesen sind, weil sie es - wie es dann heißt - zu nichts gebracht haben. Sie sehen sich unter diesen ungünstigen Voraussetzungen dann vor die Entscheidung gestellt, *alles* zu nehmen, was ihnen an Jobs angeboten wird, oder aber den Eltern noch länger als von beiden Seiten gewünscht und geplant zur Last zu fallen.

Eine weitere Konsequenz aus dieser vielfach äußerst gespannten und konfliktbeladenen wechselseitigen familiären Abhängigkeit ist sehr häufig, daß die Jugendlichen, der Not gehorchend, von den Eltern dazu angehalten werden, Abstriche zu machen von allen Vorstellungen und Ansprüchen, die sie in bezug auf Berufswahl und -ausübung noch geltend machen.

Typisch erscheint mir hier folgendes Fallbeispiel: Peter, 19 Jahre, wollte eigentlich unbedingt sofort nach dem Hauptschulabschluß arbeiten gehen. Auf seine siebzig bis achtzig Bewerbungen aber bekam er nur Absagen. Nach eineinhalb Jahren Arbeitslosigkeit entschloß er sich dann endlich - auf Drängen seiner Freunde und seiner Eltern hin -, "etwas Vernünftiges" zu machen: Er begann eine Ausbildung bei einem Metzger. "Da war ein Freudenjubel zu Hause." Als sich dann jedoch nach sechs Monaten bei einem Bluttest herausstellte, daß er gegen Fett allergisch ist, brach er die Ausbildung ab. "Seitdem gibt es wieder jeden Tag Krach." Seine Mutter hielt ihm vor, "früher, da hätt' man auch weitergearbeitet, wenn man ein Bein verloren hätte", und setzte ihn massiv unter Druck, er solle sich nicht so anstellen. Mittlerweile wäre Peter auch bereit, *jede* Arbeitsstelle zu akzeptieren, um nur von zu Hause unabhängig zu werden. Daneben hofft er nach wie vor darauf, sich seinen beruflichen "Wunschtraum" erfüllen zu können, wenn er 21 Jahre alt ist: Er möchte dann den LKW-Führerschein machen und Fahrer werden.

Der von der häuslichen Situation ausgehende Druck, die beruflichen Ansprüche immer weiter zu reduzieren, sich anzupassen an die schlechte Arbeitsmarktsituation, wiegt umso schwerer, als - nach unseren Untersuchungsergebnissen - die Jugendlichen von sich aus große Anstrengungen unternehmen, einen Beruf zu finden, der von den Arbeitsinhalten, den Arbeitsbedingungen, aber auch von der Bezahlung und den Zukunftsperspektiven her wenigstens einige grundlegende Ansprüche an eine Vereinbarkeit von Arbeits- und Lebensplanung erfüllt. Sie wollen, wie sie das selbst auch formulieren "arbeiten um zu leben (und nicht umgekehrt)", und sie begreifen auch die Arbeitszeit selbst als einen wichtigen Teil selbständiger und befriedigender Lebenstätigkeit.

Gerade das Ziel, daß Arbeit und Berufstätigkeit nicht zum alles beherrschenden Zweck des Lebens werden, sondern bestimmten Vorstellungen von individueller Arbeits- und Lebensgestaltung genügen soll, wird unter den geschilderten Umständen neuer familiärer Abhängigkeiten paradoxerweise zu einem Wunsch, den die Jugendlichen zunächst einmal ihren Eltern gegenüber geltend machen müssen, die sich ihrerseits meist ungewollt in der Rolle der "realistischeren" Verfechter sogenannter Sachzwänge des Arbeitsmarktes wiederfinden.

Der vom Elternhaus ausgeübte Druck zur Relativierung, ja Zurückstellung eigener Interessen und Ansprüche an die Berufstätigkeit wird so vielfach zum entscheidenden Hebel dafür, *jede* Ausbildungs- und Arbeitsmöglichkeit, die den Jugendlichen noch angeboten wird, als irgendwie akzeptabel erscheinen zu lassen - und das umso mehr, je mehr die Familien selbst unter finanziellem Druck stehen, sei es wegen der staatlichen Kürzungen, sei es deswegen, weil weitere Familienmitglieder arbeitslos sind oder noch versorgt werden müssen.

Die ungleiche Verteilung beruflicher Chancen erfährt hier also in der scheinbar ganz privaten Sphäre noch Unterstützung und Zuspitzung.

Ich möchte noch einmal auf die Studie von H. Schelsky zurückkommen, die, wie eingangs erwähnt, zu Beginn der 50er Jahre entstanden ist. Schelsky kommt nämlich, gerade was die Rolle der Familie im Zusammenhang mit den Arbeitsansprüchen angeht, zu genau entgegengesetzten Ergebnissen. Er beklagt gerade den Umstand, daß "... z. B. die Ablehnung unerwünschter oder berufsfremder Arbeit durch den Jugendlichen vielfach vor allem von seiner Familie aus Gründen des sozialen Prestiges gestützt und veranlaßt (wird); die Eltern nehmen lieber eine längere Arbeitslosigkeit oder Wartezeit auf eine Lehrstelle in Kauf, als daß sie ihre Kinder in Beschäftigungen gehen lassen, die ihnen ihrem oder dem für ihre Kinder gewünschten sozialen Status unangemessen erscheinen. In diesen Fällen hat das Durchhalten der Arbeitslosigkeit des Jugendlichen durch die Familie den Sinn, den gruppenhaft empfundenen sozialen Rang der Familie zu halten und im einzelnen Familienmitglied die Gesamtfamilie vor einem sozialen Abgleiten zu bewahren ..."[4].

Diese unterschiedlichen Ergebnisse zeigen meines Erachtens ganz deutlich einen Wandel auf, der die veränderten berufsbezogenen Ansprüche der Jugendlichen ebenso betrifft wie die von uns festgestellte Anpassungsfunktion der Familie.

Sie verweisen darauf, daß sich auf seiten der älteren Generation die Einschätzung bezüglich der wirtschaftlichen und der individuellen Zukunftsperspektiven sehr geändert hat. Damals - wenige Jahre nach dem Zweiten Weltkrieg - herrschte offenbar die Hoffnung vor, daß in näherer Zukunft die Situation nur besser werden könne, während sich in der abwiegelnden Haltung, die die Eltern heute gegenüber den "überzogenen Ansprüchen" der jüngeren Generation an den Tag legen, meines Erachtens die Skepsis ausdrückt, ob sich die politischen Versprechen bezüglich einer Aufwärtsentwicklung der Wirtschaft *und* der individuellen Berufsaussichten bewahrheiten werden. Denn an dem - von Schelsky in diesem Zusammenhang zitierten - Wunsch der Eltern, ihre Kinder sollten es einmal besser haben, und der daraus folgenden Strategie, dafür auch jahrelange Entbehrungen in Kauf zu nehmen, haben sich - soweit wir das feststellen können - keineswegs Änderungen ergeben.

Anmerkungen

1 Schelsky, H.: Die Jugend der industriellen Gesellschaft und die Arbeitslosigkeit. In: Arbeitslosigkeit und Berufsnot der Jugendlichen. Bd. II, hrsg. vom Deutschen Gewerkschaftsbund. Köln 1952.
2 Jugendwerk der Deutschen Shell (Hrsg.), Jugend '81. Lebensentwürfe, Alltagskulturen, Zukunftsbilder. Hamburg 1981.
3 Paul-Kohlhoff, A., u. a.: Jugend, Ausbildung und Beruf. Vorstudie im Auftrag des Bundesinstituts für Berufsbildung (BIBB), Berlin. Dortmund 1984.
4 Schelsky, H., a. a. O. 1952, S. 300.

Foto: argus Hamburg

Wolfgang Gaiser

Hürden fürs Erwachsenwerden.

Probleme der sozialräumlichen Verselbständigung in der nachschulischen Jugendphase

Wenn Jugendliche heute die Einbindung in schulische Zusammenhänge hinter sich haben, mit allen Verpflichtungen, Leistungsanforderungen und Prüfungen, aber auch Stabilisierungen im Lebensalltag, beginnt eine Lebensphase, die durch differenzierte Formen der Ausgrenzung gekennzeichnet ist. Vorher als Schüler in die Pflicht genommen, ist man später als Bewerber um Ausbildungs-, Studien- oder erst recht stabile Arbeitsplätze vielfältigen Prozessen von Konkurrenz, Verdrängungswettbewerb und Zugangsbeschränkung ausgesetzt. Die Schwellen zur eigenständigen Lebensgestaltung sind höher und komplizierter geworden, und dies nicht nur bezogen auf die ökonomische, sondern auch auf die sozialräumliche Selbständigkeit.

In den folgenden Ausführungen soll nun nicht das Problem des Übergangs ins Erwerbsleben im Mittelpunkt stehen, sondern auf die Bedeutung des reproduktiven Bereichs, insbesondere der sozialräumlichen Ressourcen fürs Erwachsenwerden eingegangen werden. Hierzu will ich zunächst einige Hinweise auf die Erhöhung des Stellenwerts von Wohnen für die Lebensgestaltung und den Lebensentwurf älterer Jugendlicher bzw. junger Erwachsener geben. Dann werde ich auf die Entwicklung des Wohnungsmarkts für junge Nachfrager eingehen. Abschließend soll zu diesen Aspekten aus einem abgeschlossenen Projekt berichtet werden, in welchem wir am Deutschen Jugendinstitut Hauptschulabgänger bei ihren Stationen von der Schule über die Berufsausbildung bis zum Eintritt ins Erwerbsleben forschend begleitet haben.

Die nachschulische Jugendphase und die Bedeutung sozialräumlicher Ressourcen

Die Extensivierung und Intensivierung des Bildungswesens, die Öffnung der höheren Bildungsgänge für breitere Bevölkerungskreise sowie die demographische Entwicklung haben dazu geführt, daß zunehmend mehr Jugendliche länger in diesem gesellschaftlichen Subsystem verweilen. Gleichzeitig ist vor dem Hintergrund von Arbeitsmarktkrise und ökonomisch-technologischen Entwicklungen für Jugendliche bzw. junge Erwachsene der Übergang in den Beruf und die Erwerbstätigkeit unsicherer geworden und verzögert. Eine Konfrontation mit der Arbeitswelt als realer Erfahrungsbasis für die Bedingungen gesellschaftlicher Produktion, aber auch für die eigene gesellschaftliche Nützlichkeit findet zunehmend später statt.

Außerdem zeichnet sich eine Tendenz ab, daß geradlinige Berufsverläufe eher zur Ausnahme und Wechsel im Berufsweg zur Regel werden. So waren beispielsweise schon 1979 noch gut ein Drittel (35 %) der deutschen Erwerbstätigen mit abgeschlossener Facharbeiterausbildung als Facharbeiter im erlernten Beruf tätig[1]. Arbeitsplatz- und Berufswechsel im Berufsverlauf können durchaus der Erweiterung beruflicher Kenntnisse und Fertigkeiten, der Sammlung von Berufserfahrung und der Gewinnung einer stabilen Position im Erwerbsleben dienen; wenn aber unmittelbar nach Ausbildungsabschluß die Möglichkeit einer Weiterbeschäftigung gar nicht angeboten wird und so Betriebs- oder auch Berufswechsel zum Zwang werden, stellen solche erzwungenen Brüche im Berufsweg ein Problem für Jugendliche dar: Nur durchschnittlich die Hälfte der jungen Frauen und Männer erhalten nach dem Lehrabschluß einen unbefristeten Arbeitsvertrag in ihrem erlernten Beruf (wobei selbstverständlich ganz erhebliche Unterschiede zwischen Regionen und zwischen Berufsgruppen bestehen)[2]. Was den Verbleib im Ausbildungsbetrieb angeht, so waren ca. ein halbes Jahr nach der Berufsausbildung nur noch 68 % der Männer und 56 % der Frauen im Ausbildungsbetrieb tätig[3].

Vor dem Hintergrund des Strukturwandels der Arbeitsgesellschaft hat sich die nachschulische Jugendphase verändert. Sie wird länger und komplizierter, weil die Verläßlichkeit und Selbstverständlichkeit der Übergänge vom Bildungs- ins Beschäftigungssystem und damit auch die Tragfähigkeit arbeitszentrierter Lebensperspektiven brüchig geworden ist. So erhält neben Beruf und Arbeit der Reproduktionsbereich eine wesentlich stärkere Bedeutung für die Lebensbewältigung und Lebensperspektiven von Jugendlichen. Diese nachschulische Jugendphase ist somit gesellschaftlich freigesetzt; sie ist einerseits erzwungen durch Bedingungen des

Arbeitsmarktes, andererseits aber sozialpolitisch akzeptiert, respektiert und abgestützt (vgl. z. B. BAföG sowie Arbeitsbeschaffungs- und Qualifizierungsmaßnahmen der Arbeitsverwaltung). Während früher für Jugendliche nach der Schulzeit gesellschaftlich der Druck, aber auch die Gelegenheitsstruktur dafür gegeben waren, mit Qualifizierungs- und Plazierungsentscheidungen biographisch relevante Weichen zu stellen, hat sich heute hier ein ausdifferenziertes System von Qualifikationsschlaufen und kurzfristigen Arbeitsmöglichkeiten ohne Optionen auf Berufswege etabliert. Die nachschulische Jugendphase bedeutet so zum einen für einen breiteren Teil der Jugend als früher eine Moratoriumsphase, also einen biographischen Abschnitt, in dem im öffentlichen und privaten Bereich Erfahrungen gesammelt werden können, ohne sich schon längerfristig festlegen zu müssen; sie bedeutet aber andererseits auch, daß die gesellschaftliche Erschwerung der Möglichkeit, Stabilität in die Biographie zu bringen und relevante Schritte zum Erwachsensein, wie Berufsfindung und eigenständiges Wohnen, zu schaffen, Verunsicherung hervorrufen.

Das gesellschaftliche Novum der nachschulischen Jugendphase in der Bundesrepublik ist auch dadurch geprägt, daß teilweise die Elterngeneration der Jugendlichen in dieser Lebensphase eine ökonomische Sicherheit gewonnen hat, die als Ressource dafür herhalten kann und muß, die ökonomische Unselbständigkeit ihrer Kinder bis in ein Alter hinein auszugleichen, in dem früher eine Verselbständigung der nachwachsenden Generation selbstverständlich gewesen wäre. Dementsprechend treten in der nachschulischen Jugendphase Ungleichheiten und Benachteiligungen nach sozialer Herkunft, Geschlecht und Region wieder deutlicher hervor (nachdem sie in der Schulzeit einem gewissen temporären Nivellierungsprozeß unterlegen waren). Neben der Differenzierung von Lebenslagen junger Erwachsener[4] zeichnet sich auch ab, daß sich spezifische "Koppelungen" von Lebensereignissen lockern, die in der Vergangenheit Statusübergänge rationalisiert und die Integration älterer Jugendlicher in die Erwachsenen-Gesellschaft erleichtert haben: vormals stabile, zeitliche und inhaltliche Verknüpfungen als Strukturierungsmoment von Lebensläufen erodieren. Lebensperspektiven in unterschiedlichen Bereichen (Berufslaufbahn, Partnerschaft, Heirat, Auszug, selbständiges Wohnen) sind zunehmend weniger aufeinander bezogen und in ihrer Realisierung weniger miteinander verknüpft.[5]

In diesem Kontext wird das selbständige Wohnen zu einer wichtigen biographischen Etappe, zu einem eigenständigen, in sich bedeutsamen Lebensbereich. Die eigene Wohnung als zentraler Bestandteil eines Netzes unterschiedlicher sozialer Räume bekommt für junge Erwachsene im Zusammenhang der Lebensbewältigung eine stabilisierende Funktion. Je weniger Ausbildung und Beruf biographische Muster und soziale Einbettung garantieren können, umso größere Relevanz erhält eine "sozialräumliche" Verläßlichkeit. Sichtbar wird die zunehmende Bedeutung der sozialräumlichen Stabilisierungen nicht nur an der Intensivierung und Verbreiterung von Gleichaltrigenbeziehungen (Anstieg des Anteils der Jugendlichen, die Cliquen zugehören, von 16 % auf 57 % zwischen 1962 und 1983[6] sowie der hohen "Besetzung" von Treffpunkten), sondern auch an dem Gewicht, das Jugendliche bzw. junge Erwachsene dem Wohnen, der eigenständigen Gestaltung ihres unmittelbarsten sachlichen Reproduktionszusammenhangs beimessen. Gerade Jugendliche, denen eine Berufseinmündung gelungen ist, befassen sich mit der Frage eigenständigen Wohnens, aber auch unabhängig von Erwerbsbiographie und Partnerfindung versuchen viele mit zunehmendem Alter, über die räumliche Verselbständigung einen Schritt zum Erwachsenwerden zu tun. Diese Tendenz spiegelt sich auch in Repräsentativerhebungen: Nach den Zahlen der neuesten Shell-Studie wohnten 1984 noch bei den Eltern: 95 % der 15- bis 17jährigen, 78 % der 18- bis 20jährigen und 36 % der 21- bis 24jährigen (1954: 74 %). Von den 19jährigen Mädchen mit Hauptschulabschluß hatten bereits 50 % das Elternhaus verlassen.[7] Wohnen gewinnt heute zunehmend einen eigenständigen Stellenwert als Möglichkeit für individuelle Stilisierungen, soziale Aktivitäten und Lebensgestaltung, und zwar für junge Frauen noch stärker als für junge Männer. Das zeigt sich beispielsweise auch daran, daß bis zum Alter von 25 Jahren bereits 65 % der Frauen, aber erst 45 % der Männer aus dem Elternhaushalt weggezogen waren.[8]

Der Wohnungsmarkt für junge Nachfrager

Wegzug von zu Hause bedeutet, sich Zugänge zu ganz unterschiedlichen Wohnungsmärkten zu verschaffen. Die Chancen und Wege der jungen Erwachsenen, eine Wohnung zu finden, sind zunächst abhängig vom konkreten Milieu, in dem sie geboren und aufgewachsen sind: die sozio-ökonomische Position ihrer Eltern, deren Haus oder Wohnung, das Quartier und dessen Einbettung in städtische oder ländliche Zusammenhänge. Gesucht wird nicht auf einem abstrakten Gesamtmarkt, sondern zunächst einmal in jenen Wohngebieten, die man kennt, sich wünscht, von denen aus Bildungsstätte oder Arbeitsplatz gut erreichbar sind und wo man sich sozial eingebettet fühlt. Die Zugangschancen sind aber generell für junge Nachfrager schlecht, und das war in allen unterschiedlichen Phasen der Wohnungsversorgung in der Bundesrepublik so. Die Wohnraumnachfrage von

Jugendlichen wird als Bedarf kaum registriert. Allenfalls in Zwischenphasen der Stadtentwicklung konnten sie Marktnischen für ihre Bedürfnisse nutzen: In den 60er Jahren wurden mit dem Bau der Trabantensiedlungen am Rande der Großstädte und der Abwanderung in die Peripherie ins Haus mit Garten, in Innenstadtgebieten Altbauwohnungen frei. So bestanden für die Erprobung der Ende der 60er Jahre diskutierten Ideen von neuen Lebens- und Wohnformen in Wohngemeinschaften günstige Marktbedingungen.

Die Neubautätigkeit ist seit Mitte der 70er Jahre drastisch zurückgegangen, der soziale Mietwohnungsbau kam fast zum Stillstand, und aus dem Altwohnungsbestand sind Jahr für Jahr viele günstige Mietwohnungen durch Abriß oder Umwidmung verschwunden. Diese Bestandsverringerung bei Altwohnungen trifft nun gerade einen Bereich, in dem junge Erwachsene eine Chance hatten, bei kleinerer Kasse und großem Eigenaufwand kreativ, selbständig und eigenverantwortlich zu wohnen und zu leben. Altbauwohnungen waren Orte für Übergangslösungen, Experimentierfelder oder auch Stabilisierungsformen des Wohnens: in zentraler Lage, relativ preisgünstig, verkehrsmäßig gut erschlossen, nahe an Orten der Geselligkeit, der städtischen Kultur, der jugendspezifischen Freizeitinfrastruktur. Diese Wohnungsbestände werden zunehmend durch Luxusmodernisierung oder auch durch Umwandlung in gehobene Eigentumswohnungen für die einkommensschwächeren Haushalte unerschwinglich.

Der Bestand an verfügbaren Sozialwohnungen verringert sich gegenwärtig durch das Auslaufen von Belegungsbindungen; die Zahl der Interessenten für Sozialwohnungen nimmt dagegen - vor allem in den Ballungsgebieten der Bundesrepublik - zu. Bleiben die Sozialmieter länger in den einmal erlangten Wohnungen, so sinken natürlich die Chancen für neugegründete Haushalte, eine Sozialwohnung vermittelt zu bekommen. So sind junge Nachfrager auch besonders von der Fehlbelegung öffentlich geförderter Wohnungen betroffen. Das bedeutet für diese Interessentengruppe, auf die neuen und damit in der Regel teuren Wohnungen angewiesen zu sein. Durch diese Entwicklungen öffnete sich zunehmend die Schere zwischen dem Anspruch junger Erwachsener nach selbständigem Wohnen und den Marktbedingungen für dieses Vorhaben.

Auch bei ausreichendem Einkommen gelten sie als Nachfrager der "zweiten Kategorie": ihre Kreditwürdigkeit wird angezweifelt, Wohnungsvermieter und Wohnungsvermittler haben Bedenken, ob ihr Lebensstil bzw. -plan ein dauerhaftes Mietverhältnis garantiert.

Haben sie Erfolg, stellt sich die Bilanz folgendermaßen dar: Die Wohnungsversorgung von jungen Erwachsenen, die bereits in einer eigenen

Wohnung leben, ist schlechter als die der Haushalte insgesamt. Sie wohnen in weniger gut ausgestatteten Wohnungen, sie haben weniger Wohnfläche zur Verfügung, und vor allem: sie müssen für vergleichbare Wohnungen mehr bezahlen als andere Haushalte. Bezogen auf das verfügbare Einkommen sieht die Entwicklung so aus: 1972 hatten die Haushalte mit einem Haushaltsvorstand unter 30 Jahren im Schnitt eine Mietbelastung von 13 %, 1978 waren es bereits 21 % und, soweit es sich um Einpersonenhaushalte handelte, waren es am Anfang der 80er Jahre ca. 30 %. Auf spezifischen Teilmärkten war die Mietbelastung noch wesentlich höher. Beispielsweise für Studenten mit Unterstützung nach dem BAföG lag in München 1985 die Mietbelastung im Schnitt bei 45 % der Ausbildungsförderung bzw. des Bedarfssatzes.

Als besonderer Trend in der Entwicklung des Wohnungsmarkts für junge Nachfrager zeichnet sich die kontinuierliche Zunahme der Zahl von Einpersonenhaushalten ab. Auch ihr *Anteil* an den Privathaushalten nahm erheblich zu, und zwar von 19,4 % im Jahr 1950 auf 31,3 % im Jahr 1982. Der Zuwachs war dabei am stärksten bei den Einpersonenhaushalten mit Haushaltsvorständen, die jünger als 25 Jahre waren. Sie haben sich innerhalb von 20 Jahren verdoppelt (vgl. Tabelle 1)[9]. Innerhalb dieser Haushaltskategorie sind die Frauen (53 %) gegenüber den Männern (47 %) überrepräsentiert.

Was die räumliche Verteilung von Einpersonenhaushalten angeht, zeigt sich, daß mit zunehmender Gemeindegröße ihr Anteil erheblich zunimmt, und zwar von 20,3 % bei Gemeinden mit unter 5.000 Einwohnern auf 40,3 % mit 100.000 und mehr Einwohnern.[10] Innerhalb der Großstädte variieren dabei die Anteile der Einpersonenhaushalte stark; in der inneren Stadt sind sie am höchsten konzentriert.[11]

Tabelle 1: Entwicklung der Einpersonenhaushalte (EPH) in der Bundesrepublik Deutschland

Jahr	Anzahl der Privathaushalte (in 1.000)	EPH (in 1.000)	EPH in % aller Haushalte	Haushaltsvorstand jünger als 25 Jahre EPH (in 1.000)	in % aller EPH
1961	19.640	4.010	20,6	391	9,8
1982	25.336	7.926	31,3	839	10,6

Quellen: Statistisches Bundesamt 1966, S. 42; 1983, S. 66

Für die Wohnungsversorgung junger Nachfrager bedeuten diese Entwicklungen, daß der Konkurrenzdruck um kleine und vor allem erschwingliche Wohnungen erheblich zugenommen hat, und dieser Trend hält mindestens bis in die 90er Jahre an. Frühestens dann nimmt nämlich aufgrund des "Pillenknicks" die Altersgruppe der 18- bis 25jährigen, also ein Großteil der "Newcomer" auf den Wohnungsmärkten, wieder ab. Bis dahin wird allerdings wegen der demographischen Entwicklung auch die Altersgruppe der 25- bis unter 30jährigen noch stark anwachsen, und die Nachfrage nach preisgünstigen Wohnungen wird sich erhöhen. Falls sie unversorgt bleiben, kommt es zu einem Nachfragestau, der dann denkbare Entlastungseffekte aufgrund der Bevölkerungsentwicklung doch nicht zur Wirkung kommen läßt.

Gleichzeitig ist nicht absehbar, daß junge Erwachsene als Zielgruppen der raumbezogenen Sozialpolitik Berücksichtigung fänden oder daß die von ihnen angestrebten Haushaltstypen und ihre Präferenzen für Innenstädte in die Stadtplanung eingingen.

Probleme und Balancen der Lebensbewältigung in der nachschulischen Jugendphase

Im folgenden soll der Frage nachgegangen werden, wie sich die gesellschaftlich gegebenen Erschwernisse beim Weg zum Erwachsenwerden für Jugendliche darstellen. Es soll also die Subjektseite der nachschulischen Jugendphase beleuchtet und dabei betrachtet werden, welche Formen und Balancen der Lebensbewältigung junge Erwachsene finden (müssen), um trotz der höher gewordenen Schwellen zur Selbständigkeit zu einer eigenständigen Lebensgestaltung und Entwicklung von Lebensperspektiven zu kommen. Hierzu kann qualitatives empirisches Material herangezogen werden, das im Rahmen eines abgeschlossenen DJI-Projekts[12] gewonnen wurde. Die Untersuchung war als sozialökologischer Querschnitt angelegt und wurde dann in einen Längsschnitt überführt:

- Für die Basisstudie wurden in den Jahren 1976/77 in drei infrastrukturell verschiedenen Wohngebieten Bayerns (einer Stadtrandneubausiedlung, einem citynahen Altstadtviertel Münchens sowie einer niederbayerischen Kleinstadt) mit insgesamt 140 Hauptschülern (73 Jungen und 67 Mädchen) während der letzten drei Monate vor Schulende Leitfadeninterviews durchgeführt. Sie hatten zentral den Übergang von der Schule in die Berufsausbildung zum Gegenstand.
- Jeweils fünf bis sechs Monate nach Schulende fanden Gruppendiskussionen (insgesamt sieben) mit den nunmehr Auszubildenden über ihre Erfahrungen in Arbeit und Beruf und Veränderungen in ihrer Lebensführung statt.
- Ende 1981 wurden in einer postalischen follow-up-Erhebung nochmals alle 140 ehemaligen Hauptschulabgänger angeschrieben und nun als größtenteils ausgelernte Fachkräfte um Angaben über ihre Lebensverhältnisse gebeten.
- Im Herbst 1982 wurden biographische Einzelinterviews über die weiteren Erfahrungen im beruflichen und persönlichen Werdegang mit elf - auf der Grundlage der Daten von 1981 ausgewählten - jungen Männern und Frauen durchgeführt.

Die Wiederholungsbefragung von Hauptschulabgängern der Jahre 1976/77 ist insbesondere deshalb interessant, weil diese Jugendlichen im Prozeß ihres Heranwachsens mit spezifischen Schüben ökonomischer Veränderungen und politischer Rahmensetzungen konfrontiert wurden, die sich knapp so skizzieren lassen: Sie kamen Anfang der 60er Jahre in Zeiten von "Wirtschaftswunder" und Arbeitskräftemangel im "Baby-Boom" zur Welt, wurden in einer Zeit eingeschult, die kulturelle Modernisierung, Garantie von Chancengleichheit und soziale Sicherung auch durch ein reformiertes Bildungssystem gewährleisten wollte, und haben ab etwa 1970 die reformierte Hauptschule besucht. Bei ihrer Lehrstellensuche in der zweiten Hälfte der 70er Jahre fanden sie einen Arbeitsmarkt vor, der ihre "Berufswahl" einem situativen Anpassungsprozeß an den Lehrstellenmarkt unterwarf.[13] Nach dem Abschluß der Berufsausbildung standen sie vor einer höher gewordenen zweiten Hürde; die Arbeitsplätze waren knapper und der Konkurrenzdruck auch durch besser qualifizierte Mitbewerber größer geworden. Damit waren ihre Chancen auf eine eigenständige ökonomische Grundlage für die Selbständigkeit schlechter geworden, wobei ihnen durch die Herabsetzung des Volljährigkeitsalters von 21 auf 18 Jahre (1975) der Erwachsenenstatus rechtlich früher zugestanden wurde als den vorangegangenen Jahrgängen. Bei dieser widersprüchlichen Ausgangsbasis für eine eigenständige Lebensführung war gleichzeitig der Auszug von zu Hause in eine eigene Wohnung durch die Angebotsstruktur des Wohnungsmarktes schwieriger geworden.

Die Untersuchungsergebnisse machen deutlich, wie verschiedene gesellschaftliche Ebenen die nachschulische Jugendphase prägen. Das Zusammenspiel bestimmter gesellschaftlicher Rahmenbedingungen materieller, normativer und sozialstaatlicher Art auf der Makroebene mit sozialräumlichen und institutionellen Einflüssen der Mesoebene sowie mit subjektiven Interpretationen und Handlungen Jugendlicher bewirkt spezifische Ausformungen der nachschulischen Jugendphase. Am Beispiel der von der Schicht und den gesamtgesellschaftlichen Entwicklungszusammenhängen her relativ homogenen Untersuchungspopulationen "Hauptschulabgänger 1976/77" lassen sich unter dem Blickwinkel "Region" unterschiedliche Typen nachschulischer Jugendphasen mit geschlechtsspezifischen Besonderheiten nachzeichnen.

Beispiele für die nachschulische Jugendphase auf dem Lande:
Eingebundenheit als Experimentierchance oder Anpassungsdruck

Die beiden ersten jungen Erwachsenen sind Ende 1981 20 Jahre alt, sie haben nach der Hauptschule eine Berufsausbildung abgeschlossen und stehen nun in einer nachschulischen Jugendphase, die sich als Balanceakt zwischen den perspektivischen Anforderungen des Arbeitslebens und der eigenen Suche nach einer soziokulturellen Identität beschreiben läßt. Beide stammen aus Vollerwerbshöfen in der Nähe der fernab von Ballungszentren gelegenen Kleinstadt. Sie wohnen beide noch bei ihren Eltern, aber die Weitläufigkeit der Anwesen und das elterliche Verständnis für die groß gewordenen Kinder mit Schul- und Berufsabschluß als (halbwegs) Erwachsene lassen hier viel Selbständigkeit und Autonomie zu. (Das drückt sich beispielsweise bei unserem Interviewtermin so aus, daß der Vater des junge Mannes, als ich nach diesem frage, ihn nicht ins gemeinsame Wohnzimmer ruft, sondern mich "die Stiege hoch und den Flur hinter und sie sehn das dann schon" zu ihm schickt. Dort treffe ich ihn in einem großen Zimmer mit exotischen Pflanzen, HiFi-Anlage, selbstgedrehten Zigaretten und einem Einrichtungsstil, der vergessen läßt, daß ich mich in einem niederbayerischen Vierseithof befinde.) Beide Jugendliche strahlen eine gewisse Zufriedenheit mit ihrer derzeitigen Lebensphase aus. Sie wollen sich zu nichts drängen lassen und diese Zeit für sich nutzen. Sie sind froh, die Schule hinter sich zu haben, sie haben keinen - und die vorhandenen Arbeitsmöglichkeiten induzieren auch keinen - berufszentrierten Lebensentwurf, der sie zu karriererelevanten Entscheidungen zwingen würde. Sie nutzen relativ konfliktfrei die reproduktive Stütze des Elternhauses und wollen eine feste Partnerbindung bewußt noch nicht eingehen. Was ihre Perspektiven angeht, kennen sie durchaus den Lebensrhythmus von Stetigkeit, Arbeit und Verpflichtungen und gehen auch davon aus, daß dies alles auf sie zukommen wird und sie das auch so zu akzeptieren haben werden - nur eben später erst, und es gibt keinen Grund, sich danach zu drängen. Ihre Lebensphase steht in einem dreifachen Spannungsfeld: Arbeit, Wohnen und soziokulturelle Identität.

Arbeit ist zwar als Möglichkeit momentanen Geldverdienens gefunden, eine sinnstiftende Berufstätigkeit wäre aber der weitergehende, recht diffuse Wunsch. Wegen der Wohnmöglichkeit haben sie sich - selbständig *und* abhängig - mit den Eltern derzeit akzeptabel arrangiert. Viel Energie wird für die Entwicklung von soziokultureller Identität und Selbständigkeit aufgewandt; Zeit für sich und den intensiven Austausch mit anderen zu haben, ist sehr wichtig; falls daraus eine feste Partnerschaft entstehen sollte, wäre dies eher ein überraschender Nebeneffekt.

Bei der Gestaltung der nachschulischen Lebensphase durch diese beiden Jugendlichen ist sicherlich ganz erheblich, daß die wohlgeordneten Lebensumstände der Großfamilien in landwirtschaftlichen Vollerwerbsbetrieben ein Gefüge sozialer und materieller Sicherheit schaffen, von dem aus sich diese Zeit experimentierfreudig nutzen läßt, ohne die Frage der beruflichen Existenzsicherung zu drängend werden zu lassen. Eher über Verlautbarungen zum Thema Arbeitslosigkeit als durch eine unmittelbare Verunsicherung sehen sie ihre Arbeitsmarktchancen als problematisch an. So leisten sie sich Offenheit in der beruflichen und persönlichen Lebensplanung, sehen aber diese Zeit durchaus nur als Durchgangsstadium, dessen Freiheiten und Unverbindlichkeiten zugunsten kalkulierterer Schritte später zurückgenommen werden müssen.

Fallbeispiel der jungen Frau, geboren 1962 als siebtes Kind.

> Sie hatte zunächst im pflegerischen Bereich eine Ausbildung angestrebt, dann aber als Notlösung im kaufmännischen Bereich ihre Berufsausbildung abgeschlossen. Anschließend verdient sie ihr Geld in der Sommersaison als "Mädchen für alles" im bayerischen Fremden-

verkehrsgewerbe und bereist im Winter "sonnige Regionen der Erdkugel".

Eine feste Partnerschaft lehnt sie zu dieser Zeit ab, da eine solche Beziehung für ihren Lebensstil zuviel Festlegung bedeuten würde. Sie hat auch noch keine eigene Wohnung gesucht, weil dies angesichts ihrer wechselnden Aufenthaltsorte eine unnötige Ausgabe und finanzielle Verpflichtung mit sich bringen würde.

In ihren Planungshorizont treten die Arbeitsmarktbedingungen insofern, als sie meint, daß es nach dem, was sie über Arbeitslosigkeit gelesen und gehört hat, allmählich Zeit würde, sich etwas Festes zu suchen.

Bei ihr läßt sich von Risikobereitschaft auf der Basis einer gegebenen Rückzugsposition sprechen. Der elterliche Hof als Vollerwerbslandwirtschaft mittlerer Größe und die sechs älteren Geschwister mit ihren Berufen und Familien schaffen für sie ein Gefüge sozialer und materieller Sicherheit, von dem aus sie die gegenwärtige Lebensphase sicher, neugierig und gegenüber neuen Erfahrungen aufgeschlossen für sich gestalten kann. Sie nutzt jetzt quasi als Ausgleich die Vorteile ihrer Lebensumstände traditioneller Sozialisation in einer Großfamilie, die zusammen arbeitet und lebt, wie sie früher bereit war, deren Nachteile in Kauf zu nehmen, nämlich eine weiterführende schulische Bildung zugunsten ihres Beitrags in Haus und Hof zurückzustellen.

Interviewauszug:

F: Ich wollte mich noch einmal zu Ihrem weiteren beruflichen Werdegang erkundigen, was Sie nun nach der Hauptschule gemacht haben.
A: Also nach der Hauptschule habe ich Bürokaufmann gelernt und das abgeschlossen, dann habe ich aufgehört, und dann habe ich gejobbt den Sommer über, Saisonarbeit. Und im Winter dann Urlaub gemacht. Und das mache ich bis jetzt noch immer. Letzten Sommer, also den Sommer habe ich auch wieder gearbeitet, eben Saisonarbeit am Chiemsee, und jetzt bin ich eben fertig, und jetzt mache ich Urlaub. ...
F: Was heißt denn das, "Saisonarbeit"?
A: Das ist im Gaststättengewerbe oder so Fremdenverkehr, wenn nur den Sommer über Betrieb ist und im Winter geschlossen wird. Letztes Jahr war ich im Bayerischen Wald auf einer Berghütte, das war so ein Ausflugslokal, und da habe ich den Sommer über gearbeitet, und im Winter war da geschlossen. Das ist also bloß für 5 oder 6 Monate. Und da verdient man meistens auch mehr, weil man viel mehr arbei-

ten muß. Das sind keine 40-Stunden-Wochen, sondern das ist viel mehr Arbeit. ...
F: Und was nächstes Jahr wird - wollen sie wieder das Gleiche machen?
A: Das ist noch nicht sicher, nein, ich könnte da wieder zurück, aber ich möchte wieder etwas anderes machen an einem anderen Ort. Aber das ist noch ganz ungewiß. ...
F: Für die Entscheidung, da so wegzugehen aus dem Beruf, hat da auch die Erfahrung durch den Beruf jetzt, die Ausbildungszeit, eine Rolle gespielt?
A: Also das, daß ich Bürokaufmann gelernt habe, das wollte ich an und für sich gar nicht machen. Ich wollte Kinderpflegerschule, die Berufsfachschule für Kinderpflege machen. Und dann habe ich mich da angemeldet, und dann war das schon alles voll, der Kurs. Und dann habe ich das nicht mehr gekriegt. Und ein Jahr warten, das wollte ich nicht. Und das mit der Lehrstelle, das habe ich schon gewußt, daß die mich nehmen. Und dann habe ich mir gesagt, dann lerne ich erst mal einen Beruf. Irgendwie habe ich mir gedacht, das ist auch ganz praktisch, wenn man einen Beruf wenigstens hat. Aber - ich weiß nicht - so besonders gefallen hat es mir nicht im Büro. Es war irgendwie so langweilig. Den ganzen Tag an der Schreibmaschine und am Telefon.
F: Und so von Ihrer Planung her, wie denken Sie, daß das jetzt weitergehen soll?
A: Es ist überhaupt keine Planung da. Ich weiß vielleicht noch, was ich nächste Woche mache, aber was schon nächsten Monat wieder ist, das hängt völlig in der Luft. Manchmal macht mich das schon kaputt, weil ich so überhaupt keine Linie drin habe. Andere, die haben ihren Beruf, und die wissen, daß sie in zehn Jahren wahrscheinlich auch noch in ihrem Beruf sind, die brauchen sich da weniger Gedanken machen. ... Ich glaube, wenn ich die Mittlere Reife hätte, dann würde ich nochmal eine Lehre anfangen, eine ganz neue und das dann fertig machen in einem Beruf, der mich wirklich interessiert.

Gegenüber den beiden ersten Beispielen von einem junge Mann und einer jungen Frau aus bäuerlich-ländlichem Sozialisationsmilieu, die ein hohes Maß an selbständiger Definition ihrer nachschulischen Lebensphase aufweisen, trafen wir aber in der Provinz, und zwar hauptsächlich in der Kleinstadt, auch auf Jugendliche, für die die nachschulische Jugendphase primär nur einen verlängerten Zwang zu Bravheit und Anpassung am Gängelband elterlicher Subsistenz bedeutete und fast zu einer passiven Abwartehaltung aufs Erwachsenwerden führte. Für junge Männer verband sich dies oft mit dem Thema Wehrdienst, das sich lähmend auf die Entwicklung von Perspektiven für die berufliche und private Lebensplanung auswirkte. Bei Mädchen stand dies oft im Zusammenhang mit den besonders schlechten Arbeitsmarktbedingungen für Frauen auf dem Lande, mit der Kontrolle durch die Eltern (besonders beim Wohnen im Elternhaus) und mit unrealistischen Idealvorstellungen harmonischer Verbindungsmöglichkeiten von Beruf, Ehe und Familiengründung.

Beispiele für die nachschulische Jugendphase in der Großstadt: Freisetzung und Individualisierung

Der regionale Großraum, das Ballungsgebiet, die Großstadt bilden einen gewissen Rahmen hinsichtlich des Arbeits- und Wohnungsmarktes, der Freizeitmöglichkeiten und der kulturellen Szenen. Für die heranwachsenden Jugendlichen hat aber gleichzeitig das jeweilige Herkunftsmilieu, das Wohnquartier mit seiner Tradition, Infrastruktur und Bewohnerschaft einen eigenständigen Einfluß. Dies läßt sich auch an den Ausprägungsformen der nachschulischen Jugendphase bei den ehemaligen Hauptschulabgängern zeigen.

Die bisherigen biographischen Erfahrungen der Jugendlichen aus der *Stadtrandneubausiedlung* betten ihr Bild von Lebensorganisation und Lebenslauf in den Zusammenhang einer sich entwickelnden sozialstaatlichen Industriegesellschaft ein. Eltern (Väter), die vom Arbeiterstatus zum Angestelltenstatus überwechselten und denen die Wohnungspolitik den Umzug in modernere Wohnungen ermöglicht hatte, begünstigten optimistische Einstellungen zum persönlichen Werdegang und zur gesellschaftlichen Entwicklung. Entsprechend versuchen sie in der nachschulischen Lebensphase, auf der Grundlage ihrer erreichten beruflichen und sozialen Kompetenzen günstige Weichenstellungen für ihren Lebensweg zu schaffen. Das können zum einen ausgeklügelte Qualifizierungsstrategien unter der Nutzung von sozialstaatlich abgestützten Bildungsmaßnahmen sein oder auch eine geschickte Nutzung der selbst aufgebauten sozialen Netzwerke, sei es, wenn es um das Auto oder die eigene Wohnung geht.

Die ehemaligen Hauptschulabgänger aus dem *Altstadtviertel* hatten insgesamt ungünstigere Lebensumstände z. B. hinsichtlich der Wohnverhältnisse und der Familiensituationen. Ihre Definition der nachschulischen Jugendphase hängt sowohl mit derartigen Erfahrungen zusammen als auch mit ihrem Bild von Arbeit als Lohnarbeit, das sie beim Heranwachsen in dem Arbeiterviertel (im Umbruch) entwickelt haben. Von da aus ist ihr Umgang mit der Verlängerung der Jugendphase dadurch gekennzeichnet, daß sie sich zentral mit der Frage der Existenzsicherung, des Findens eines zufriedenstellenden Arbeitsplatzes und einer bezahlbaren Wohnung befassen. Der Beteiligung an der Szene und dem kulturellen Angebot im Quartier messen sie wenig Bedeutung bei. Sie "nutzen" die gesellschaftliche Freisetzung der nachschulischen Jugendphase eher dazu, sich ernsthaft Grundfragen zu Weichenstellungen in ihrem Lebensweg zu stellen.

Hierzu das Beispiel einer verheirateten jungen Frau:

> Sie ist Empfangssekretärin, wurde 1962 als erstes von drei Kindern geboren und ist ab dem 12. Lebensjahr in unvollständiger Familie groß geworden.
> Sie hat nach verschiedenen Stellenwechseln einen zufriedenstellenden Arbeitsplatz und ist bisher mit ihrem Lebensweg zufrieden. Zeit für eine nachschulische Jugendphase ohne Verpflichtungen hat sie weder bekommen noch sich genommen. Seit sie mit ihrem Partner zusammenlebt, hat sich das Verhältnis zu ihrer Herkunftsfamilie wieder gebessert, die sie früher überaus stark in Anspruch genommen hatte. Ihre Schullaufbahn und ihr Bildungsweg waren dadurch gekennzeichnet, daß sie Risiken eher aus dem Weg ging. Ihr derzeitiges zentrales und als belastend erfahrenes Thema ist die Wohnungsfrage. Sie hätte gerne ein Kind, sieht sich aber in der Zwickmühle, daß eine genügend große Wohnung nur zu bezahlen wäre, wenn ihr Mann und sie gemeinsam arbeiten würden; sie will aber keinesfalls als Mutter gleichzeitig einem Beruf nachgehen.

Interviewauszug:

> A: Ich muß sagen, ich bin ganz froh, daß ich mit 16 von zu Hause ausgezogen bin, weil seitdem verstehe ich mich auch viel besser mit meiner Mutter. Sie ruft ab und zu im Geschäft an und fragt mich, wie es mir geht, oder ich sage, magst du nicht bei uns mitfahren, wir fahren da und da hin. Das ist jetzt viel besser, als wenn man sich jeden Tag sieht, und man kriegt dann da angeschafft, mach das und mach jenes, das ist noch nicht erledigt. Und so kann ich sagen, ich bin ich und mach meine Arbeit, und sie macht ihre Arbeit, und dann ist da ein gewisser Spielraum dazwischen. ...
> Wir wohnen jetzt in einem kleinen Appartement zu zweit, das ist schon etwas arg klein. Da wohnen wir jetzt schon fast drei Jahre. Wenn, dann ist es wieder so teuer, daß man sich es zwar schon noch leisten könnte, 1.400 oder 1.500 Mark für eine Drei- oder Vierzimmerwohnung. Auf der anderen Seite sage ich mir auch, wenn ich einmal

ein Kind will oder habe, dann geht nur noch einer in die Arbeit, wo kriegt man dann das Geld her? ...
Wir haben durch Zufall, ich muß sagen, wir haben auch viel Glück gehabt, daß wir das Appartement gekriegt haben, das habe ich von der Versicherung als Firmenwohnung gekriegt, wo ich gearbeitet habe. Seitdem wohnen wir halt da drinnen. Wir zahlen 440 Mark inklusive. Wir haben da drüben noch eine Küche, die ist so lang wie das ganze Zimmer da und das Bad und Klo. Wenn mein Mann und ich uns nicht so gut verstehen würden, dann wären wir schon längst auseinander gegangen, weil in so einem kleinen Zimmer. Wir essen hier drinnen, wir schauen hier drinnen Fernsehen, wenn wir Besuch kriegen, das spielt sich alles hier drinnen ab. Und die Küche, gerade, daß man reingeht, sich umdreht und ein bißchen da drin kocht. Und ich muß auch sagen, wir haben schon soviel gestritten, da sind oft schon die Fetzen geflogen.
F: Und die weitere Zukunft?
A: Erst einmal eine größere Wohnung, dann, daß wir finanziell ein bißchen gesicherter sind als jetzt. Ich weiß auch nicht, je mehr das man verdient, desto mehr gibt man aus. Obwohl, ich bin nicht besonders angezogen, die Wohnung ist nicht besonders eingerichtet, wir essen auch nicht übermäßig gut ... Da schreit der Staat immer, es gibt keine Kinder. Wo willst du sie denn aufziehen, wo willst du sie hintun? Mir ist das alles ein bißchen zu hoch, ehrlich gesagt. Weil, ich kämpfe mich zwar sonst schon überall durch und weiß mir meistens zu helfen, aber in der Beziehung ist mir alles ein bißchen zu hoch.

Während die junge Frau sich einläßt auf das ihr bestmöglich Erscheinende, Greifbare und Sicherste, auch wenn dies gleichzeitig eine Selbstbeschränkung bedeutet, gibt es - ebenfalls im Altstadtviertel - das Beispiel des jungen Mannes, bei dem eher von einer zunehmenden Öffnung der Lebensperspektive im Rahmen der nachschulischen Jugendphase auszugehen ist.

Als Hauptschulabgänger träumte er noch davon, Koch zu werden und als Schiffskoch im wehrpflichtigen Alter eine angenehme Zeit zu haben. Dann hat er sich nach Ausbildungserfahrungen in einer Großgaststätte für einen Wechsel zum Ausbildungsberuf Konditor entschieden und nach dem Ausbildungsabschluß sich alles ganz anders überlegt. Er will Zivildienst leisten und später eine Ausbildungsmöglichkeit für den sozialen Bereich suchen. Nachdem er über Beziehungen schon eine "schöne Wohnung" in Aussicht hatte, hat er dann aber doch von diesem Angebot Abstand genommen, weil sein Entgelt als Zivildienstleistender für die Bezahlung nicht ausreichen würde. Statt dessen mietete er - ebenfalls durch seine Kontakte im Quartier vermittelt - eine eigene kleinere Wohnung, die er auch dann noch bezahlen kann.

Nachschulische Jugendphase und Lebenslage Jugend

Versucht man nun, einige allgemeinere Tendenzen herauszuarbeiten, so ist folgendes festzuhalten: Schon in der Schulzeit schlagen außerschulische und nachschulische Lebens- und Zukunftsfragen als Probleme der Lebensbewältigung auf Bewußtsein und Orientierungen der Jugendlichen vermehrt durch, weil das Bildungssystem seinen früheren Charakter als relativ gesicherte Hinführung zu Berufswegen und Sozialstatus erheblich eingebüßt hat. Gleichzeitig hat sich die frühere Schaltstelle für Weichen im Lebenslauf zur biographischen Station mit vielfältiger Eigendynamik entwickelt, die eine eigenständige Phase "Schülersein" prägt. Während diese Lebensphase zunehmend institutionell definiert ist, erfährt die nachschulische Lebensphase eine gesellschaftliche Freisetzung: die klassischen Ablaufmodelle von Jugend mit konventionellen Integrationsmustern und Statuspassagen sind brüchig geworden, und ihre Tragfähigkeit für die Lösung der Lebensprobleme dieser biographischen Phase hat deutlich nachgelassen. Damit kommt es zu einer Pluralisierung der Lebensentwürfe und Individualisierung der Lebensverläufe. Es etabliert sich vor dem Hintergrund gesellschaftlicher Wandlungsprozesse eine historisch neue Lebensphase, die die Übergänge zum Erwachsenwerden komplizierter, langfristiger und differenzierter werden läßt. Für die Jugendlichen eröffnet dies teilweise Chancen der Revision biographischer Entscheidungen, teilweise aber auch das Risiko der Ausgrenzung und der Tradierung sozialer Ungleichheit nach Schicht, Geschlecht und Region.

Die gesellschaftlich gegebenen Möglichkeiten und der normative Druck, auf geradlinigen Wegen zum Erwachsenenstatus zu gelangen, haben sich verringert. Der Zwang und die Gelegenheit für Festlegungen für die Zukunft als frühere Merkmale der nachschulischen Jugendphase treten zugunsten eines Gegenwartsbezugs zurück. Jugend ist nicht mehr eine Übergangszeit zwischen Kindheit und Erwachsensein, sondern eine eigenständige Lebensphase mit spezifischer biographischer und zunehmender sozialpolitischer Bedeutung. Weder die idealisierbare "schöne Jugend" noch die zugestandene begrenzte Zeit für entschuldbare gewagte Experimente ("Jugendsünden") als Durchgangsetappen auf dem Weg zu einer "Normalbiographie" sind Interpretationsmöglichkeiten, die jungen Menschen in der nachschulischen Jugendphase heute als Zuspruch oder Entlastung zur Verfügung stehen, wenn sie merken müssen, daß es ihnen nicht so recht gelingt, den Erwachsenenstatus zu erreichen, und daß Elemente der Jugendphase, zäh und klebrig, nicht einfach mit dem Älterwerden abzuschütteln sind.

Was sich auf der subjektiven Seite als Druck auf die Orientierung an der Gegenwart und Zwang, sich nicht ungewissen Zukunftsfragen, sondern der aktuellen Lebensbewältigung zu widmen, darstellt, ist eine Ausdrucksform des Strukturwandels der Jugendphase. Sozialpolitisch bedeutet das, daß Jugend nicht mehr lediglich als Sekundärstatus betrachtet werden kann - etwa im Zusammenhang mit Bildungs- oder Familienpolitik -, sondern zunehmend Merkmale einer eigenständigen Lebenslage aufweist. Dabei gewinnen für die Lebenslagen Jugendlicher neben Qualifikation und Einkommen die sozial-räumlichen Gegebenheiten (Region, Wohnen, Netzwerke) und die je nach Geschlecht unterschiedlichen Chancen für die Interessenrealisierung vermehrt an Bedeutung.

Für die Jugendforschung haben diese Entwicklungstendenzen zur Konsequenz, daß zur Erfassung der neuen Phänomene in der Lebensphase Jugend sozialisationstheoretische Konzepte oder Theorien der Institution zu kurz greifen würden. Demgegenüber scheint das aus der Wissenschaft von der Sozialpolitik stammende Konstrukt "Lebenslage" adäquater, weil hier die Relevanz sozialpolitischer Setzungen in den Blick kommt.

Mit der Weiterentwicklung theoretischer Ansätze zur Konzeptualisierung und der empirischen Aufklärung über die reale Ausdifferenzierung der Lebenslagen und der Formen der Lebensbewältigung junger Erwachsener in städtischen und ländlichen Regionen befaßt sich derzeit ein laufendes Projekt am Deutschen Jugendinstitut (DJI).

Anmerkungen

1 Vgl. Bundesinstitut für Berufsbildungsforschung/Institut für Arbeitsmarkt- und Berufsforschung (BIB/IAB), Qualifikation und Berufsverlauf. Berlin 1981.

2 Vgl. Bundesministerium für Bildung und Wissenschaft (Hrsg.), Berufsbildungsbericht. Bonn 1986.

3 Schober, K., Jugend im Wartestand: Zur aktuellen Situation der Jugendlichen auf dem Arbeits- und Ausbildungsstellenmarkt. In: MittAB 2/1985, 247 - 264; S. 259.

4 Siehe auch Böhnisch, L./Schefold, W., Lebensbewältigung: Soziale und pädagogische Verständigung an den Grenzen der Wohlfahrtsgesellschaft. Weinheim, München 1985; Olk, Th., Jugend und gesellschaftliche Differenzierung. Zur Entstrukturierung der Jugendphase. In: Zeitschrift für Pädagogik, 19 (Beiheft)/1985, 290 - 301.

5 Vgl. Jugendwerk der Deutschen Shell (Hrsg.), Jugend '81. Lebensentwürfe, Alltagskulturen, Zukunftsbilder. 3 Bde. Hamburg 1981; Jugendwerk der Deutschen

Shell (Hrsg.), Jugendliche und Erwachsene '85: Generationen im Vergleich. 5 Bde. Leverkusen 1985; Mayer, K. U./Wagner, M., Heirat und der Auszug von Kindern aus dem elterlichen Haushalt. Arbeitspapier Nr. 180 des Sonderforschungsbereichs 3 "Mikroanalytische Grundlagen der Gesellschaftspolitik". Frankfurt/M., Mannheim 1985.

6 Allerbeck, K./Hoag, W., Jugend ohne Zukunft? München 1985, S. 40.
7 Vgl. Jugendwerk der Deutschen Shell, a. a. O. 1985, Bd. 3, S. 465 f., und Bd. 5, S. 171.
8 Vgl. Schwarz, K., When do children leave the home of parents? An analysis of cohort data in the Federal Republic of Germany for the years 1972 - 1982. Arbeitspapier für das Seminar "The Demography of the Later Phases of the Family Life Cycle". Berlin 1984 (Ms.).
9 Statistisches Bundesamt (Hrsg.), Statistische Jahrbücher für die Bundesrepublik Deutschland. Stuttgart, Mainz 1966, S. 42, und 1983, S. 66.
10 Vgl. Statistisches Bundesamt, a. a. O. 1983, S. 66.
11 Siehe Droth, W./Dangschat, J., Räumliche Konsequenzen der Entstehung "neuer Haushaltstypen". In: Friedrichs, J. (Hrsg.), Die Städte in den 80er Jahren. Demographische, ökonomische und technologische Entwicklungen. Opladen 1985.
12 Vgl. Hübner-Funk, S./Müller, H. U./Gaiser, W., Sozialisation und Umwelt. Berufliche Orientierungen und Gesellungsformen von Hauptschülern im sozialökologischen Kontext. München 1983; Gaiser, W., Ausbildungszeit: Lebensbeschränkung oder Eröffnung neuer Perspektiven? Thesen und Materialien zum Verhältnis von Arbeitswelt, sozialökologischem Kontext und Biographie. In: Friebel, H. (Hrsg.), Berufliche Qualifikation und Persönlichkeitsentwicklung. Opladen 1985, S. 181 - 204.
13 Vgl. Heinz, W. R./Krüger, H./Rettke, U./Wachtveitl, E./Witzel, A., Hauptsache eine Lehrstelle. Jugendliche vor den Hürden des Arbeitsmarktes. Weinheim, Basel 1985.

Karl Stengler

Thesen zur Situation jugendlicher Sozialhilfeempfänger -

am Beispiel Hamburgs

Die Thematik "Jugend beim Übergang in den Beruf" beinhaltet nicht zwangsläufig die Problematik von Sozialleistungen. Daß Jugendliche als Empfänger von Sozialleistungen in Erscheinung treten, verdeutlicht vielmehr eine spezifische Situation in der beruflichen Sozialisation Jugendlicher wie ihrer gesellschaftlichen Situation überhaupt.

Sozialleistungen umfassen, wenn man sie im Sinne des Sozialgesetzbuches versteht, eine ganze Reihe von Leistungen, die von den Versicherungsleistungen nach der Reichsversicherungsordnung bis hin zu Leistungen nach dem Bundessozialhilfegesetz reichen. Ich möchte mich auf den letzten Bereich beschränken, zumal die Problematik jugendlicher Sozialhilfeempfänger in der fachlichen Diskussion kaum Beachtung findet. Für mich gehört das Problem jugendlicher Sozialhilfeempfänger nicht nur in den Zusammenhang einer gesellschaftlichen Situation, die sich mit dem Stichwort "Neue Armut" kennzeichnen läßt, sondern in den Kontext einer gesellschaftlich relevanten Fehlentwicklung bei der Lösung der Jugendfrage, deren Folgen noch gar nicht abschätzbar sind.

In Hamburg gibt es auf bezirklicher und fachbehördlicher Ebene ein Geflecht von Anlaufstationen, in denen Jugendliche Hilfe auch nach dem Bundessozialhilfegesetz finden können. Wir haben dabei bei der Altersgruppe der 17 - 25 Jahre alten männlichen und weiblichen Jugendlichen folgendes festgestellt:

1. Die Mehrzahl der diese Stellen anlaufenden Jugendlichen ist von der Bildung her in den Bereich der Hauptschule und der Schule für Lernbehinderte einzuordnen. Dabei ist erkennbar, daß die meisten nicht über einen Schulabschluß verfügen.
2. Weit über die Hälfte aller Jugendlichen hat keine Berufsausbildung absolviert. Fast ein Drittel hat eine oder mehrere Lehrstellen abgebrochen.
3. Über 90 % aller Jugendlichen sind zum Zeitpunkt der Kontaktaufnahme ohne Arbeit.
4. Mehr als 6 % sind zur Zeit der Kontaktaufnahme wohnungslos, das heißt, sie haben kein Dach über dem Kopf.

5. Mehr als 70 % geraten in diese Situation unmittelbar aus dem Zusammenleben mit Eltern und/oder Großeltern.
6. Mehr als 80 % aller sind vollständig ohne finanzielle Mittel.
7. 2/3 der Personen kommen aus dem Gebiet der Freien und Hansestadt Hamburg selbst, 1/3 von außerhalb.

Ich denke, daß diese statistischen Angaben, auch wenn sie nur einen kleinen Bereich der Arbeit mit Jugendlichen betreffen, die Situation Jugendlicher, die man bislang unter den Begriff der sozial Schwachen subsumierte, mehr als deutlich macht.

Jugendliche geraten hier in ein Hilfesystem, nämlich das des Bundessozialhilfegesetzes, das von seiner Konstruktion her als Existenzsicherung nicht für die speziellen Belange Jugendlicher gedacht war, ausgenommen die Bereiche der Rehabilitation Behinderter und der speziellen Hilfen für Alkohol- und Drogenabhängige.

Hier kommt auf Hamburg in immer massiverer Form eine Aufgabe zu, die von ihrer Qualität und Quantität immer wichtiger wird. Hier werden aber auch gesellschaftspolitische Fehlleistungen der letzten Jahre auf Kommunen und Länder abgewälzt.

Die Familie, als gerade bei restaurativen politischen Kräften immer wieder hervorgehobener Hort der Geborgenheit, der Selbstheilungskräfte und des Ausgangspunktes umfassend positiver Sozialisationsbedingungen, versagt bei einem immer größeren Teil von Jugendlichen sogar so tiefgreifend und massiv, daß eine der wesentlichsten Grundbedingungen menschlichen Lebens, nämlich der feste Wohnsitz, das Dach über dem Kopf, nicht nur gefährdet, sondern vielfach nicht mehr vorhanden ist.

Die Schere im Bildungssystem zugunsten gehobener Bildungsabschlüsse und zuungunsten der einfacheren Abschlüsse wiederholt sich im Bereich der beruflichen Bildung. Ungelernte und Jugendliche, die ihre Lehre abbrechen, haben kaum Chancen auf Arbeit.

Damit fehlen vielen Jugendlichen Lebens- und Entwicklungsbedingungen für die Zukunft; denn nach wie vor stellt Arbeit, in welcher Konstruktion auch immer, einen wesentlichen Teil menschlicher Lebensqualität dar. Daß sich daraus in der Regel materielle Sicherungen ergeben, ist selbstverständlich.

Aus dieser Problematik ergeben sich für ein Gemeinwesen wie die Freie und Hansestadt Hamburg Aufgabenstellungen, die nur mit einem ungeheuer großen Aufwand an professionellen und materiellen Kapazitäten angegangen werden können.

Eindeutig für mich ist, daß die tradierten Formen jugendpolitischer Hilfesysteme nicht mehr weiterführen und daß die jugendpolitischen

Überlegungen einhergehen mit dem Zusammenstreichen bundesweiter sozialer Hilfesysteme für Jugendliche. Das wird forciert durch die zur Zeit wieder vorherrschenden restaurativen politischen Kräfte und führt dazu, daß sich die soziale Situation Jugendlicher weiter verschärft und die Lebenschancen zukünftiger Generationen verschlechtern. Damit wird die Schere der Lebensbedingungen einzelner Gruppierungen unserer Gesellschaft immer weiter auseinanderklaffen.

Die Stadt Hamburg faßt es als eine ihrer wichtigsten Aufgaben auf, diesem Prozeß entgegenzuwirken, steht aber gleichzeitig vor fast unlösbaren materiellen Problemen. Sie muß versuchen, eine qualifizierte Gesamthilfe für Jugendliche im Übergang in den Beruf zu entwickeln, die auch alternative Berufsausbildungsformen einschließt.

Foto: argus Hamburg

Hans-Hermann Wiebe

Der Funktionswandel von Schule und Jugendarbeit

Einleitung

"Schule hat - wie alle anderen Erziehungsinstanzen - die Funktion, dem jeweils bestehenden Gesellschaftssystem in dem für dessen Aufrechterhaltung und Reproduktion notwendigen Ausmaß qualifizierten personellen Nachwuchs zu sichern."[1] So beschreibt D. Damm zutreffend die eine Seite der gesellschaftlichen Erziehungsinstitutionen: Ihre reproduktive Funktion für die Gesellschaft. Gleichzeitig vollzieht sich aber ein zweiter, gegenläufiger sozialisatorischer Prozeß der Individuation: Gesellschaftlich vermittelte Erziehungsprozesse haben eine identitätsbildende Funktion für das Individuum. Das kindliche oder jugendliche Individuum ist nicht einlinig und mechanistisch Objekt der auf Reproduktion gerichteten gesellschaftlichen Mächte, es verfügt vielmehr über Ich-Ressourcen, mit deren Hilfe es deren Ansprüche relativiert und in einer individuellen symbolischen Ordnung neu formiert, die seine Ich-Identität ausmacht. "Reproduktion" und "Identität" werden darum hier als die zentralen Kategorien zur Beschreibung von Erziehungsprozessen, wie sie von gesellschaftlichen Institutionen wie Schule und Jugendarbeit geleistet werden, angesehen. *Obwohl sie auf Reproduktion gerichtet sind, ermöglichen sie Identitätsbildung.* Diese innere Dialektik gesellschaftlich vermittelter Erziehung gilt es festzuhalten, will man nicht einerseits Illusionen über deren Funktionen oder andererseits einer "Ich-losen" Anthropologie verfallen.

Dabei zielt die reproduktive Funktion der Schule primär auf den Erhalt des gesellschaftlichen Systems. Die Identität, die dem Schüler angesonnen wird, ist die eines seinen - insbesondere aufgrund der Plazierungsfunktion der Schule selbst - zugewiesenen Platz akzeptierenden Gesellschaftsgliedes. Die reproduktive Funktion von Jugendarbeit zielt primär auf den Erhalt eines gesellschaftlichen Subsystems, z. B. Kirche. Hier geht es um die Reproduktion von kulturellen Orientierungen und Werten. Identitätsmuster, die angesonnen werden, bewegen sich dann z. B. im Spektrum eines kirchlich-christlichen Selbstverständnisses. Für die sozialisatorische Bedeutung von Jugendarbeit eines Trägers ("Subsystem") ist von Bedeutung, in welcher Relation das Subsystem zum System (Gesellschaft) steht. Wirkt es rein funktional, affirmativ? Ist es

73

rein auf den Erhalt der dominanten Kultur gerichtet oder vermittelt es auch Impulse systemisch-oppositioneller Subkultur, die auf Veränderung der kulturellen Hegemonie aus ist?[2] Jugendarbeit kann also entweder die konformen Einflüsse der Schule verstärken oder ihnen durch alternative Orientierungen entgegenwirken.

Theoretische Überlegungen

Der Sozialisationsprozeß im Jugendalter läßt sich in der kapitalistischen und bürgerlich-pluralistischen Gesellschaft unter dem Blickwinkel der den Jugendlichen in dieser Lebensphase von der Gesellschaft aufgegebenen biographischen Probleme, die sie individuell lösen müssen, verstehen. Es ergeben sich insbesondere fünf biographische Aufgaben, deren Lösung Ich-Identität aufbaut. Es sind die Übernahme von und individuelle Ausformung von

- Geschlechtsrolle,
- Berufsrolle,
- politischer Rolle,
- Normen/Werten,
- Sinn.

Bei der Lösung dieser biographischen Aufgaben wird das jugendliche Individuum, das Ich-Identität ausbilden will und muß, mit gesellschaftlichen Mächten der Reproduktion konfrontiert, die eine konforme, auf den Erhalt des Bestehenden gerichtete Identitätsbildung erstreben:

- Patriarchat,
- Ökonomie,
- Staat,
- Kultur,
- Religion/Ideologie.

Sie zielen auf die Reproduktion des herrschenden Geschlechterverhältnisses, der kapitalistischen Wirtschaft und seines Klassensystems, des bürgerlichen Staates, der dominanten Kultur und der gängigen Deutungssysteme. In der Konfrontation mit dem mächtigen Konformitätsdruck müssen Jugendliche die ihnen zugewiesenen biographischen Probleme lösen, wollen sie in dieser Gesellschaft nicht scheitern. Eine differenzierende Einsicht in den adoleszenten Sozialisationsprozeß macht deutlich, wie schwierig die hier zu lösenden Aufgaben in ihrer Komplexität und Gleichzeitigkeit sind. Sie provozieren die Frage, wo orientierende und stützende Institutionen für diesen Prozeß bereitstehen. Kennzeichen der bürgerlich-pluralistischen Gesellschaft ist aber gerade der Mangel an institutionalisierten Hilfen für die notwendige Identitätsbildung.

Auf dem Hintergrund dieser theoretischen Annahmen ließe sich empirisch untersuchen, in welcher Weise Schule und Jugendarbeit auf diesen fünfdimensionalen Sozialisationsprozeß des Jugendalters einwirken. Es wäre dann auch möglich, zusammenfassende Aussagen darüber zu machen, welcher Identitätstypus angestrebt wird. (Eine abschließende, stabile, an konventionellen Rollenmustern gesellschaftsstabilisierender Art orientierte Identität oder eine prozeßhafte, flexible, in späteren Lebensphasen disponible, an individueller Rolleninterpretation gesellschaftlicher Spielräume orientierte Identität?[3])

Ebenso ließen sich summierende Aussagen darüber vertreten, ob Schule und Jugendarbeit - in der Terminologie von L. Sève - lediglich zur "einfachen Reproduktion" oder tendenziell eher zu einer "erweiterten Reproduktion" des Jugendlichen beitragen - zur bloßen Anpassung, zum unreflektierten Mitspielen im System oder zur allseitigen Entwicklung seiner Fähigkeiten und Bedürfnisse.[4]

Funktionale Analyse

Obwohl eine plakative, idealtypische Darstellung von Schule und Jugendarbeit in ihrer sozialisatorischen und gesellschaftlichen Bedeutung problematisch ist, lassen sich doch, von Struktur und Funktion beider Institutionen ausgehend, nachfolgende Hypothesen bilden, die empirisch an den im einzelnen durchaus differenzierenden Realitäten der beiden Wirklichkeitsbereiche geprüft werden könnten.

Dabei gehe ich davon aus, daß für die individuelle Ausformung und Übernahme der drei im Jugendalter anzueignenden Rollen, den Prinzipien der Rollenbalance/Werte und der Integration dieser biographischen Dimensionen in einen universell deutenden Horizont (Sinn) ein Spielraum für Reflexion und probierendes Handeln notwendig ist.

Geschlechtsrolle

Die *Schule* trägt zur Reproduktion des patriarchalischen Geschlechterverhältnisses und zur konventionellen Geschlechtsrollenidentität wesentlich bei.

Jugendarbeit ist ein sozialisatorischer Raum, in dem die Aneignung der individuellen Geschlechtsrolle reflektiert und probiert werden kann. Sie hat die Möglichkeit, die herkömmlichen Muster zu problematisieren.

Lynne Chisholm und Janet Holland gehen davon aus, daß "... die Anlage, die Struktur und der Prozeß schulischer Ausbildung und Erziehung nach wie vor außergewöhnlich stark männlich geprägt (ist)".[5] Sie haben die Kanalisierung der Mädchen in "weibliche" Fächer als innerschulischen Mechanismus belegt. Sie fordern darum "antisexistische Curricula" und eine "positive Diskriminierung" von Mädchen. In den Klassen herrschen die Jungen. Die Schule ist ein Ort unreflektierter Koedukation, in dem geschlechtsspezifisches Verhalten nicht thematisiert wird und die alten Muster fortleben. Geschlechtsrollenklischees in Lesebüchern sind vielfach belegt. Biologistisch-objektivierender Sexualkundeunterricht verfehlt die Thematik der reflektierten individuellen Geschlechtsrollenaneignung. Rigidität erschwert die Begegnung von Jungen und Mädchen. Sexualität wird aus dem offiziellen Lehrplan eher verdrängt und ist Gegenstand des verborgenen, heimlichen Curriculums.

Jugendarbeit ist ein Erfahrungsfeld offener Formen der Begegnung, der Selbstthematisierung und Konfliktregulierung. Geschlechtsspezifisches Verhalten und die Formen des Umgangs von Jungen und Mädchen miteinander sind konstitutiver Bestandteil der reflektierenden Prozesse. Die sich in jüngerer Zeit herausbildenden geschlechtsspezifischen Gruppen, die sich diesen Fragen unter der Leitung reflektierter Mitarbeiter in kritischer "antipatriarchalischer" Absicht stellen, sind ganz wichtig. Freilich überwiegen hier noch stark "Mädchengruppen" unter der Leitung engagierter Kolleginnen. Dieser Mangel spiegelt auch patriarchale Bestände von Jugendarbeit, die bisher vielfach schon konzeptionell als Jungenarbeit angelegt war. So kann Jugendarbeit nur partiell als gegen die Reproduktion des herrschenden Geschlechterverhältnisses wirkend angesehen werden.

Berufsrolle

Schule reproduziert das System der gesellschaftlichen Arbeitsteilung, plaziert im Sinne des Erhalts gesellschaftlicher Schichtung und trägt zur Aneignung eines individuellen Berufsrollenverständnisses wenig bei.

Jugendarbeit ist weitgehend irrelevant für berufliche Qualifizierung und gesellschaftliche Plazierung, bietet aber Raum für eine Reflexion der Probleme von "Berufswahl", individuellen Berufsrollenverständnisses und von Konflikten in der Arbeitswelt sowie für Aktionen zur Interessenvertretung im Ausbildungs- und Beschäftigungssystem.

Das gegliederte Schulsystem darf im Erziehungswesen als Gegenstück zur gesellschaftlichen Schichtung und als deren zentraler Reproduktionsapparat angesehen werden. Die Mechanismen sozialer, schichtspezifischer Selektion sind vielfach belegt. "Arbeiterkinder sind weiterhin in der Schulform Gymnasium ebenso extrem unterrepräsentiert, wie sie in der

Hauptschule extrem überrepräsentiert sind. Ein Gymnasium besuchte Ende der 70er Jahre nur jedes 10. Arbeiterkind. Von den Kindern der Beamten besuchte jedes zweite Kind ein Gymnasium. Ca. 2/3 der Arbeiterkinder befand sich auf den Hauptschulen, dagegen etwa 1/5 der Kinder von Beamten (Bundesminister für Bildung und Wissenschaft 1985, S. 15)."[6] Schule gewährt nur einen sehr begrenzten Einblick in die Arbeitswelt. Inhalte beruflicher Bildung gelten im Gymnasium als zweitrangig. Die Hauptschule ist zur Restschule geworden, die Berufsschule zur Reformruine. Die Schule kann angesichts des gesellschaftlichen Wandels kaum noch auf die Zukunft vorbereiten. Der Übergang ins Berufsleben wird kaum systematisch bearbeitet; "Berufswahlprozesse", auch wenn sie heute faktisch in Frage gestellt sind, werden wenig reflektiert. Ausgeblendet sind auch die politischen Dimensionen von Arbeit: Arbeitnehmerbewußtsein oder gar Klassenbewußtsein werden in der Schule der bürgerlichen Gesellschaft nicht vermittelt; Fragen von Interessenvertretung und Wirtschaftsstruktur kaum oder allenfalls neutralistisch-objektivierend behandelt.
In der Jugendarbeit können Reflexionsprozesse stattfinden, die den Eintritt ins Berufsleben und das Erleben des Arbeitsalltags betreffen. Jugendarbeit kann, etwa als politische Jugendbildung, zur Entwicklung von Arbeitnehmerbewußtsein beitragen, zur Interessenvertretung motivieren, betriebliche Konflikte aufarbeiten und durch gezielte Aktionen in sie eingreifen. Jugendarbeit kann parteilich für Rechte von Jugendlichen in der Arbeitswelt eintreten. Sie kann möglicherweise auch "für Berufe sozialisieren, die an kollektiven Werten - etwa dem des 'Gemeinwohls' - orientiert sind, wie z. B. Berufe aus dem Bereich der Sozialarbeit."[7] Jugendarbeit kann zu einem individuellen Berufsrollenverständnis beitragen, das sich der gesellschaftlichen Implikationen von Arbeit bewußt ist und sich nicht umstandslos zur Reproduktion der herrschenden Verhältnisse in Wirtschaft und Arbeitswelt funktionalisieren läßt. Das gilt freilich nur, wenn sie sich nicht völlig auf ihre rekreativ-kompensatorischen Funktionen im Sinne von Freizeitarbeit reduzieren läßt.

Politische Rolle

Die *Schule* zielt auf die bruchlose Reproduktion des politisch-gesellschaftlichen Systems und strebt das Identitätsmuster des loyalen Staatsbürgers an. Sie trägt wenig zur Ausbildung eines kritischen individuellen politischen Bewußtseins und Rollenverständnisses bei.

Jugendarbeit, insbesondere auch politische Jugendbildung, ist ein Erfahrungsraum konkreter, auf die Lebenswirklichkeit der beteiligten Jugendlichen gerichteten politischen Reflexion und Aktion. Jugendarbeit trägt in relevantem Maß zum politischen Bewußtsein und zur Aneignung eines individuellen politischen Rollenverständnisses bei.

Die Schule beschränkt sich überwiegend auf eine informative Darstellung politisch-gesellschaftlicher Gegebenheiten in einer affirmativen Tendenz. Die Dimensionen politischen Handelns und politischen Konfliktaustrages treten in den Hintergrund, denn die Verpflichtung zur objektivierend-neutralen Darstellung politischer Fragen erschwert die Auseinandersetzung und den Aufbau einer positionell bestimmten Sicht. Die Schule leidet unter dem Widerspruch, daß sie zwar offiziell zum demokratischen Engagement erziehen will, es aber Schülern und Lehrern in ihren Mauern verwehrt. Politisierung und Interessenvertretung führen Schüler durchweg in Konflikt mit der Schulbürokratie; SMV-Arbeit ist an enge Grenzen gebunden, die ihr oftmals einen Alibi- und Spielwiesencharakter verleihen.

Jugendarbeit hingegen kann symptomatische Beschränkungen der Schule, die die Ausformung eines politischen Rollenverständnisses hemmen, hinter sich lassen. Voraussetzung ist freilich, daß sie sich gegenüber ihrem "Träger" den dafür notwendigen Freiraum erkämpft. In diesem Kampf für freie Entfaltungsrechte als Voraussetzung emanzipatorischer Jugendarbeit liegt eine wesentliche Chance von Politisierung. Konfliktorientierte politische Reflexion, Interessenvertretung, Parteilichkeit werden dann zu konstitutiven Prinzipien, die politisch sozialisierende Erfahrungen innerhalb von Jugendarbeit prägen, zur Findung einer eigenständigen politischen Position führen und ein politisches Rollenverständnis sich ausformen lassen.

Werte

In ihrer Indifferenz gegenüber den Werten sozialer Gruppen unserer Gesellschaft reproduziert die *Schule* die Werte der herrschenden bürgerlichen Kultur und stabilisiert deren kulturelle Hegemonie. Sie hemmt damit die auf soziale Gruppen und ihre Lebensweise bezogene Aneignung von Werten und die normativ-kulturelle Identitätsbildung von Jugendlichen, die aus gesellschaftlich untergeordneten Subkulturen stammen.

Jugendarbeit ist einerseits angelegt auf die kulturelle Reproduktion der Werte gesellschaftlicher Subsysteme ("Träger"), andererseits aber ein relativ plazierungs- und gratifikationsunabhängiger sowie sanktionsarmer Erfahrungsraum der Selbstthematisierung von Jugendlichen. Dadurch kann sie in relevantem Maße zur normativen Identitätsbildung beitragen. Entscheidend ist aber eine Offenheit der Kommunikation, die es auch Jugendlichen erlaubt, neue Werte zu entwickeln und in den Diskurs einzuführen. Jugendarbeit kann so zur Fortentwicklung des gesellschaftlichen Wertebestandes und zur erneuernden kulturellen Reproduktion beitragen.

Sinn

Strukturell ist die *Schule* wenig darauf ausgerichtet, dem Schüler zu einer individuellen Sinnfindung seines Lebens zu verhelfen, die ihm eine deutende Integration verschiedenster Anforderungen und Rollenangebote in einen universellen "ideologischen" Horizont ermöglichen soll. Das kann nur in für den Schulerfolg irrelevanten "Nischen" wie etwa dem Religionsunterricht geschehen. (Durch ihre mangelnde ideologische Reproduktionskraft trägt sie zum Schwinden des gesellschaftlichen "Sinnpotentials" bei.)

Jugendarbeit als umfassende Selbstthematisierung Jugendlicher und handlungsbezogener Erfahrungsraum konfrontiert zentral mit der Sinndimension. In ihrer Vergegenwärtigung liegt eine ihrer entscheidenden Aufgaben. Jugendarbeit verfehlt ihre Bestimmung, wenn sie lediglich partielle Bedürfnisse Jugendlicher erfüllt, ohne die Sinndimension im Blick zu haben. Kirchliche Jugendarbeit ist hier besonders gefordert. Jugendarbeit fördert den Aufbau eines individuellen sinnstiftenden Deutungshorizonts und stärkt das gesellschaftliche Sinnpotential. Durch den Anschluß der jungen Generation an das ideologische - und kulturelle - Erbe der Gesellschaft reproduziert Jugendarbeit nicht nur die konventionellen Deutungssysteme, sondern ist auch Medium ihrer Fortentwicklung. Im Prozeß der Auseinandersetzung mit dem ideologischen und kulturellen Traditionsbestand fügen ihm Jugendliche auch "ihre" neuen Elemente hinzu.[8]

Im Blick auf die summierenden Kategorien von "stabiler versus flexibler Identität", "einfacher oder erweiterter Reproduktion der Persönlichkeit" lassen sich zusammenfassend folgende Hypothesen formulieren und zur empirischen Überprüfung bereitstellen:

- Schule tendiert zu einer stabilen Identitätsbildung als Akzeptanz der Systemimperative.
- Jugendarbeit tendiert zu einer Identitätsbildung als Akzeptanz der kulturellen Dimension eines gesellschaftlichen Subsystems.
- Ob Jugendarbeit eher zu einer flexiblen oder eher zu einer stabilen Identität Jugendlicher beiträgt, hängt von dem Freiraum gegenüber dem Träger und dessen Relation zu gesellschaftlichen Normen ab.
- Die Schule tendiert zu einer einfachen Reproduktion der jugendlichen Persönlichkeit: Zum Funktionieren in der bestehenden Gesellschaft.

- Ob Jugendarbeit eher zu einer einfachen oder eher zu einer erweiterten Reproduktion des jugendlichen Individuums beiträgt, hängt von den in ihr wirksamen kulturellen und ideologischen Dimensionen und dem daraus folgenden Verständnis der im Jugendalter anzueignenden Rollen sowie dem Freiraum zu Reflexion und Aktion ab.

Das Verhältnis von Schule und Jugendarbeit bestimmt sich im Rahmen von politischen - insbesondere bildungspolitischen - Gesamtkonstellationen. Aufgrund der funktionalen Analyse ließe sich eine "komplementäre" Relation vorstellen. Jugendarbeit läßt sich aber nicht als gleichrangige Sozialisationsinstanz neben Familie, Schule und dem System beruflicher Bildung sehen. Wie sollte gegenüber Schule von Gleichrangigkeit die Rede sein, angesichts der weit geringeren Zahl von Jugendlichen, die im Vergleich zur (Pflicht-)Schule an Jugendarbeit teilnehmen, und des viel geringeren Zeitbudgets, das auf Jugendarbeit im Vergleich zur Schulzeit entfällt. Ein Blick auf die Geschichte der letzten 40 Jahre und auf die aktuelle Situation soll das Verhältnis von Schule und Jugendarbeit problematisieren.

Historische Aspekte

Nachkriegszeit (bis Mitte der 60er Jahre): Restauration und Demokratisierung

Die Entwicklung von Schule und Jugendarbeit in der Nachkriegszeit ist bestimmt vom Wiederanknüpfen an die Strukturen und Inhalte der vornationalsozialistischen Zeit und der Aufnahme von Demokratisierungsimpulsen, die anfangs von den Alliierten geltend gemacht wurden: "Die Inhalte des Unterrichts orientieren sich einerseits an den allgemeinen 'Umerziehungsdirektiven' der westalliierten Besatzungsmächte, andererseits an der 'klassischen deutschen Bildungsüberlieferung' ... das überlieferte Schulsystem in seiner vertikalen Drei-Gliederung der Bildungswege, seiner Trennung von 'Allgemeinbildung' und 'Berufsbildung' und mit seinem selektiven Begabungs-, Leistungs- und Reifebegriff behauptete (sich). Die Chance, den ökonomischen und politischen Wiederaufbau mit einer Reform des Bildungswesens zu verbinden, blieb ungenutzt."[9] Was hier Blättner für die Schule formuliert, findet sich analog dazu bei Giesecke in bezug auf Jugendarbeit: "Wie überall, so knüpft man auch hier an die Tradition von vor 1933 ... keine pädagogische Institution [hat] den Nationalsozialismus so bruchlos überstanden wie die Jugendarbeit. Der wichtigste Wandel bestand darin, daß das staatliche Monopol der Hitler-jugend zugunsten der "freien Träger" aufgehoben wurde, neue an Emanzipation orientierte Konzepte fanden sich kaum."[10] Mittel der Umerziehung in Richtung Demokratisierung in der ersten Nachkriegszeit waren etwa die GYA-Heime, die Impulse auch in Richtung offener Jugendarbeit mit Strukturen der Mitbestimmung Jugendlicher vermittelten.

Schule und Jugendarbeit wirken in dieser Zeit überwiegend gleichgerichtet: Gewinnung der Jugend für die restaurative bürgerliche Demokratie, Abblocken von Gesellschaftskritik durch das vorrangig antikommunistische Totalitarismuskonzept.

Diese Phase endete mit den Forderungen von Picht und Dahrendorf zur Modernisierung des Schul- und Bildungswesens und im Blick auf Jugendarbeit mit den Konzepten zu einer Jugendarbeit, die die Selbstthematisierung der Jugendlichen in den Mittelpunkt stellt, von Müller u. a. in den Jahren 1964/65.[11]

Die späten 60er Jahre: Aufbruch und Experiment

Die späten 60er Jahre mit dem als "Studentenbewegung" bezeichneten gesellschaftlichen Aufbruch wirkten auch auf Schule und Jugendarbeit. Schüler wurden politisiert und übten sich in ähnlichen Aktions- und Protestformen wie Studenten. Kritische Analysen der Schulwirklichkeit erschienen in der wissenschaftlichen Literatur. Die sozialselektive Auslesefunktion der Schule wird herausgestellt (H. G. Rolff), der Emanzipationsbegriff als oberstes pädagogisches Ziel formuliert (K. Mollenhauer), der Begabungsbegriff seines erbtheoretischen Hintergrundes entkleidet (Deutscher Bildungsrat), die Mechanismen schichtspezifischer Sozialisation und Sprachentwicklung als Hindernisse oder Vorteile für Schulerfolg untersucht (W. Gottschalch u. a./U. Oevermann).[12]

Aber die Schulwirklichkeit ließ sich praktisch nicht so schnell ändern: Viele Vorschläge und Programme wurden Gremien übergeben, die in ungewöhnlicher Intensität berieten und Reformpläne entwarfen - im Interesse von mehr Bildung für mehr Menschen, Chancengleichheit und Modernisierung von Lehrplänen und -methoden.

Jugendarbeit konnte schneller reagieren. Konzepte emanzipatorischer und antikapitalistischer Jugendarbeit wurden entwickelt und fanden Eingang in die Praxis. In der Jugendzentrumskampagne assoziierten sich Jugendbewegung und Jugendarbeit; in Lehrlingsbewegung und kritischer betriebsbezogener Jugendarbeit geschah ähnliches. In der Jugendfreizeitarbeit konzentrierten sich Konflikte um emanzipatorische sexualpädagogische Experimente.

Während die Schule zunächst nur theoretisch verändert wurde, nahm Jugendarbeit avantgardistische Impulse des Aufbruchs auf und wurde zum Ort vielfältigster emanzipatorischer Experimente.

Die frühen 70er Jahre: Reformen und Kanalisierung

In der Reformperiode wurde die Schule beträchtlich modernisiert, aber auch bürokratisiert. Versuche mit Ganztags- und Gesamtschulen wurden intensiviert, der 2. Bildungsweg ausgebaut, die Orientierungs-, Sekundar- und Studienstufe reformiert, die Durchlässigkeit des Schulsystems wesentlich erhöht, die Zugänge zu Fachhochschulen und Hochschulen erleichtert. Die Reform des dualen Systems der beruflichen Bildung scheiterte schon früh am Widerstand der Wirtschaft; Berufsschule und -bildung leiden bis heute an "Reformruinen" (am augenfälligsten das Berufsgrundbildungsjahr).

In dieser Zeit expandierte auch die Jugendarbeit. Staatliche Mittel wurden erhöht, die Professionalisierung vorangetrieben und eine Art flächendeckender Versorgung mit jugendarbeiterischen Angeboten in Angriff genommen. Initiativen von Jugendlichen wurden kanalisiert und in kommunale Einrichtungen überführt. Insbesondere die Jugendzentren wurden in staatliche Regie übernommen, durch finanzielle und rechtliche Mittelausstattung an die Leine gelegt. Ein Prozeß der Domestizierung der experimentellen Ansätze der Jugendbewegung griff Platz. Jugendarbeit geriet in die Fänge einer staatlichen Totalreform des Bildungswesens und wurde in die Bildungsgesamtplanung integriert. Zahlreiche Felder der Jugendarbeit gerieten angesichts der Schulreform zusätzlich in eine defensive Absorptionsangst. Modelle der Kooperation von Jugendarbeit und Schule fanden statt, die die Jugendarbeit in die expandierende Schule (Ganztagsschule) hineinholten und in das schulische Gesamtangebot einbauten. Jugendarbeit lief Gefahr, ihre Identität als außerschulische Bildung zu verlieren. D. Damm schreibt 1975 über die Integration außerschulischer Jugendbildung in die staatliche Bildungspolitik: "Zum einen geht es um Kontrolle und Disziplinierung. Zum anderen scheint es insbesondere den technokratischen Bildungsplanern um eine effektive Ausnutzung und Verplanung der im außerschulischen Bildungsbereich vorhandenen Kapazitäten zu gehen. Von emanzipatorischen Möglichkeiten war in diesem Zusammenhang bisher nur in Absichtserklärungen die Rede, alle praktischen Erfahrungen weisen in die entgegengesetzte Richtung."[13]

Die späten 70er/beginnende 80er Jahre: Modelle und Sozialpolitik

Die nach-reformerische Periode führte im schulischen Bereich zur Korrektur und Rücknahme mancher Reformen, die nun als zu weitreichend und unrealistisch galten, sowie zu einer Funktionalisierung der Schule für die Bekämpfung der Ausbildungs- und Berufsnot Jugendlicher. Abrücken von den Plänen zur Ganztagsschule, Rücknahme von Erleichterungen der Durchlässigkeit und des Zugangs zur Hochschule, bürokratische Korrekturen von Schulstufenreformen, Formalisierungen von Leistungsbeurteilung und ähnliches charakterisieren diesen Prozeß. Die Krisenfolgen von Jugendarbeitslosigkeit und Lehrstellenmangel wurden bildungspolitisch bekämpft. Die Schule gewann ihre bis heute anhaltende "Parkfunktion". Insbesondere die Berufsschule wurde ein Ort bildungspolitischer Ersatzmaßnahmen für Ausbildung, Lehre und Arbeit. Berufsvorbereitende und -befähigende Jahre, Klassen für Jugendliche ohne Ausbildungsvertrag, die allerdings kaum Qualifikationen vermitteln, wurden eingerichtet. Insbesondere für Mädchen wurden Schultypen beibehalten, die lange schon dysfunktional für den Arbeitsmarkt sind (z. B. Kinderpflegeschulen). Nun traten auch Träger von Bildungs- und Sozialarbeit als Träger von schulischen "Maßnahmen" und allerlei Kursen hervor. Diese sollten Berufsreife und Motivation hervorrufen, vermittelten aber keine qualifizierten Abschlüsse.

Im Bereich der Jugend- und Sozialarbeit zögerte staatliche Politik jetzt, folgenreiche Reformen durchzuführen, statt dessen wurden zahlreiche zeitlich begrenzte Modellversuche eingerichtet, die auf ihre "Übertragbarkeit" hin untersucht und ausprobiert werden sollten. Neue Ansätze in der Jugend- und Sozialarbeit standen nicht mehr unter dem Vorzeichen, neue, zukunftsweisende Konzepte auszuprobieren, sondern zu einer sozialpolitischen Strategie der Krisenbewältigung beizutragen. Die Träger wurden mit Geld gelockt, durch zeitliche Befristung aber auch in Abhängigkeit vom bürokratischen Zuschußwesen gehalten. Wissenschaftliche Begleitung unter der Zielsetzung der "Übertragbarkeit" vermittelte wieder einen seriösen Anstrich. Allzuoft ging es schließlich nach Auslaufen der Modellphase nur noch um reduzierte Weiterführung durch den Träger, um innovatorische Impulse nicht völlig versickern zu lassen. Wurde in dieser Zeit immerhin noch der Versuch gemacht, Jugendprobleme politisch zu lösen, wenn auch mit Problemverschiebungen und Ersatzstrategien, wird die Krisensituation von Jugend in der jetzigen neorestaurativen Periode nur noch auf Dauer gestellt, und sozialpolitische Errungenschaften für Jugendliche werden gekürzt (z. B. Schüler-BAföG).

Aktuelle Probleme

Die aktuelle Situation von Schule und Jugendarbeit - freilich schon einige Jahre andauernd - ist bestimmt von der ökonomischen Krise, auf deren unmittelbare Folge der Ausbildungs- und Berufsnot beide Institutionen reagieren. Im Blick auf die Schule hat sich der schon länger andauernde Prozeß der Bildungsexpansion wesentlich verstärkt. Er steht jetzt aber unter einem völlig anderen Vorzeichen als in den sechziger und siebziger Jahren. Weder geht es um eine Modernisierung des Bildungssystems und die Behebung eines Bildungsnotstandes, der nicht genügend qualifizierte Schulabsolventen für ein modernes Wirtschaftssystem bereitstellt, noch um eine Verbesserung der Chancengleichheit durch die Förderung der bisher vernachlässigten Gruppen. Es geht darum, Jugendliche im Bildungssystem "unterzubringen", weil sie im Beschäftigungs- und Ausbildungssystem keinen Platz haben. Bildung ist damit zur "Notlösung" geworden, sie ist verkappte Sozialpolitik.

In der Jugendarbeit wurden Anstrengungen unternommen, einen Beitrag zur Lösung des Ausbildungsnot zu leisten. Sie trat aus ihrer Funktion der Sozialisationsbegleitung heraus und versuchte, direkt an den primären Problemen der Jugendlichen anzusetzen. Aus diesem Ansatz entwickelten sich eine Fülle von sozialpädagogisch betreuten Ausbildungsprojekten, die gleichzeitig den Vorteil hatten, vielen arbeitslosen Jugendarbeitern Arbeit zu geben und sie vom bloßen Pädagogisieren zu befreien. Diese Projekte lösen allerdings das Gesamtproblem in keiner Weise. Sie schaffen außerdem Jugendliche mit Ausbildungsabschlüssen eigener Art, die sich dem Verdacht aussetzen, weniger qualifiziert zu sein. Mit der drohenden Stigmatisierung verschärfen sich die Übernahmeprobleme dieser Jugendlichen in den Arbeitsmarkt. Trotz dieser systemisch bedingten Folgen ist klar, daß hier der Versuch gemacht wird, kreativ und aktiv auf das Versagen von Staat und Gesellschaft in der Lösung der Ausbildungsproblematik Jugendlicher zu reagieren. Eine aktive Gegenwehr gegen Ausgrenzung und gesellschaftliche Desintegration findet statt, ein Kampf um die Zukunft von Jugendlichen, denen das Schicksal einer "lost generation" zugedacht ist. Jugendlichen werden politische Orientierungen vermittelt, die kaum systemkonform sein können. Der Beitrag zur Lösung der Jugendprobleme wird davon abhängen, wieweit ein Netz gesellschaftlicher Alternativstrukturen aufgebaut werden kann, das Arbeits- und Lebensperspektiven vermittelt.

M. Baethge hat darauf hingewiesen, welche Folgen "die Umstrukturierung des jugendlichen Erfahrungsfeldes von einer vordringlich unmittelbar arbeitsintegrierten oder wenigstens arbeitsbezogenen zu einer schulisch bestimmten Lebensform ... auf den Entwicklungsprozeß der Jugendlichen, auf ihre Verhaltensweisen und Orientierungen, auf ihre Einstellungen gegenüber Gesellschaft und gegenüber deren immer noch zentraler Institution Arbeit ..."[14] haben:

- spätere Entscheidung für eine bestimmte Arbeit oder einen bestimmten Beruf, damit auch eine mentale Entkoppelung von Lernen und Arbeiten, eine innere Verselbständigung von Lernen;
- spätere Konfrontation mit und Unterordnung unter die betrieblichen Normen ökonomischer Zweckrationalität sowie spätere Begegnung mit den Institutionen der Arbeit; Ausdehnung des "psycho-sozialen Moratoriums" mit höherer Irrtums- und Versagenstoleranz, als die betriebliche "Ernstsituation" sie dem Jugendlichen bietet,
- verzögerte Eigenverantwortung für die materielle Existenzsicherung und Verlängerung der alleinigen materiellen Verantwortung der Eltern und entsprechender Abhängigkeit von ihnen;
- spätere Erfahrung der eigenen gesellschaftlichen Nützlichkeit im Sinne eines produktiven materiellen Beitrags zur gesellschaftlichen Reproduktion;
- längeres Verharren in einem Typ rezeptiver Tätigkeit und praxisentzogener Lernprozesse statt der früheren Erfahrung konkreter Arbeit, was mit Eingebundensein in eine hierarchische, abstrakten Leistungs- und Selektionsnormen folgende Organisation verbunden ist, die den kognitiven und psychischen Entwicklungsprozeß des Jugendlichen nach restriktiven Regeln kontrolliert;
- längeres Verweilen in altershomogenen Gruppen und späterer Eintritt in eine von Erwachsenen dominierte Kommunikation; damit auch ganz andere Chancen zur Herausbildung und zum Ausleben eigener Stilvorstellungen;
- vor allem längeres Verweilen in einer Situation, die eine individuelle Leistungsmoral und individuelle Identitätsbildungsmuster statt kollektiver begünstigt.[15]

Obwohl er diesen Wandel nicht nur als Verlust begreift, beschreibt Baethge ihn doch vorrangig als Labilisierung der Passage zum Erwachsenenstatus und als gesellschaftliche Marginalisierung. Der gestörte Übergang ist für die Jugendlichen eine Quelle von Enttäuschungen und eine "weitgehende Infragestellung einer wesentlichen Sinndimension ihres bisherigen Lebens",[16] haben sie sich doch durch erhöhte schulische Anstrengungen einen Startvorteil versprochen.

Jugendarbeit ist heute vielfältig in das System der Ersatzlösungen der Jugendfrage einbezogen. In der politischen Jugendbildungsarbeit gibt es einen großen Anteil von Seminaren, die eine sozialpädagogisch orientierte Unterstützung für die apostrophierten Schulklassen (BGJ/BVJ/JOA etc.) darstellen. Es läßt sich nicht ausschließen, daß Jugendliche auch hier emanzipatorische Impulse erreichen; im Vordergrund stehen aber Unterstützung, Stabilisierung, Förderung des Sozialverhaltens, des Klassenklimas etc. Jugendarbeit ist so Teil des Krisenmanagements geworden. Diese Form der Zusammenarbeit von Schule und Jugendarbeit steht unter dem Vorzeichen von Problemverschiebungen, Scheinlösungen und dem Surrogatcharakter heutigen Jugendlebens. Zieht man die Auszehrung der offenen Jugendarbeit, den Attraktivitätsverlust der freizeitbezogenen Jugendarbeit durch kommerzielle Angebote, den routinierten Zugriff des Kapitals (vor allem der Banken) auf die Jugendarbeit, das Problem der "Vergreisung" unter den Jugendarbeitern, die kaum Chancen zum beruflichen Wechsel haben, mit in Betracht, ergibt sich ein Krisenpanorama von Jugendarbeit.

Schule und Jugendarbeit sind beide in eine Perversion ihrer Funktion geraten: Bildung ist entwertet, Jugendarbeit ist Jugendhilfe geworden. Schule unterliegt dem Sinnverlust ihrer eigenen Bestimmung: der Vorbereitung auf "das Leben". Jugendarbeit gerät durch ihre "Sozialpädagogisierung" (C. H. Giesecke), der Verleugnung ihrer emanzipatorischen Gehalte und ihrer Funktionalisierung für die staatliche Krisenstrategie mehr und mehr unter Legitimationsdruck. Wird sie sich in den Augen Jugendlicher schließlich so diskreditieren, daß fraglich wird, ob eine neu aufbrechende Jugendbewegung, die die derzeitige "Entsorgung der Jugendprobleme" als sozialstaatliche Pazifizierung nicht mehr anerkennen kann, sie noch als Partner akzeptieren wird - wie etwa zu Zeiten der Jugendzentrumsbewegung? Wenn nicht, wer wollte es ihr verdenken?

Anmerkungen

1 Damm, D., Politische Jugendarbeit. München 1975, S. 28.
2 Für eine an Gramsci's Begriff von "kultureller Hegemonie" orientierte jugendtheoretisch gewendete Kulturtheorie immer noch: Clarke, J., u. a., Subkulturen, Kulturen und Klasse. In: Jugendkultur als Widerstand. Frankfurt 1979.
3 Zu Fragen von "Identität" immer noch aktuell, an Habermas'schen Grundgedanken orientiert: Krappmann, L., Soziologische Dimensionen der Identität. Stuttgart 5^{1978}.
4 Sève, L., Marxismus und Theorie der Persönlichkeit. Frankfurt 1977, insbesondere S. 364 ff.

5   Chisholm, L./Holland, J., Mädchen und Berufswahl, Anti-Sexismus in der Praxis - am Beispiel eines Curriculum-Entwicklungsprojekts. In: Wiebe, H.-H. (Hrsg.), Jugend in Europa. Opladen 1987.
6   Zit. nach Friebel, H., Jugend als (Weiter-)Bildungsprozeß. In: Wiebe, H.-H. (Hrsg.), a. a. O. 1987.
7   Schefold, W., Die Rolle der Jugendverbände in der Gesellschaft. München 1972, S. 164.
8   Ich folge den klassischen Grundvorstellungen K. Mannheims über das Generationenproblem, differenziere hier lediglich Wert - und Sinn - bzw. kulturelle und ideologische Dimensionen. Siehe: Das Problem der Generationen. In: Wissenssoziologie. Neuwied, Berlin ^{2}1970, S. 509 ff.
9   Blättner, F., Geschichte der Pädagogik. Heidelberg 1973, S. 318 f.
10 Giesecke, H., Die Jugendarbeit. München ^{3}1971, S. 61.
11 Müller u. a., Was ist Jugendarbeit? München ^{1}1964.
12 Rolff, H.-G., Sozialisation und Auslese durch die Schule. Heidelberg 1967; Mollenhauer, K., Erziehung und Emanzipation. München 1968; Gottschalch, W., u. a., Sozialisationsforschung. Frankfurt 1971; Deutscher Bildungsrat, Begabung und Lernen (hrsg. von H. Roth); darin auch: Oevermann, U., Schichtenspezifische Formen des Sprachverhaltens und ihr Einfluß auf die kognitive Prozesse (S. 297 ff.). Stuttgart 1968.
13 Damm, D., a. a. O. 1975, S. 16 f.
14 Baethge, M., Individualisierung als Hoffnung und als Verhältnis. In: Lindner, R./Wiebe, H.-H. (Hrsg.), Verborgen im Licht. Frankfurt 1986, S. 108.
15 Ebenda, S. 109.
16 Ebenda, S. 116.

Foto: argus Hamburg

Erich Raab
Hermann Rademacker

Zur Bewältigung des Übergangs in den Beruf:

Schulsozialarbeit und arbeitsweltbezogene Jugendhilfe

Das Projekt oder der Arbeitszusammenhang, aus dem wir berichten, ist nicht Jugendforschung, sondern Forschung über den Umgang mit Jugendlichen, und zwar mit Jugendlichen, die Schwierigkeiten haben - ein Umgang in Schule und durch Jugendhilfe. Wir haben am Deutschen Jugendinstitut (DJI) in den vergangenen fünf Jahren in einem Auftragsprojekt des Bundesministeriums für Bildung und Wissenschaft die Zusammenarbeit von Schule und Jugendhilfe untersucht und fortentwickelt. Wir haben schriftliche Befragungen gemacht: eine Befragung aller Jugendämter in der Bundesrepublik, eine Befragung der freien Träger der Jugendhilfe. Wir haben alle Kultusministerien mündlich befragt, sehr ausführliche Interviews mit vielen Ministerialbeamten geführt.

Dazu haben wir insgesamt 6 bundesweite Fachtagungen zu verschiedenen Aspekten der Schulsozialarbeit mit bis zu 200 Teilnehmern aus Praxis, Verwaltung, Wissenschaft und Politik mit Lehrern und Sozialpädagogen durchgeführt. Es gab eine umfangreiche schriftliche Befragung unserer Tagungsteilnehmer zur Praxis der Schulsozialarbeit. Und wir haben viele Einrichtungen besucht sowie gezielte Gruppendiskussionen mit Schulsozialarbeiterteams in ausgewählten Einrichtungen durchgeführt. Schon während der Projektarbeit wurden in 15 Bänden der DJI-Reihe "Materialien zur Schulsozialarbeit" Praxisberichte publiziert.

Das Projekt hat sich dabei zu einer Art Infrastruktureinrichtung oder Clearing-Stelle der Schulsozialarbeit entwickelt. Unsere gesammelten Erfahrungen werden demnächst in einem Handbuch zur Schulsozialarbeit publiziert.[1] Das Handbuch enthält eine Bestandsaufnahme der Schulsozialarbeit, ihrer Einrichtungen, ihrer pädagogischen Konzepte, ihrer methodischen Vorgehensweisen, ihrer politischen Hintergründe, ihrer berufspolitischen Kontroversen und auch ihrer Anlässe und Zielgruppen.

Und gerade bei letzterem haben wir zuletzt eine besondere Entwicklung beobachtet, die direkt mit dem Thema dieser Tagung zu tun hat: der Stellenwert von Arbeit und Beruf in den Schulsozialarbeitsprojekten ist in der letzten Zeit deutlich angewachsen.

Schulsozialarbeit hatte immer eine herausgehobene Funktion als Integrationshilfe. Dies betraf zum einen Einschulungshilfen und sozialpädagogische Qualifizierung des Grundschulbereichs - einschließlich kompensatorischer schulbegleitender Ganztags-, Freizeit- und Hausaufgabenbetreuung. Zum anderen betraf es zeitweilig vor allem den Übergang zur Sekundarstufe und die dort erforderlichen Orientierungshilfen insbesondere der reformierten Schulen, der Gesamtschulen und Ganztagsschulen. Heute - und dies ist das Neue - betrifft es vor allem die Situation am Ende der Sekundarstufe I vor dem Übergang in den Beruf.

Hier muß daran erinnert werden, daß diese Altersstufe ursprünglich überhaupt nicht als Zielgruppe besonderer sozialpädagogischer Fördermaßnahmen in der Schule angesehen wurde. In den Abgangsklassen der Hauptschule oder der Hauptschulzüge in den Gesamtschulen geht die Schullaufbahn zu Ende, die Schule konzentriert sich auf ihr Gesamtgutachten, das Abgangszeugnis, und fühlt sich von einer weitergehenden Förderung der Schüler bereits entpflichtet.

Für die Schüler der Abgangsklassen sind beispielsweise angebotene Förderstunden häufig nicht verbindlich; für sie gibt es auch keine festen Freizeitangebote mehr. Immer häufiger sind sie in Ganztagsschulen von der Teilnahme am Ganztagsbetrieb auch gänzlich ausgenommen.

Dennoch gibt es heute in beträchtlichem Umfang Schulsozialarbeit mit Hauptschulabgangsklassenschülern. Die Ursache, warum für sie immer mehr sozialarbeiterische Hilfen erforderlich wurden, liegt ausschließlich in dem aufgrund von Lehrstellenknappheit und Arbeitsplatzmangel schwierig gewordenen Übergang in den Beruf. Zwar wurden auch in den 70er Jahren bereits an vielen Haupt- und Gesamtschulen Berufsorientierungs- und -findungshilfen angeboten, häufig mit der Berufsberatung des Arbeitsamtes zusammen veranstaltet. Eine explizit schulsozialarbeiterische Aufgabe wurde daraus erst in den letzten Jahren, als die Berufskrise auch schon Wirkungen im Vorfeld in der Schule zeitigte, in Form von Motivationslosigkeit, Hoffnungslosigkeit und Verweigerung bei den älteren Hauptschülern ohne Berufsperspektive.

Heute betreiben Schulsozialarbeiter gezielte Einzelfallhilfe und Problemgruppenarbeit mit von Arbeitslosigkeit bedrohten Schulabgängern; sie bereiten die Schüler gezielt auf den Eintritt ins Berufsleben vor; sie kümmern sich um Betriebspraktika, um Lehrstellen; sie trainieren Bewerbungen und Vorstellungsgespräche. Im Einzelfall versuchen sie auch auf die Verbesserung von Abschlußzeugnissen durch gezielte Nachhilfe hinzuwirken oder beim Nachholen eines qualifizierenden Abschlusses zu helfen.

Im Rahmen unseres Projektes wurde unter anderem eine Jugendamtsumfrage bei allen Jugendämtern in der Bundesrepublik Deutschland durchgeführt. Sie betraf die Zusammenarbeit von Jugendhilfe und Schule. Dank der Unterstützung der kommunalen Spitzenverbände, insbesondere des Deutschen Städtetages, hatten wir mit 77 % (351 von 457 Jugendämtern schickten den Fragebogen ausgefüllt zurück) ein außerordentlich gutes Rücklaufergebnis.

Wir haben die Jugendämter in dieser Umfrage u. a. gefragt nach

- dem Stellenwert von Schüler- und Schulproblemen in ihrer Jugendhilfearbeit,
- nach den Zielgruppen und Anlässen ihrer schüler- oder schulbezogenen Dienste und Angebote
- sowie nach den Defiziten, die ein Tätigwerden der Jugendhilfe für Schüler nach ihrer Einschätzung erfordern.

Die Antworten zeigten übereinstimmend, daß die kommunale Jugendhilfe die Schule und ihre Klientel als Schüler sehr aufmerksam zur Kenntnis nimmt, daß sie die Bedeutung der Schule für ihre Klientel hoch einschätzt.

Im Übergang von der Schule in den Beruf sehen mehr als die Hälfte der antwortenden Jugendämter Defizite, die ihr Tätigwerden erfordern. Im Gesamtergebnis ist dies die höchste Zahl mit 52 % der Nennungen.

Schülerarbeit im Zusammenarbeit mit Sonderschuleinweisungen bzw. Ausschulungen ist demgegenüber mit knapp 46 % auf dem zweiten Platz. Defizite bei Freizeitangeboten für Schüler liegen mit 35 % auf Platz 3, Defizite der ganztägigen Betreuung und Versorgung mit 26 % auf Platz 4.

Der Übergang Kindergarten - Schule, in den 60er und Anfang der 70er Jahre noch der große "Hit" in den Beziehungen zwischen Jugendhilfe und Schule, wird nur noch von knapp 13 % der Jugendämter als so defizitär angesehen, daß ihr Tätigwerden erforderlich wäre.

Der Übergang von der Grundschule in die Sekundarstufe I, ein Thema, das in der innerschulischen Schulsozialarbeit in den Gesamtschulen von Anfang an wichtiger Schwerpunkt war, macht ein Tätigwerden der Jugendhilfe dagegen nur noch nach Meinung von etwas mehr als 5 % der Jugendämter erforderlich.

Zwar können wir diese Zahlen nicht mit entsprechenden Umfrageergebnissen früherer Jahre vergleichen. Dennoch scheinen sie uns eine Tendenz der Verlagerung der Prioritäten von eher präventiv orientierten Maßnahmen hin zu Maßnahmen der Krisenintervention zu bestätigen. Die Probleme des Übergangs von der Schule in die Berufstätigkeit haben für die Beziehungen von Jugendhilfe und Schule einen dominierenden Stellenwert erreicht.

Wir haben diese Ergebnisse aufgegliedert nach Stadt- und Landkreisjugendämtern. Dabei ergibt sich ein ähnliches Bild; allerdings haben bei den Landkreisjugendämtern Probleme des Übergangs einen etwas geringeren Stellenwert mit 46,3 % der Nennungen, während 57 % der Stadtjugendämter hier Anlässe für ihr Tätigwerden sehen. Kraß werden die Unterschiede bei der Aufgliederung der Antworten nach der Größe der Gebietskörperschaften, für die die jeweiligen Jugendämter zuständig sind: während die Gebietskörperschaften unter 500.000 Einwohnern alle in der genannten Größenordnung liegen, nämlich 47 % bei unter 50.000 Einwohnern bis knapp 52 % bei den Gebietskörperschaften zwischen 200.000 und 500.000 Einwohnern, fallen die Gebietskörperschaften mit über 500.000 Einwohnern mit über 90 % der Nennungen heraus. Dieser Wert betrüge 100 %, wenn hier nicht ein Landkreis eingegangen wäre, der über 500.000 Einwohner hat. Also: alle Jugendämter der Großstädte mit über 500.000 Einwohnern sehen hier eine Aufgabe höchster Priorität für ihr Tätigwerden.

Diese Tendenz bestätigt sich, wenn man nach den Zielgruppen schulebezogener Dienste der Jugendhilfe fragt: von Jugendarbeitslosigkeit bedrohte Schüler sind auch hier eine Gruppe, die nach Ansicht der Jugendämter die Unterstützung durch die Jugendhilfe besonders braucht. Auch hier steigt die Anzahl der Nennungen mit der Größe der Gebietskörperschaft, für die das Jugendamt zuständig ist. Allerdings werden andere Gruppen häufiger genannt, nämlich

1. sozial Benachteiligte,
2. Verhaltensgestörte/Erziehungsschwierige,
3. ausländische Schülerinnen und Schüler,
4. Sitzenbleiber/Schulversager,
5. Kinder alleinerziehender oder beiderseits berufstätiger Eltern,
6. Schulschwänzer,

so daß von Arbeitslosigkeit bedrohte Schüler hier auf Platz 7 rangieren. Ihr Rangplatz steigt allerdings mit der Größe der Gebietskörperschaft. Bei den Gebietskörperschaften über 500.000 Einwohner liegen sie nach den ausländischen Schülern (die von über 90 % der Jugendämter genannt werden) mit 75 % auf Platz 2.

Erklärungen für diese Unterschiede der Priorität mit Abhängigkeit von der Größe der Gebietskörperschaften liegen einerseits in der objektiven regionalen Verteilung der Problemgruppen, andererseits sind diese Antworten aber sicher auch Ausdruck unterschiedlich entwickelter Leistungsangebote der Jugendhilfe, die in den Großstadtjugendämtern wesentlich differenzierter und problemgruppenspezifischer handeln kann als in einem kleinen Landkreis- oder Stadtjugendamt.

Was steht hinter diesen Zahlen auf der Ebene der Projekte der Schulsozialarbeit, die wir kennengelernt haben? Wenn es um Hilfen für die Bewältigung des Übergangs von der Schule in den Beruf geht, so ist der schulische Partner der Jugendhilfe in der Regel die Hauptschule oder die Sonderschule. Am Anfang einer solchen Zusammenarbeit stehen nicht selten deutliche Anzeichen eines gefährdeten oder gar schon zusammenbrechenden Schulbetriebs. Viele Beispiele, die wir kennengelernt haben, sind durch folgende Merkmale gekennzeichnet:

Die Schule liegt in einem sozial-benachteiligten Einzugsbereich; die Schwierigkeiten, an der Schule Unterricht zu halten, haben inzwischen zu den folgenden typischen Erscheinungen geführt:

- Lehrer empfinden die Versetzung an diese Schule als Strafversetzung;
- Junglehrer und Springkräfte bestreiten den größten Teil des Unterrichts;
- Krankenstand und Fluktuation im Kollegium liegen weit über dem Durchschnitt;
- Schulleiterstellen sind schwer zu besetzen oder bleiben über lange Zeit unbesetzt, weil sich kaum Bewerber finden;
- die Schüler haben inzwischen gelernt, den häufigen Lehrerwechsel für die kurzweilige Gestaltung ihres Schulalltags zu nutzen; sie spielen das Spiel, "was man wohl mit dem (oder der) anfangen kann?".

Bemerkenswert ist, daß in diesem typischen Szenario eines gefährdeten Schulbetriebs Gewaltanwendung und Vandalismus keine typischen Erscheinungen sind. Das Schülerverhalten ist eher durch Resignation und Verweigerung denn durch Protest und aktiven Widerstand geprägt.

Solche und ähnliche Verhältnisse wurden uns etwa aus Fürstenfeldbruck bei München aus Kreuzberg (Berlin) oder auch von Schulen im Münchener Norden als Ausgangsbedingungen für grundlegende Veränderungen in der Schule geschildert, die in Zusammenarbeit mit der Jugendhilfe eingeleitet wurden. In allen diesen Fällen spielte das Aufgreifen der Probleme im Zusammenhang mit dem Übergang in Arbeit und Beruf eine zentrale Rolle, wobei sich die Hilfen in keinem der Beispiele sehr eng auf die Übergangsproblematik konzentrieren, sondern diese immer im Kontext von Hilfen zur Bewältigung eines schwieriger gewordenen Alltags angeboten werden. Freizeit, Partnerbeziehung und Ablösungsprobleme aus der Herkunftsfamilie werden ebenso einbezogen wie schlichte alltägliche Versorgungsprobleme. Die übergangsbezogenen Hilfen beschränken sich auch in vielen Fällen nicht auf die Unterstützung bis zum Auffinden eines Ausbildungsplatzes oder die Eingliederung in eine Maßnahme, sondern werden vielfach auch ausbildungsbegleitend fortgesetzt.

Aus diesen Ergebnissen und Erfahrungen leiten wir ab, daß Schule als Rahmenbedingung und Bezugsgröße der Jugendlichen an Bedeutung gewinnt. Weil das so ist, wollen wir dieses Fazit auch auf der bildungspolitischen Ebene formulieren:

Es ist unübersehbar, daß die in den 60er Jahren eingeleitete Bildungsreform stagniert. Die Gesamtschule ist, auch wenn es in Nordrhein-Westfalen und im Saarland eine erhebliche Zahl von Gesamtschul-Neugründungen gibt, in der bildungspolitischen Debatte - wo diese überhaupt noch geführt wird - in der Defensive. Chancengleichheit ist nicht mehr tragende Maxime offizieller Bildungspolitik. Die gesellschaftliche Nachfrage nach Höherqualifizierten ist inzwischen längst wieder niedriger als die durch die Bildungsexpansion verfügbare Qualifikation. Sozioökonomische Interessen tragen die Reform schon seit Mitte der 70er Jahre nicht mehr.

Diese Entwicklung hat das Bildungswesen der Bundesrepublik in die größte Legitimationskrise seiner Geschichte gestürzt. Eine neue Legitimation für das Bildungswesen muß eine sozialpolitische sein. Die neue Bewährungsprobe für das Bildungswesen ist sein Beitrag zur sozialen Integration ausgegrenzter oder von Ausgrenzung bedrohter Schüler.

Diese Herausforderung erlebt die Hauptschule am deutlichsten. Das erklärt auch, daß aus diesem Bereich gegenwärtig die deutlichsten Impulse für schulische Erneuerung und Weiterentwicklung zu beobachten sind. Die Hauptschule in der Krise ist heute die Schule mit der deutlichsten Reformbereitschaft. Sie liefert bereits Beispiele dafür, daß sich Schule in neuer Weise sozialpolitisch für ihre gefährdete Klientel in die Pflicht nehmen läßt. Sie ist bereit, dafür mit der Jugendhilfe zusammenzuarbeiten.

Die Jugendhilfe sollte auf dieses Interesse eingehen, weil es im Hinblick auf die betroffenen Jugendlichen mit ihrem eigenen Interesse unmittelbar identisch ist und weil hier Schule erstmals (abgesehen von den Entwicklungen im Sonderschulbereich) bereit ist, besondere Leistungen für die traditionelle Klientel der Jugendhilfe zu erbringen.

Die Hauptschule braucht heute die Perspektive des gelingenden Übergangs in Arbeit und Beruf als Voraussetzung für die Sinnhaftigkeit ihrer eigenen Arbeit. Eine Jugendhilfe, die eine solche Perspektive zu erschließen hilft, wird für die Hauptschule heute zu einem unverzichtbaren

Partner - ohne daß sie deshalb ihre traditionelle Zuständigkeit aufgeben und sich einseitig für schulische Zwecke funktionalisieren lassen müßte.

Wir möchten abschließend unter dem Stichwort "Suche nach Perspektiven" einige Gedanken in bezug auf Folgerungen formulieren, die wir aus unseren Erfahrungen mit der Schulsozialarbeit für die Übergangsbewältigung ziehen können.

In dem vorgestellten Projekt haben wir uns weitgehend auf die Zusammenarbeit von Jugendhilfe und Schule - Schulsozialarbeit - konzentriert. Die neue Thematisierung der Übergangsproblematik bringt nun zwangsläufig einen dritten Partner ins Spiel: das System der beruflichen Bildung.

In bezug auf diesen Partner hat nun nicht nur die Schule - u. a. durch Schulsozialarbeit - neue Aufgaben zu erfüllen, auch von der Jugendhilfe werden - in erster Linie über die Träger der Jugendsozialarbeit - schon länger entsprechende Leistungen erbracht. Es gibt inzwischen auch Berufsschulsozialarbeit; es gibt die sozialpädagogische Begleitung teilzeit- oder vollzeitschulischer Berufsvorbereitung oder Berufsausbildung im Berufsgrundbildungsjahr, Berufsvorbereitungsjahr und in Berufsfachschulen. Jugendhilfe ist auch an berufsbildungspolitischen Programmen beteiligt.

1. Seit 1969 - 1984 neu aufgelegt - gibt es ein Bundesjugendplan-Förderprogramm, in dem z. B. 1986 10 Mio. DM für "arbeitsweltbezogene Jugendsozialarbeit für Jugendliche, die von Ausbildungsnot oder Jugendarbeitslosigkeit bedroht sind", zur Verfügung stehen.
2. Die Jugendhilfe ist an den von der Bundesanstalt für Arbeit seit 1969 nach dem Arbeitsförderungsgesetz durchgeführten berufsvorbereitenden Maßnahmen 1984/85 mit 75.400 Teilnehmern beteiligt.
3. Es gibt eine Beteiligung am Benachteiligten-Programm des Bundesministers für Bildung und Wissenschaft für Jugendliche, die ohne besondere Förderung nicht in eine Berufsausbildung vermittelbar sind (1985/86 24.000 Teilnehmer; Mitteleinsatz 1986: 335 Mio. DM).
4. Es gab Beteiligungen an den Modellversuchsreihen mit sozialpädagogischen Hilfen, z. B. "Mädchen in Männerberufen" und "Ausländer in anerkannten Ausbildungsberufen".

Die Schulsozialarbeit wird also in das Berufsbildungssystem hinein als arbeitsweltbezogene Jugendsozialarbeit gleichsam fortgeschrieben.

Man könnte nun sagen: dies dient der Krisenintervention, und da ja die Ausbildungskrise durch demographische Entwicklungen verursacht wird, die sich bis 1994 von selbst abschwächen, wird danach auch kein

Bedarf mehr an Krisenintervention sein. Und in der Tat: "Nur" noch 40.000 Lehrstellensuchende gab es im November, und in manchen Wachstumsregionen (z. B. in München) befürchten die Kammern schon wieder öffentlich Existenzgefährdungen von (Handwerks-)Betrieben mangels Nachwuchs.

Tatsächlich ist neben einer relativen Entlastung des Ausbildungsstellenmarktes auch ein Rückgang der Arbeitslosenquote und der Arbeitslosenzahlen bei den unter 20jährigen feststellbar. Aber: schon die rein zahlenmäßige Erfassung des Problems kann nicht auf demographische Jahrgangsstärkenzahlen reduziert werden. Herr Apel hat dies mit seinem Paralleldiagramm von Ausbildungsplatznachfrage und -angebot einschließlich des sog. Nordrhein-Westfalen-Grabens eindrucksvoll demonstriert. Das Problem ist auch durch ein verändertes Bildungs- und Ausbildungsangebot und ein verändertes Bildungsverhalten der Jahrgänge mit verursacht. Dazu gehören die Verlängerung der Schulpflicht, der Ausbau des beruflichen Schulwesens: 150.000 Schüler im Berufsgrundbildungsjahr und Berufsvorbereitungsjahr, 150.000 Schüler in einjährigen Berufsfachschulen, über 50.000 Jugendliche in Berufsvorbereitungsmaßnahmen. Dadurch kommt es natürlich zu einer "Ausdünnung" der Jahrgangsanteile der jüngeren Arbeitslosen: die 15- und 16jährigen stellten 1984 nur noch 7 % der Arbeitslosen unter 20; 1974 waren es noch 26 %. Dagegen sind 60 % der 16- bis 18jährigen heute noch Schüler; 1962: 20 %. Es kommt zu einer Anhebung des Durchschnittsalters der Auszubildenden: 18,1 im Jahre 1984 gegenüber 16,6 in 1970. Jeder zweite, der heute eine Lehrstelle antritt, ist bereits volljährig.

Es kommt insgesamt zu einem Strukturwandel des Übergangs, zu einer Ausdifferenzierung der Übergangswege und -biographien; und, dadurch ausgelöst, zu einem Strukturwandel von Jugend überhaupt. Hornstein spricht von einem epochalen Strukturwandel; einen Wandel der Sozialisationsmuster in der Adoleszenzphase bei gleichzeitiger Umstrukturierung des Erfahrungsfeldes immer mehr Jugendlicher von einer arbeitsbezogenen zu einer schulisch bestimmten Lebensform, nennt es Baethge. Jugend ist nicht mehr nur Statuspassage. Sie ist keine einheitlich strukturierte Lebensphase mehr, sondern wird teilweise nach vorne verlagert, bei gleichzeitiger Verlagerung des Eintritts ins Erwerbsleben nach hinten. Ökonomische und soziale Ablösung von der Familie fallen auseinander. Zuvor die Jugendphase konstituierende berufsbezogene Bildungsprozesse gewinnen biographisch ausgeweitet Relevanz von der Kindheit bis ins Seniorenalter.

Und - dies ist das sozialpolitisch Brisante -: Hand in Hand mit der strukturellen Ausdifferenzierung von Jugend kommt es zu einer Segmentierung des Ausbildungs- und Arbeitsmarktes für ganz bestimmte Gruppen, zu einer Ausgrenzung von Mädchen, Jugendlichen mit und ohne Hauptschulabschluß einschließlich Sonderschülern, Ausländern, Behinderten und Jugendlichen auf dem Lande. Diese Segmentierung des Ausbildungsmarktes ist mehr als ein Abstimmungs- oder Koordinationsproblem der Lehrstellenvermittlung. Dies haben die Vertreter der Wirtschaft auf dieser Tagung vorbehaltlos eingeräumt und deutlich gemacht. Dahinter steht, daß sich die Wirtschaft unverblümt aus der berufsbildungspolitischen und sozialpolitischen Verantwortung für diejenigen Jugendlichen verabschiedet, die sie nicht braucht. Dazu gehören inzwischen tendenziell alle Hauptschüler. Diese werden damit nicht mehr als Subjekte von Erwerbsarbeit und wirtschaftlichem Handeln anerkannt, sondern zum Objekt staatlicher Sozialpolitik umdefiniert. Hier paßt das Wort von der Zwei-Viertel-Gesellschaft.

Der Strukturwandel des Übergangs in den Beruf, in dessen Zusammenhang, wie wir gezeigt haben, neben der Berufsberatung und Berufsausbildung auch die Schulsozialarbeit und die Jugendsozialarbeit herausgefordert ist, kann auch als eine Verschiebung der Integrationsleistungen von Schule und insbesondere dualem Berufsbildungssystem interpretiert werden.

Ohne daß sich die formalen Strukturen des dreigliedrigen allgemeinbildenden Schulwesens wesentlich geändert haben, scheint zumindest die selektive Funktion dieser Struktur nicht mehr voll gewährleistet bzw. nicht mehr anerkannt. Sie wird durch ein verändertes Bildungsverhalten ehemals benachteiligter Schüler durchbrochen, die ihre innerschulischen Selektionshürden bewältigen. Das beste Beispiel dafür sind die Mädchen. Schule muß sich auf andere Funktionen als Auslese konzentrieren, besonders bei Jugendlichen, die nur mangels Alternativen länger in der Schule verweilen, sie als Warteschleife nutzen, ohne sich ihrem Selektionsdiktat zu unterwerfen bzw. dieses unterlaufen. Hier ist Schulsozialarbeit gefragt.

Auf der anderen Seite differenziert sich die duale Ausbildung aus. Die Berufe werden, zumindest was die von den Betrieben verlangten Ausbildungsvoraussetzungen anbetrifft, stärker hierarchisch strukturiert und die Ausbildungsvoraussetzungen so angehoben, daß tendenziell zumindest denen der Zugang verweigert wird, die nur den Pflichtschulbesuch absolviert haben.

Zusammengefaßt ließe sich formulieren:
Wegen der tendenziellen Abnahme der selektiven Vorleistungen der allgemeinbildenden Schule kommt es zu einer Rekonstruktion der schichtspezifischen Selektion im dualen System der beruflichen Bildung selbst, vor allem im Betrieb. Mit anderen Worten: da die Vorsortierung für Berufe und Positionen durch die Schule nicht mehr hinreichend geleistet wird, müssen die Betriebe nun ihrerseits viele der Ausbildungsleistungen direkt selbst übernehmen. So verlagert sich beispielsweise die Benachteiligung von Mädchen, Arbeiterkindern und sonstig Benachteiligten, sobald diese die allgemeinen schulischen Standards erreichen, in den Bereich der betrieblichen Ausbildung hinein.

Wir meinen, so wie die Schulsozialarbeit mit dazu beigetragen hat, daß sozial selektiven Mechanismen im allgemeinbildenden und beruflichen Schulsystem entgegengewirkt wurde, so muß auch in der betrieblichen Ausbildung durch arbeitsweltbezogene Jugendsozialarbeit dafür gesorgt werden, daß nicht dort ersatzweise neu eingezogene Hürden die alten Zustände wieder herstellen - wodurch auch die Arbeit der Schulsozialarbeit konterkariert würde. Dies gehört zum bildungs- und sozialpolitischen Auftrag der Jugendhilfe.

Genauso wie allerdings Jugendhilfe in der Schule in Gestalt von Schulsozialarbeit nicht dazu übergeht, Schule selbst zu machen - manche Schulsozialarbeiter sind immer noch in Versuchung, dies zu tun -, sollte sich die arbeitsweltbezogene Jugendsozialarbeit nicht dazu verführen lassen, die Berufsausbildung selbst zu übernehmen. Ihre Funktion dort ist es, sich einzumischen, um insbesondere im Interesse der Benachteiligten der beschriebenen Segregation und Ausgrenzung bestimmter Gruppen entgegenzuwirken.

Anmerkungen

1 Vgl. Agnew, G./Raab, E./Rademacker, H. (Hrsg.), Handbuch Schulsozialarbeit. München 1987.

Willy Klawe

Außerschulische Bildung gegen Diskriminierung der Hauptschüler auf dem Ausbildungsmarkt?

Das Projekt "Berufsperspektiven und Berufswahl" der Volkshochschule Norderstedt

Der Übergang von der Schule in den Beruf gestaltet sich für Hauptschüler besonders schwierig. Bereits 1976 wurde deshalb an der Volkshochschule Norderstedt im Rahmen der Außerschulischen Jugendbildungsarbeit ein Projekt institutionalisiert, das diese Übergangsprobleme erleichtern und die Schülerinnen und Schüler für eine engagierte Durchsetzung ihrer Berufsinteressen auf dem Arbeitsmarkt qualifizieren soll. Das folgende Projektportrait beschreibt einerseits die Grundgedanken dieser Arbeit, macht andererseits aber auch vor dem Hintergrund 10jähriger Projektgeschichte Grenzen und Widersprüche pädagogischer Reaktionen auf Jugendarbeitslosigkeit deutlich.

Scheitern als (Berufs-)Perspektive für Hauptschüler

Zur Einstimmung auf die Probleme von Hauptschülern beim Übergang von der Schule in den Beruf oder in die Arbeitslosigkeit seien folgende drei alltägliche Lebenssituationen exemplarisch vorgestellt:

Beispiel 1: Mario, 19 Jahre

> Mario ist die letzten Schuljahre nur ungern zur Schule gegangen. Besonders die Eltern haben ihm immer wieder vorgehalten, er solle erst einmal "etwas Ordentliches leisten", bevor er Ansprüche zu stellen habe. Zum Ende der Schulzeit freut sich Mario auf den Eintritt in das Berufsleben und bewirbt sich bei mehreren Firmen als Büromaschinenmechaniker. Durchgehend macht er die Erfahrung, daß Realschüler und sogar Abiturienten mit ihm konkurrieren und er den kürzeren zieht. Die anfängliche Wut auf die Personalchefs wird abgelöst durch eine tiefsitzende Resignation. Die Hoffnung, durch Arbeit endlich zeigen zu können, was er leisten kann, schlägt allmählich um in Gleichgültigkeit und Ablehnung einer beruflichen Tätigkeit überhaupt. Seine Eltern werfen ihm vor, sich in der Schule nicht ausreichend bemüht zu haben, und wollen ihm nicht neben dem unmittelbaren Le-

bensunterhalt auch Freizeitaktivitäten finanzieren. Nach und nach verändern sich seine Berufswünsche: Heizungsmechaniker, Dachdecker, Friedhofsgärtner. Schließlich verzichtet er ganz auf eine Ausbildung und bewirbt sich auf Hilfsjobs. Zur Zeit arbeitet er als Packer in einem Großmarkt.

Beispiel 2: Claudia, 17 Jahre

Claudia war eigentlich eine gute Hauptschülerin. Der Einbruch kam am Ende der 7. Klasse: Hier empfindet sie massiven Druck von Lehrern und Eltern, der bei ihr Torschlußpanik und Streß auslöst. Sie bemüht sich, trotzdem bei ihrem Berufswunsch "Pferdewirtin" zu bleiben. Sie schreibt etwa 10 Bewerbungen und erhält durchgehend Absagen. Inzwischen ist die Konkurrenz in der Schule immer größer geworden. Die Schüler berichten einander entweder gar nicht von ihrem (vergeblichen) Bemühen um Lehrstellen oder aber erzählen triumphierend, daß sie es geschafft haben, einen Ausbildungsplatz zu bekommen. Eltern und Lehrer drängen auf Flexibilität. Jetzt ist Claudia auf einer Handelsschule, ihre Schulleistungen sind stark abgesackt. Sie ist lustlos und mag im Moment an keine berufliche Tätigkeit denken.

Beispiel 3: Torsten, 19 Jahre

Torsten war immer ein mittelmäßiger Schüler, der trotzdem ohne große Anstrengungen den Hauptschulabschluß schaffte. Nach etwa 20 Bewerbungen hat er keinen Bock mehr - wie er sagt -, "den Leuten nachzulaufen", und hängt danach einige Monate ohne feste Tätigkeit herum. Seine Eltern melden ihn im Jugendaufbauwerk an, das er mehr schlecht als recht absolviert. Anschließend wird er in eine Arbeitsbeschaffungsmaßnahme des Arbeitsamtes bei der Stadt vermittelt und nimmt am Projekt "Arbeit und Lernen" teil, in dessen Rahmen er drei Tage in einer städtischen Einrichtung Hilfsarbeiten verrichtet und an zwei Tagen von der Volkshochschule mit Unterricht weiterqualifiziert wird. Nach Abschluß dieser Maßnahme ist er wieder einige Monate arbeitslos, jetzt hat er in einem neuen ABM-Projekt eine zeitweise Beschäftigung gefunden. Befragt man Torsten nach seinen Berufswünschen, so stellt sich für ihn die Frage nach einer Ausbildung nicht mehr. Er vermutet, daß sein Leben noch einige Jahre so weitergehen wird.

Die hier geschilderten Fälle sind alltäglich und werden in der Hauptschule und verschiedenen Projekten täglich erlebt. Jeder, der im pädagogischen Bereich tätig ist, kann sich angesichts dieser Beispiele selbst überlegen,

- welche Auswirkungen solche Erfahrungen auf die Berufsidentität der Jugendlichen haben,
- wieviel "Lust auf Lernen" Jugendliche verständlicherweise noch mitbringen, wenn sie solche Erfahrungen machen,
- welche (zweifelhafte) Rolle wir als professionelle Pädagogen in diesem Kontext spielen.

Für diejenigen, denen dieser Zugang zu subjektiv ist, sei die Diskriminierung der Hauptschüler noch einmal in Zahlen ausgedrückt: Von den am 30.09.1985 nicht vermittelten Bewerbern (58.905) waren 35,6 % männlich und 64,4 % weiblich. Betrachtet man den Schulabschluß der unvermittelten Bewerber, so stellt sich die Struktur der Betroffenen folgendermaßen dar:

5,6 % ohne Hauptschulabschluß
41,0 % mit Hauptschulabschluß
36,0 % mit Realschulabschluß
17,4 % mit Fachhochschul- oder Hochschulreife.[1]

Ohne auf die hinlänglich bekannten Probleme der offiziellen Ausbildungsplatz- und Arbeitslosenstatistik einzugehen, ist aus diesen Zahlen bereits ablesbar, daß Hauptschüler auf dem Ausbildungsmarkt besonders diskriminiert sind, wenngleich es auch andere, ebenfalls stark betroffene Gruppen gibt. Deutlich wird darüber hinaus, daß Hauptschüler*innen* besonders betroffen sind. Auch eine andere Zahl zeigt, daß selbst diejenigen Hauptschüler, die vermittelt worden sind, Brüche in ihrer beruflichen Sozialisation erleiden mußten: Im 5. Jugendbericht der Bundesregierung wird darauf hingewiesen, daß 50 - 60 % aller Sonder- und Hauptschüler ihren Berufswunsch nicht realisieren konnten.

Diese - im Prinzip nach wie vor unveränderte - Situation war 1976 Ausgangspunkt für die Entwicklung unseres Projektes "Berufsperspektiven und Berufswahl" an der Volkshochschule Norderstedt. Mittlerweile wurden ca. 70 5tägige Seminare mit rund 1.700 Norderstedter Schülern durchgeführt. Seit 1984 führt die Volkshochschule Norderstedt diese Seminare auch im Auftrage des Kreisschulamtes Bad Segeberg für die Schulen des Kreises durch. An diesen Seminaren haben zusätzlich ca. weitere 50 Klassen mit insgesamt 1.300 Schülern teilgenommen.

Die nunmehr 10jährige Existenz des Projektes und dieser außerordentliche Erfahrungshintergrund erlauben es, die Entwicklung des Projektes vor dem Hintergrund der gesellschaftlichen Entwicklung der letzten 10 Jahre zu reflektieren und Folgerungen für die außerschulische, politische Bildungsarbeit mit Hauptschülern abzuleiten.

Zu Beginn des Projektes: Sprunghafter Anstieg der (Jugend-)Arbeitslosigkeit

Mitte der 70er Jahre zeigten sich Öffentlichkeit und gesellschaftliche Institutionen von der sprunghaft angestiegenen Arbeitslosigkeit überrascht. Zu lange waren Wirtschaftswachstum und wachsende Prosperität selbstverständlich, als daß man auf eine solche Entwicklung vorbereitet gewesen wäre. Die Analyse der Ursachen und Auswirkungen von Jugendarbeitslosigkeit war erst einmal hilflos; in der fachwissenschaftlichen Diskussion wurde zunächst auf (ur-)alte Untersuchungen[2] zurückgegriffen, ohne die veränderten gesellschaftlichen Bedingungen zu berücksichtigen.

Dementsprechend hilf- und konzeptionslos waren auch die gesellschaftlichen Reaktionen auf dieses "neue" Problem. Eigenständige Ansätze gab es zunächst überhaupt nicht; eilig initiierte Sonderprogramme von Bund und Ländern waren vor allen Dingen Finanzierungsprogramme von Maßnahmen, die es noch nicht gab. Folgerichtig versahen Volkshochschulen, Bildungsstätten, Jugendverbände und staatliche Träger ohnehin vorhandene Angebote ihres Bereiches mit dem Zielgruppenhinweis "arbeitslose Jugendliche", ohne in dieser Phase inhaltlich und konzeptionell speziell auf die Probleme dieser Zielgruppe Zugeschnittenes bieten zu können.

Zum damaligen Zeitpunkt lief an der Volkshochschule Norderstedt bereits ein Förderlehrgang für arbeitslose Jugendliche zur Erlangung des Hauptschulabschlusses, und die Volkshochschule erwog weitere Bildungsmaßnahmen. Die Suche nach praktikablen Möglichkeiten und die Analyse bereits vorfindbarer Projekte machten die Grenzen derartiger Projekte deutlich: Solche Projekte gingen in der Regel davon aus, daß Sozialisations- und Qualifikationsdefizite Ursache der bevorstehenden oder bereits eingetretene Arbeitslosigkeit seien und diese Defizite durch Qualifikationsmaßnahmen zu beseitigen wären. Die genaue Analyse dagegen zeigt, daß die steigende Arbeitslosigkeit *strukturelle Ursachen* hat. Daher war anzunehmen, daß eine derartige Individualisierung des Problems bestenfalls zu einer Anhebung des allgemeinen Qualifikationsniveaus beiträgt, ohne das Auseinanderklaffen von vorhandenen Ausbildungsplätzen bzw. Arbeitsstellen einerseits und der wachsenden Zahl von Schulabgängern andererseits auch nur ansatzweise zu mindern. Wir kamen zu dem Schluß, daß derartige Bildungsmaßnahmen also kaum in der Lage sind, strukturelle Änderungen auf dem Lehrstellen- und Arbeitsmarkt herbeizuführen und daß sie keine prophylaktische Arbeit darstellen, sondern meist eine nachträgliche Reaktion auf den Eintritt von Arbeitslosigkeit waren.

Aus dieser Situation heraus entstand der Wunsch, ein Projekt zu entwickeln, das - wenngleich es ebenfalls keine strukturellen Änderungen herbeiführen könnte - so jedenfalls vor Eintritt der Jugendlichen in das Berufsleben durch Vermittlung von Handlungskompetenz wenigstens individuell die Wahrscheinlichkeit künftiger Arbeitslosigkeit mindern sollte. Ansatzpunkt für dieses Projekt sollte deshalb die Arbeit mit Hauptschülern der Abgangsklassen sein.

Im Frühjahr 1976 begann das Team mit der Planung des Projektes; bereits im Herbst konnten zwei Seminare mit Hauptschulabgangsklassen aus Norderstedt als Modell durchgeführt werden.[3]

In unserer Analyse der Berufswahl- und Ausbildungsplatzsituation von Hauptschülern gingen wir dabei von drei zentralen Gesichtspunkten aus:

- Hauptschüler sind (neben Sonderschülern) von den eingeschränkten Bedingungen auf dem Ausbildungsplatzmarkt besonders betroffen, damit engt sich ihr Spielraum für Berufsentscheidungen und Berufserfahrungen objektiv entscheidend ein.
- Die ungewissen Berufsperspektiven für Hauptschüler stehen in einem unmittelbaren Zusammenhang mit individuell unklaren Vorstellungen über den zukünftigen Beruf bzw. diffusen und unrealistischen Einschätzungen von Berufsbildern. Die Berufsentscheidung erfolgt deshalb oft aufgrund sehr zufälliger Kriterien: Rationale Überlegungen, eine umfassende Kenntnis möglicher Alternativen sowie ausreichendes Wissen über Informations- und Durchsetzungsmöglichkeiten sind selten zu finden.
- Jugendliche, deren Berufswünsche auf diese Weise fremdbestimmt sind, sind kaum bereit und in der Lage, ihre Interessen auf dem Arbeitsmarkt zielstrebig zu verfolgen.

Um diese auftretenden irrationalen Einflüsse und Orientierungsschwierigkeiten zu reduzieren, formulierten wir deshalb für unser Projekt folgende *Zielsetzungen*[4]:

- Überprüfung der eigenen Berufsvorstellungen (Realitätsbezug, ausreichende Informationen usw.),
- bewußte Reflexionen über Bestimmungsgründe der eigenen Berufswahl und Hilfen, die eigene Berufswahl auf eine rationale Grundlage zu stellen,
- Hilfen zur selbstbewußten Durchsetzung eigener Berufsvorstellungen,

- Orientierung über Informations- und Hilfsmöglichkeiten bei der Berufswahl und deren Prüfung auf Verwertbarkeit,
- "Realitätsschocks" beim Übergang vom Schülerdasein zum Lehrling durch spielerische Antizipationen der Berufssituation zu verringern,
- Einblick in die Stellung des Auszubildenden im Betrieb und in betriebliche Abhängigkeiten zu geben,
- Strategien zur Konfliktlösung bei betrieblichen Auseinandersetzungen zu erproben,
- über Rechte und Pflichten nach dem Jugendarbeitsschutzgesetz und dem Berufsbildungsgesetz zu informieren,
- im Vergleich des jetzigen Status als Schüler mit dem zukünftigen als Lehrling realistische Perspektiven hinsichtlich des Lebensstandards unter Veränderungen des sozialen Umfeldes zu entwickeln,
- durch Sensibilisierung für die Zusammenhänge im Betrieb (Betriebsstruktur, Autoritätsverhältnisse usw.) auf das Betriebspraktikum vorzubereiten und sie zu befähigen, die sinnlichen Eindrücke des Praktikums bewußter zu erfahren und zu verarbeiten,
- die Bewerbung und die damit verbundenen Initiationsriten (Vorstellungsgespräch, Test) vorzubereiten sowie die dabei auftretenden Ängste durch spielerische Vorwegnahme zu verringern.

Vor dem Hintergrund dieser Zielvorstellungen wurde ein Wochenprogramm (vgl. Tabelle 1) entwickelt, das in den folgenden Jahren die Grundstruktur unserer Arbeit bestimmte:

Tabelle 1: Seminarkonzeption für Hauptschüler der 9. Klassen/ Herbst 1976

Montag	Dienstag	Mittwoch	Donnerstag	Freitag
Interviews: Berufswünsche und -perspektiven	Wie stelle ich mir das Berufsleben vor?	Planspiel: Konflikt im Betrieb	Meine Rechte in Ausbildung und Betrieb - Rechtsfälle -	Wie bewerbe ich mich um einen Arbeits- oder Ausbildungsplatz?
Erstellung eines Berufskatalogs	Gegenüberstellung: Auszüge aus Lehrlingsprotokollen	Auswertung in den Spielgruppen und im Plenum	Brainstorming: "Wie und wann sucht man eine Lehrstelle/wer hilft bei der Berufswahl?"	- Bewerbungsschreiben - Rollenspiele zum Bewerbungsgespräch
Prioritätenspiel: Was ist bei meinem zukünftigen Beruf wichtig?	Film: "Lehrjahre sind keine Herrenjahre"			
Wie möchte ich künftig leben?	Gespräch mit Lehrlingen über Film und eigene Erfahrungen		Darstellung und Ergänzung der Ergebnisse	Vorbereitung auf das Betriebspraktikum (auf was will/ muß ich achten?)
Einschätzung der zu erwartenden Lebenshaltungskosten				
Auswertung und Ausstellung der Collagen				

Jugendarbeitslosigkeit als Dauerproblem

Im Verlauf der nächsten Jahre mußten Bildungspolitiker und Öffentlichkeit erkennen, daß entgegen anderslautender Prognosen von Politikern und Wirtschaftsinstituten die Jugendarbeitslosigkeit weiter steigen bzw. sich auf einem relativ konstanten Niveau einpendeln würde. Damit verbunden war die Einsicht, daß es sich bei dem Anstieg der Jugendarbeitslosigkeit nicht um ein konjunkturelles Problem handelte, sondern hier Arbeitslosigkeit strukturell verursacht ist. Diese Einsicht machte umfassendere Anstrengungen für die betroffenen Zielgruppen erforderlich. Es wurde schnell offensichtlich, daß die ökonomische Krise die Jugendlichen unterschiedlich traf. Die Selektionsprozesse beim Übergang von der Schule in die Berufsausbildung und von der Berufsausbildung in die Erwerbsarbeit verschärften sich und veränderten entsprechend selektiv vor allem die Lebenslage bestimmter Problemgruppen. Dementsprechend entwickelten sich mittelfristig stärker *sozialpädagogische Projekte* zu bestimmten Problemgruppen, wie Ausländer oder Hauptschüler, die auf konkrete, sozialpädagogisch umsetzbare Hilfe abzielten. Die Suche nach solchen Ansätzen und die Entwicklung von *spezifischen zielgruppenorientierten Konzepten* führte zu einer Vielzahl von Studien und Veröffentlichungen zur Jugendarbeitslosigkeit und der Situation von Jugendlichen allgemein. Vor allem die jugendsoziologischen Untersuchungen bestätigten einen Eindruck, den wir zunehmend auch in unserer Bildungsarbeit mit Hauptschülern gewannen: Die Betroffenheit durch Jugendarbeitslosigkeit differenzierte sich und führte weit in den Schulalltag hinein zu unterschiedlichen Reaktionsweisen der Jugendlichen:

- Für einen Teil der Jugendlichen war der Versuch kennzeichnend, durch erhöhte Leistungsanstrengungen doch noch Chancen auf dem Arbeitsmarkt zu erhalten. Durch diese Reaktionsweise kam es bereits zu verstärktem Konkurrenz- und Leistungsdruck der Schüler untereinander.
- Ein anderer Teil der Jugendlichen wandte sich angesichts der eingeschränkten Berufsperspektive resignativ ab, entwickelte zunehmende Schulunlust und verzichtete darauf, gezielte Wünsche und Berufspläne zu entwickeln.

In diesen unterschiedlichen Reaktionsweisen und Verarbeitungsformen Jugendlicher deutete sich bereits eine Tendenz an, die wenig später in der Shell-Studie Jugend '81 zur Diagnose einer "gespaltenen Generation" führte: Unterschieden wurden jugendzentrierte oder subkulturorientierte

Jugendliche einerseits und erwachsenenzentrierte oder familienorientierte Jugendliche andererseits:[5]
- *Jugendzentrierte* oder *subkulturorientierte* sind Jugendliche, die
  - ihre Normen vor allem aus der Jugendkultur beziehen und sich außerhalb der Familie und abgeschirmt von der Erwachsenenwelt in Gruppen Gleichaltriger aufhalten,
  - der Autorität Erwachsener und ihrer Institutionen mißtrauen und eher im Konflikt mit ihnen liegen,
  - sich möglichst schnell aus der als einengend empfundenen Familiensituation lösen wollen,
  - eher an der Gegenwart orientiert sind und ihre Zukunft überwiegend pessimistisch sehen.
- *Erwachsenenzentrierte* oder *familienorientierte* Jugendliche dagegen
  - orientieren sich stärker an den Normen und Werten der Erwachsenenwelt, der sie mit Vertrauen begegnen und die für sie die Zukunftsperspektive ausmacht,
  - befürworten eher konventionelle Lebensentwürfe und planen ihre private und berufliche Zukunft, soweit die gesellschaftlichen Verhältnisse dies zulassen,
  - sehen die eigene Zukunft eher optimistisch,
  - streben danach, die Lebenswelt Jugendlicher möglichst schnell zu verlassen und den Status Erwachsener zu erreichen.

"Die jungen Leute erleben, daß sie - auch wenn sie sich noch so sehr anstrengen - eben nicht jenen Beruf ergreifen, jene Arbeit finden, jene Ausbildung machen können, die sie ihren Neigungen entsprechend wählen möchten."[6]

Vor diesem Hintergrund entwickelte eine Vielzahl von Trägern eigenständige Konzepte für den Umgang mit jugendlichen Arbeitslosen, die vorwiegend sozialpädagogisch orientiert waren und denen mehrheitlich gemeinsam war, daß sie Jugendliche *nach* Eintreten der Arbeitslosigkeit ansprachen.[7]

Zu diesem Zeitpunkt wurde die Bundesanstalt für Arbeit zum zentralen Finanzier für Maßnahmen mit arbeitslosen Jugendlichen. So heißt es im Berufsbildungsbericht von 1979: "Eine wichtige Rolle im Rahmen der Förderungsmaßnahmen der Bundesanstalt für Arbeit spielten die berufsvorbereitenden Maßnahmen, die sowohl individuell als auch institutionell gefördert werden können. Dabei wird unterschieden zwischen

a) Grundausbildungslehrgängen mit verschiedenen Zielsetzungen (in der Regel für arbeitslose Jugendliche),
b) Förderungslehrgängen für noch nicht berufsreife Schulentlassene,
c) Lehrgängen zur Verbesserung der Eingliederungsmöglichkeiten für noch nicht berufsreife behinderte Personen,
d) Maßnahmen zur Arbeits- und Berufsfindung für Behinderte,
e) blindentechnischer und vergleichbarer spezieller Grundausbildung und
f) sonstigen Maßnahmen für Behinderte."[8]

Konzeptionell handelte es sich bei diesen Maßnahmen der Bundesanstalt für Arbeit und anderer Träger der Jugendbildung vor allen Dingen um kompensatorische Programme. Das Grundverständnis dieser Programme geht davon aus, daß individuelle Defizite wesentliche Ursachen für den Eintritt in die Arbeitslosigkeit sind und die Maßnahmen mit der Beseitigung dieser Defizite zur Teilnahme am Arbeitsprozeß beitragen. Diese Argumentation führt einmal zu gesellschaftlichen Schuldzuweisungen, die von sozialer Mißachtung begleitet sind. Andererseits bewirkt sie auch bei den betroffenen Jugendlichen eine Konfliktindividualisierung. Diese bewerten besonders bei langanhaltender Arbeitslosigkeit ihre Lage als individuelles Versagen und als schicksalhaft. "Wird Arbeitslosigkeit nicht als Ausdruck einer strukturellen Konfliktlage, sondern als Ausdruck individuellen Scheiterns und Versagens interpretiert, kann man erhebliche Rückwirkungen auf das Selbstwertgefühl der Jugendlichen annehmen. Ein geringes Selbstwertgefühl äußert sich in Minderwertigkeitskomplexen, emotionaler Labilität, im Gefühl mangelnder Realitätstüchtigkeit und auch in der geringen Bereitschaft, soziale Kontakte zu halten bzw. aufzunehmen."[9]

Konsolidierung und Ausweitung der Bildungsarbeit für Hauptschüler

In dieser Phase steht die Konsolidierung des Projektes durch Einwerbung kontinuierlicher Finanzmittel und die Institutionalisierung innerhalb des Volkshochschulangebotes im Vordergrund. Durch die Intensivierung der Zusammenarbeit mit den örtlichen Hauptschulen gelingt es, die Zahl der durchzuführenden Seminare auf acht bis zehn Wochenseminare pro Jahr zu erhöhen und Fragen der Zusammenarbeit zwischen Schule und außerschulischer Bildung vor dem Hintergrund der bisherigen Seminarerfahrungen zu thematisieren.[10]

Der Nachfrage nach praktikablen Konzepten für die Bildungsarbeit und Berufsvorbereitung für Hauptschüler entspricht der Auftrag der pädagogischen Arbeitsstelle des Deutschen Volkshochschulverbandes an uns, unsere Konzeption und die bisherigen Seminarerfahrungen zu publizieren. 1978 erscheint in der Schriftenreihe der pädagogischen Arbeitsstelle der Band "Berufsperspektiven und Berufswahl - Berufsvorbereitung für Hauptschüler in der außerschulischen politischen Bildungsarbeit", der sich vor allem an die Volkshochschulen und in eingeschränktem Maße an Bildungsstätten und andere Träger richtet. Eine weitere Veröffentlichung im Rowohlt-Verlag[11] trägt zur weiteren Verbreitung der Projektkonzeption bei und führt zu einer Breitenrezeption in Schule und Jugendarbeit sowie zu einer Übernahme vieler Arbeitsideen aus unserer Arbeit in andere Projekte.

Inhaltlich bleiben Zielsetzung und methodischer Rahmen der Seminararbeit weitgehend unverändert. Neue konzeptionelle Überlegungen richten sich vielmehr auf das *Umfeld der Seminararbeit*. Da es im Rahmen der Seminare darum geht, antizipatorisch allgemeine Probleme der Berufsorientierung und der veränderten sozialen Situation im Berufsleben aufzuarbeiten, müssen zwangsläufig individuelle Konflikte aus der gemeinsamen Arbeit weitgehend ausgeklammert bleiben. Gleichwohl sehen wir es als notwendige Aufgabe an, die individuellen Problemlagen der Schüler bei Eintritt in das Berufsleben aufzuarbeiten - vor allen Dingen, wenn sich antizipatorisch erlebte Konflikte nach Eintritt in den Beruf nun aktuell abspielen. Um die konkreten Schwierigkeiten beim Eintritt in das Berufsleben mit den Jugendlichen zu bearbeiten, wurde daher im September 1977 im Rahmen des allgemeinen Volkshochschulprogrammes ein "Treffpunkt für Auszubildende" in regelmäßigen Abständen an gleichen Wochentagen eingerichtet. Um das bereits in den Seminaren hergestellte Vertrauensverhältnis der Jugendlichen zu den Teamern auch für diese Arbeit nutzen zu können, übernahm das Seminarteam auch die Betreuung des Lehrlingstreffs. Für unsere Jugendberatungsarbeit ergaben sich verschiedene Bedingungen, die Arbeitsweise und Vorgehen bestimmten:

- Offensive Jugendberatung reagiert nicht nur auf Anfrage, sondern knüpft an Kommunikationszusammenhänge aus informellen Gesprächen im offenen Bereich an. Aufgabe der Jugendberatung ist es, Jugendlichen zu helfen, Probleme zu benennen und mit ihnen und ihrer Bezugsgruppe gemeinsame Lösungen zu erarbeiten.
- Die Komplexität von Problemlagen im Jugendalter verbietet eine Beschränkung auf bestimmte Problembereiche (etwa nur Ausbildungsprobleme). Partner ist der Jugendliche in seiner gesamten Persönlichkeit; grundsätzlich stehen alle seine Probleme zur Diskussion. Die potentielle Zielgruppe der Lehrlinge läßt allerdings viele ähnliche Problemlagen erwarten.

- Unsere personelle Ausstattung, der zeitliche Rahmen und die jeweilige Qualifikation der Teamer verbieten eine Konkurrenz zu anderen Beratungsinstitutionen. Für Bereiche, in denen solche Institutionen bestehen, hat unsere Beratungsarbeit vor allem "Clearing-Funktion", indem die Probleme so herausgearbeitet werden, daß dem Betroffenen geholfen werden kann, die optimale Beratung zu erhalten.
- Ziel unserer Jugendberatung ist in letzter Konsequenz Hilfe zur Selbsthilfe. Auf dem Weg zu diesem Ziel erhält der Jugendliche jedoch nicht nur Informationen, sondern auch *konkrete Hilfe* (Behördengänge, Formulare ausfüllen usw.).[12]

Der "Treffpunkt für Auszubildende" arbeitet mit einer Kombination aus offener Arbeit, individueller Jugendberatung und politischer Bildungsarbeit.[13]

Politische Wende - Neue Werte

Die nun folgenden Jahre sind von einer politischen Wende geprägt. War schon in den vorangegangenen Jahren "Chancengleichheit im Bildungswesen und auf dem Arbeitsmarkt" angesichts einer konstant hohen Arbeitslosenquote nur noch eine inhaltsleere Floskel gewesen, werden - besonders nach vollzogener Wende in Bonn - selbst die dahinterstehenden bildungspolitischen Wertvorstellungen offen demontiert.

Statt *Chancengleichheit für alle* wird nun *Elitebildung* für einige wenige Ausgewählte zum wichtigen bildungspolitischen Anliegen. Mit der Betonung von individueller Leistung gehen die bildungspolitischen Instanzen nunmehr offiziell dazu über, den jugendlichen Arbeitslosen ihre Chancenlosigkeit als selbstverschuldet anzulasten. Der Bundeskanzler verkündet, daß "jeder, der eine Lehrstelle wolle, auch eine bekäme", und drückt damit indirekt gleichzeitig aus, daß - wenn es dennoch einen gleichbleibend hohen Anteil von arbeitslosen Jugendlichen gibt - dies wohl an mangelndem Willen, ungenügenden Leistungen oder mangelnder räumlicher Mobilität der Jugendlichen läge. Ungeachtet großer Worte bleibt die Arbeitslosigkeit Jugendlicher mit einer Arbeitslosenquote von rund 11 % konstant hoch.

Nach der konzeptionellen Euphorie der vergangenen Jahre und der Entwicklung zielgruppenspezifischer, vorwiegend kompensatorischer Programme geht man bei vielen Trägern und der Arbeitsverwaltung tendenziell dazu über, die Arbeitslosigkeit vor allem zu verwalten.

Zu dem weiter wachsenden Spektrum berufsvorbereitender Maßnahmen (vgl. Tabelle 2, S. 112), die vor allen Dingen Warteschleifen für die Betroffenen sind und verhindern sollen, daß die Jugendliche zusätzlich auf den Arbeits- und Ausbildungsmarkt drängen, beschließen einige Bundesländer die Verlängerung der Schulzeit durch Einführung eines 10. Schuljahres.

Daneben werden Arbeitsbeschaffungsmaßnahmen (ABM) der Bundesanstalt für Arbeit extrem ausgeweitet (vgl. Tabelle 3, S. 113). Arbeitsbeschaffungsmaßnahmen und Beschäftigungsprogramme der Kommunen nehmen einen derart breiten Raum auf dem Arbeitsmarkt ein, daß in Hamburg bereits von einem "Zweiten Arbeitsmarkt" gesprochen wird. In den politischen Einschätzungen wird diese Entwicklung sogar "gefeiert": Arbeitslose Jugendliche werden von arbeitslosen Lehrern und Sozialpädagogen betreut, die Projekte werden von arbeitslosen Sozialwissenschaftlern wissenschaftlich begleitet. In unserer Beurteilung von Arbeitsbeschaffungsmaßnahmen stellen wir fest:

- Arbeitsbeschaffungsmaßnahmen erreichen ohnehin nur eine kleine Gruppe von Jugendlichen,
- sie vermitteln in der Regel keine realen Qualifikationen und erhöhen die Berufschancen in keiner Weise,
- sie stellen oftmals keine echten Arbeitserfahrungen für die Jugendlichen dar, sondern erziehen zu Hilfsarbeiten,
- sie sind in der Regel auf ein Jahr befristet, nach dem dann neuerlich Arbeitslosigkeit eintritt,
- es bestehen kaum Übernahmechancen auf richtige Arbeitsplätze,
- es entstehen auf diese Weise richtige "Karrieren", bei denen Jugendliche über Jahre von berufsvorbereitenden Maßnahmen in Arbeitsbeschaffungsmaßnahmen und zurück in berufsvorbereitende Maßnahmen hin- und herpendeln, ohne eine reale Chance auf dem Arbeitsmarkt zu erhalten.

Der einzige Vorteil der Teilnahme Jugendlicher an Arbeitsbeschaffungsmaßnahmen ist, daß sie dadurch ein Anrecht auf Arbeitslosenunterstützung erwerben.

Ein Teil der Betroffenen reagiert auf diese verschärfte Situation mit Selbsthilfeinitiativen, zum Teil unterstützt durch Träger von Jugend- und Sozialarbeit.[14]

Tabelle 2: Teilnehmer an berufsvorbereitenden Maßnahmen
(Berichtsjahr 1984/85 und Ende Dezember 1985)

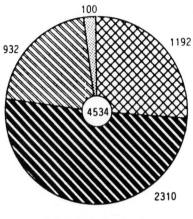

Schleswig-Holstein

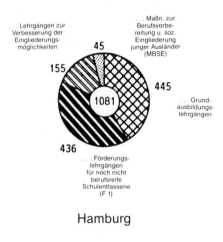

Hamburg

Quelle: Bundesanstalt für Arbeit, Statistisches Sonderheft, Februar 1986

Tabelle 3: Entwicklung der Arbeitsbeschaffungsmaßnahmen

Beschäftigte in Arbeitsbeschaffungsmaßnahmen 1978 - 1986
im Landesarbeitsamtsbezirk Schleswig-Holstein und Hamburg

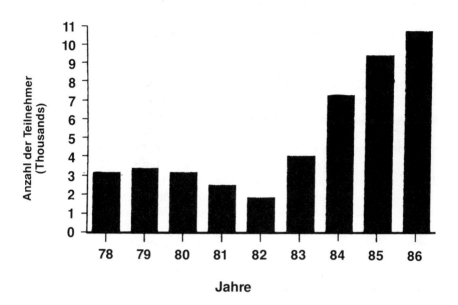

In einem kleinen Teil dieser Projekte werden auch alternative Beschäftigungsmöglichkeiten erprobt. Diese Projekte sind oftmals Versuche, andere Formen des Lebens und Arbeitens zu praktizieren sowie Nischen auf dem derzeitigen Arbeitsmarkt zu nutzen.

Die politische Wende wirkt sich aber auch auf diejenigen aus, die betriebliche Ausbildungsplätze erhalten haben. Die allgemeine Lage auf dem Arbeits- und Ausbildungsmarkt und die vorrangig an den Interessen der Wirtschaft orientierte Bildungspolitik erlauben es, daß wichtige Regelungen des Jugendarbeitsschutzgesetzes als vermeintlich "beschäftigungshindernde" Maßnahmen zurückgenommen werden. Im Oktober 1984 teilt die Bundesregierung mit: "Die Gesetzesänderungen betreffen vor allen Dingen einige Arbeitszeitregelungen, die sich in den Betrieben als unpraktikabel herausgestellt und so letztlich zum Nachteil für Ausbildung und Beschäftigung Jugendlicher ausgewirkt haben."[15]

Das solchermaßen veränderte politische Klima und der verschärfte Konkurrenzdruck bleiben nicht ohne Auswirkung auf die betroffenen, von Arbeitslosigkeit bedrohten Hauptschüler und ihre Eltern. Der Leistungsdruck in der Schule nimmt stark zu, verlagert sich stärker als bisher nach vorne: Bereits Ende der 7./Anfang der 8. Klasse werden Schüler von Eltern und Lehrern mit Hinweis auf den Ausbildungsmarkt massiv unter Druck gesetzt. Gleichzeitig beobachten wir bei den Eltern tendenziell eine unkritische Akzeptanz der offiziellen Politik, die sich u. a. darin ausdrückt, den Jugendlichen eigene Interessen auszureden, sie zur Anpassung und Vermeidung von Konfliktaustragung auch dann zu bewegen, wenn die Standpunkte und Interessen der Jugendlichen - z. B. im Hinblick auf Arbeitsschutzbestimmungen - berechtigt sind.

Diese Anpassung an die offizielle Politik ist auch im Berufswahlverhalten der Jugendlichen zu beobachten. So stellt eine Untersuchung 1982 fest, "... daß das Verhalten von Jugendlichen in erster Linie als eine Reaktion auf vorhandene Angebotssignale und viel weniger als Ergebnis eines selbständigen aktiven Arbeitsmarktverhaltens zu werten ist. Hauptschüler, die sich für einen Beruf in der handwerklichen und industriellen Produktion entscheiden, sind bei Schwierigkeiten schneller bereit, ihren Zielberuf zu verändern. Die Hauptschüler erbringen offenbar die größere Anpassungsleistung im Sinne des Verzichtes auf eigene Interessen. Ihre Bereitschaft zur Revision des Berufswunsches ist nicht Ausdruck eines selbstbewußten Umgangs mit vorgefundenen Bedingungen, sondern vielmehr eine Zwangsanpassung."[16]

Konzeptionelle Neuorientierung des Projektes

In dieser Phase ist unser Projekt von umfassenden konzeptionellen Neuorientierungen geprägt. Sie lassen sich vor allem in drei Dimensionen schreiben:

- Durch die Vorverlagerung des Leistungsdruckes sind wir zunehmend mit Schülern der 8. Hauptschulklassen konfrontiert.
- Wir wollen den offiziellen politischen Schuldzuweisungen entgegentreten und neben individuellen Qualifikationen auch die strukturellen Aspekte des Arbeitsmarktes stärker vermitteln.
- Wir müssen erkennen, daß Ausbildungsplatz und Beruf direkt im Anschluß an die Schule nur für wenige Teilnehmer unserer Seminare eine realistische Perspektive ist. Die Zahl der von Arbeitslosigkeit bedroh-

ten Jugendlichen nimmt ebenso zu wie die Zahl derer, die sich durch Jobben vorübergehend aus dem Konkurrenzkampf ausklinken oder auf weiterführende Schulen ausweichen.
- Die auf dem Arbeitsmarkt beobachtbaren Verdrängungseffekte, die sich darin ausdrücken, daß Lehrstellen im gewerblichen Bereich zunehmend an Realschüler, in Einzelfällen sogar an Abiturienten, vergeben werden, führen dazu, daß Hauptschüler, zunehmend auch Sonderschüler, vom Arbeitsplatzmarkt verdrängt werden. Vor diesem Hintergrund entwickeln wir ein Pilotprojekt für die Berufsvorbereitung von Sonderschülern.

Die neue Konzeption und das vor ihrem Hintergrund entwickelte Wochenprogramm trägt diesen Vorüberlegungen und Veränderungen Rechnung (vgl. Tabelle 4, S. 116).

In der Durchsetzung dieses Konzeptes stellen wir fest, daß wir den Intentionen von Schule und Eltern entgegenlaufen: Von uns wird vorrangig Qualifizierung für den individuellen Wettbewerb im Rahmen von Bewerbungs- und Testverfahren erwartet. Auch die Schüler selbst sind nicht selten überfordert: Zu wenig wurde ihnen in der Schule die Auseinandersetzung mit gesellschaftlichen Strukturen ermöglicht; ihre Fähigkeit, sich selbst zu diesen Strukturen in Beziehung zu setzen, ohne sich nur in die Rolle eines ausgelieferten Opfers zu begeben, ist begrenzt. Zu stark haben viele den individuellen Leistungsgedanken verinnerlicht und Aspekte sozialen Lernens und Handelns sind eher unterentwickelt.

Institutionell gesehen ist diese Phase von einer gewaltigen Expansion des Projektes geprägt. Im Auftrage des Schulamtes des Kreises Segeberg übernehmen wir die Koordination und Durchführung der Seminare für Hauptschüler für alle Hauptschulen im Kreisgebiet. Damit steigt die Zahl der Seminare und die Zahl der beteiligten Schüler pro Jahr sprunghaft an und verdreifacht sich.

Tabelle 4: Seminarkonzeption für Hauptschüler der 9. Klassen/ Herbst 1983

Montag	Dienstag	Mittwoch	Donnerstag	Freitag
Persönliche Ausstellung: Wer ich bin, was ich werden will	Anfertigung eines Produkts in Kleingruppen zum gewählten Thema,	Auswertung des Planspiels: - Bewerbung und Bewerbungsstrategien	Brettspiel: Wege nach der Schule: Ausbildung, Job oder arbeitslos?	Reflexion: was bestimmt alles mein Leben nach der Schule?
Kräftefeld: Was bedeutet Arbeit für mich?	Vorstellung der Ergebnisse	- was wurde erreicht?	Aufarbeitung künftiger Konflikte und Probleme in Rollenspielen, Arbeit mit Gesetzestexten usw.	Phantasiereise: Wie war die Woche, was muß ich bis zur Schulentlassung noch tun?
Die Situation auf dem Ausbildungs- und Arbeitsmarkt: - Ausbildungssystem - Frauen im Beruf - Jugendarbeitslosigkeit - Rationalisierung - Arbeit - Freizeit (Mappen und produktorientierte Arbeit)	Planspiel: Von der Schule ins Arbeitsleben - Berufswahl - Bewerbung	Rollenspiele zur Zukunftsplanung		

Gegenwärtige Situation und Perspektiven

Trotz der nach wie vor bedrückenden Situation kann man festhalten, daß Berufsleben und Arbeitswelt für Jugendliche nach wie vor zentrale Bedeutung haben. "Arbeit spielt in den Lebenskonzepten, den langfristigen und handlungsverbindlichen Orientierungen von Jugendlichen nach wie vor eine wichtige Rolle. Für viele, etwa für die Hälfte, steht sie aktuell im Zentrum ihrer Suche nach einem selbstgestalteten und sinnerfüllten Leben ... Überall, wo Arbeit den zentralen Stellenwert im Lebenskonzept einnimmt, wird sie in erster Linie unter dem Gesichtspunkt der inhaltlichen Identifikation mit der Tätigkeit begriffen ..."[17].

Währenddessen sehen Politik, Schul- und Arbeitsverwaltung bereits eine Entspannung auf dem Arbeitsmarkt durch die zu erwartende demographische Entwicklung. Mit dem Rückgang der Schülerzahlen in den nächsten Jahren sehen sie das Problem Jugendarbeitslosigkeit spätestens 1990 als erledigt an. Dabei werden allerdings wichtige Aspekte der künftigen Wirtschaftsentwicklung nicht berücksichtigt.

Veränderungen in der Struktur der Arbeitslosigkeit Jugendlicher zeigen darüber hinaus, daß wir es künftig mit einer Verschiebung der Arbeitslosigkeit zu tun haben werden. Durch die überproportionale Ausweitung von Ausbildungsplätzen in kleinen Handwerksbetrieben über den Bedarf hinaus sind wir jetzt zunehmend mit Jugendlichen konfrontiert, die *nach Abschluß der Ausbildung* arbeitslos sind, weil sie nicht übernommen werden. Ihre Zahl wird künftig steigen.

Auch das für den Berufsbildungsbericht 1987 verantwortliche Bundesministerium für Bildung und Wissenschaft "... verweist vor allem auf den Rückgang der Zahl der Hauptschüler. Dieser 'klassische' Bewerber um einen betrieblichen Ausbildungsplatz habe auch im vergangenen Jahr 'weiter an Bedeutung verloren', heißt es in dem Berichtsentwurf. 'Nur etwas mehr als ein Drittel der Bewerbungen entfällt noch auf diese traditionelle Gruppe der Lehrstellenbewerber.' Das Angebot für diese Gruppe von Jugendlichen hat sich nach der Bilanz '87 weiter verengt und verschlechtert."[18]

Aktuelle Projektsituation

Vor diesem Hintergrund gehen wir davon aus, daß auch in den kommenden Jahren eine Bildungsarbeit für Hauptschüler notwendig sein wird. Allerdings werden sich die Schwerpunkte dieser Bildungsarbeit zu verändern haben. Diese Veränderungen unserer konzeptionellen Überlegungen werden folgende Dimensionen berücksichtigen müssen:

- Die aus der Geschichte des Projektes verständliche Konzentration auf die Berufsvorbereitung von Hauptschülern und die weitgehende Beschränkung auf die Behandlung von Problemen der Arbeitswelt wird angesichts neuer Orientierungen der Jugendlichen nicht mehr aufrecht zu erhalten sein. Vielmehr wird es notwendig, die Seminarkonzeptionen auf eine allgemeine Lebens- und Zukunftsplanung hin zu erweitern.
- Eine solche Erweiterung muß auch die Aufnahme alternativer Ansätze der Gestaltung der Arbeits- und Lebenswelt gewährleisten und die Entwicklung konkreter Utopien einschließen.
- Das Konzept muß mehr als bisher der resignativen Grundhaltung entgegenwirken. Es wird also im wesentlichen um die Entwicklung einer Konzeption gehen, die die Lebensperspektiven von Hauptschülern globaler einbezieht. Ob eine solche Zielsetzung gegenüber Schulen und Trägern durchsetzbar sein wird, bleibt abzuwarten.

Anmerkungen

1 Vgl. Berufsbildungsbericht 1986, S. 4.
2 Z. B. Kluth, Der arbeitslose Jugendliche in seinen Bindungen an die außerfamiliäre gesellschaftliche Umwelt (1956); Jahoda u. a.: Die Arbeitslosen von Marienthal (1933).
3 Vgl. Klawe, Berufsvorbereitung für Hauptschüler. In: Deutsche Jugend 3/1977, 128 - 134.
4 Vgl. ausführlicher Brucker/Klawe/Maack/Rieckenberg: Lebensziel Beruf. Reinbek 1980, S. 31.
5 Aus: Klawe, Arbeit mit Jugendlichen. Weinheim 1986, S. 43.
6 Hornstein, Erwachsenwerden im Spannungsfeld politischer, sozialer und ökonomischer Anforderungen und Widersprüche. In: Furian (Hrsg.), Gefährdete Jugend. Heidelberg 1980, S. 17.
7 Vgl. etwa die Übersicht in Müller-Schöll u. a., Jugend in Berufsnot. Stuttgart 1980.
8 Aus: Berufsbildungsbericht 1979, S. 59.

9 Aus: Kreutz/Wuggenig, Auswirkungen der Jugendarbeitslosigkeit - Versuch einer Diagnose. In: Deutsche Jugend 11/1978, 486.
10 Vgl. Klawe/Brucker/Maack, Außerschulische und schulische Bildungsarbeit: Bewährungspunkte und Konfliktfelder. In: Deutsche Jugend 1/1979; Klawe, Schule und außerschulische Bildung - Konkurrenz oder Kooperation? In: Außerschulische Bildung 1/1981.
11 Brucker u. a., a. a. O. 1980.
12 Vgl. Klawe/Brucker/Maack, Jugendberatung und politische Bildung für Lehrlinge. In: Deutsche Jugend 6/1978.
13 Arbeitsweise ausführlicher in: Brucker u. a., a. a. O. 1980, S. 167 - 240.
14 Vgl. etwa: Massow, Selbsthilfe für Arbeitslose. München 1983.
15 Vgl. Sozialpolitische Umschau 195/1984.
16 Heimann/Westhoff, Anpassungsbereitschaft der Jugendlichen bestimmt die Berufswahl. In: Informationen - Bildung - Wirtschaft 7-8/1982, 135.
17 Aus: Baethge u. a., Jugendliche auf Distanz - Neue Herausforderungen für gewerkschaftliche Jugendpolitik. In: Gewerkschaftliche Monatshefte 2/867, 78 ff.
18 Aus: "Jeder zweite gab Berufswunsch auf". Frankfurter Rundschau v. 09.01.1987.

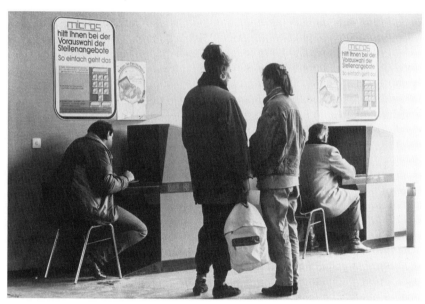

Foto: argus Hamburg

Gabriele Alt
Bettina Banse

Mädchen zwischen Schule und Beruf -

Wie begleiten wir den Übergang im Mädchentreff?

Wir möchten in unserem Beitrag auf die konkrete Situation von Mädchen und jungen Frauen eingehen und ihre besondere Betroffenheit von der Krise auf dem Arbeitsmarkt, der Jugendarbeitslosigkeit und ihren Folgen verdeutlichen. Dabei geht es speziell darum, ihre Ausgangsbedingungen im Übergang von Schule und Beruf ins Auge zu fassen. Eine kurze Darstellung des Mädchentreffs und der zugrunde liegenden konzeptionellen Überlegungen gibt Aufschluß über den Rahmen, in dem sich pädagogisches Handeln in dieser Einrichtung abspielt. Folgende Fragestellungen sollen dabei untersucht werden:

- Welche Faktoren bestimmen den Lebenshintergrund von Mädchen und jungen Frauen und prägen damit ihre Chancen?
- Welche Merkmale sind typisch für die Zielgruppe, die wir in unserem Beitrag vorstellen wollen?
- Wie sehen der institutionelle Rahmen und das Konzept des Mädchentreffs aus?
- Welche Ansatzpunkte ergeben sich für pädagogische Interventionen?

Lebenshintergrund von Mädchen und Frauen

Mädchen planen berufliche Tätigkeit als festen Bestandteil in ihr Leben mit ein. Die Verwirklichung des Berufswunsches steht an erster Stelle der Zukunftserwartungen. Dabei erwarten die Mädchen von der Berufstätigkeit materielle Absicherung, aber auch Identitätsfindung und persönliche Verwirklichung. Auch wenn Stimmen aus dem konservativen Lager Forderungen aufstellen, die darauf abzielen, Mädchen und junge Frauen wieder verstärkt in die Familie zu verweisen, ändert sich das Bildungs- und Erwerbsverhalten von Frauen eher in die andere Richtung: insbesondere auch verheiratete Frauen und Mütter wollen und/oder müssen erwerbstätig sein. Der Aufbau einer Berufsidentität wird konfrontiert mit Einschränkungen auf dem Ausbildungs- und Beschäftigungsmarkt. Mädchen haben in der Regel bessere Schulabschlüsse als männliche Jugendliche, trotzdem erhalten sie nur ca. 1/3 der vorhandenen Lehrstellen. Obwohl Berufswünsche und Berufswahl der Mädchen immer breiter gefächert erscheinen, werden immer noch ca. 40 % der Mädchen in den 5 - 6 ihnen traditionell zur Verfügung stehenden Ausbildungsberufen (Verkäuferin, Friseurin, Bürogehilfin, Arzthelferin, Bekleidungsnäherin, Einzelhandelskauffrau), die sich durch ein hohes Erwerbslosigkeitsrisiko auszeichnen, ausgebildet. Den Mädchen und Frauen ohne qualifizierenden Schul- bzw. Berufsabschluß bleiben nur schlecht bezahlte Hilfstätigkeiten in häufig ungeschützen Arbeitsverhältnissen.

Aufgrund der geschilderten Situation im Ausbildungs- und Beschäftigungsbereich sind Mädchen gezwungen, Umwege beim Einstieg ins Erwerbsleben in Kauf zu nehmen.

Die geschlechtsspezifische Arbeitsteilung weist den Frauen die alleinige Zuständigkeit und Verantwortung für den Reproduktionsbereich zu. Berufstätigkeit heißt für Frauen immer Doppelbelastung. Die Befreiung der Männer von Tätigkeiten im familiären Reproduktionsbereich heißt gleichzeitig, daß Frauen auf reproduktive Unterstützung verzichten müssen.

Die Kinderfrage hat erheblichen Einfluß auf weibliche Berufsbiographien. Auf dem Arbeitsmarkt werden Frauen in ihrer Eigenschaft als potentielle Mütter benachteiligt. Da die Unterbrechung oder Einschränkung männlicher Berufsengagements zugunsten der Erfüllung familiärer Aufgaben immer noch unvorstellbar ist, sind Frauen mit Kinderwunsch gezwungen, Strategien zu entwickeln, mit denen sie Kind und Beruf vereinbaren können (Drei-Phasen-Modell, Halbtagsarbeit etc.).

Für ausländische Frauen bewirken die ausländerrechtlichen Bestimmungen (Aufenthaltsrecht, Arbeitserlaubnis) zusätzliche Probleme beim Übergang zwischen Schule und Beruf.

Lebenssituation der Besucherinnen des Mädchentreffs

In diesem Beitrag beziehen wir uns auf Mädchen und junge Frauen im Alter von 18 - 25 Jahren. Der Übergang von Schule zu Beruf hat sich bei den von uns beratenen Mädchen nicht nahtlos vollzogen.

Die Mädchen haben entweder gar keine oder schlechte Abschlüsse von Sonder-, Haupt- und Realschule. Häufig haben die Mädchen nach Abschluß der Schule sogenannte Warteschleifen durchlaufen (berufsvorbereitende Maßnahmen etc.). Sie sind in der Regel erwerbslos, leben von Sozialhilfe, in Einzelfällen von Arbeitslosenhilfe, oder von dem Geld, das sie in Aushilfsjobs (z. B. Putzen) verdienen. Die geringen finanziellen

Mittel haben bei einigen Mädchen bzw. jungen Frauen zu erheblichen Schulden geführt.

Ihre Lebensgeschichten zeigen gemeinsame Merkmale auf: viele Besucherinnen haben Erfahrungen in ihrer Herkunftsfamilie (die in den wenigsten Fällen vollständig ist und zum Teil durch Alkoholmißbrauch, Gewalttätigkeit, sexuellen Mißbrauch gezeichnet ist) gemacht, die es ihnen nicht ermöglichen, die in ihrem Alter notwendige Ablösung und Verselbständigung zu bewältigen. Neben Ängsten und Minderwertigkeitsgefühlen zeigen sie in ihren Beziehungen starke Abhängigkeiten und wenig Selbstbehauptung.

In ihrer ausweglos erscheinenden Situation reagieren die Mädchen häufig mit psychosomatischen Krankheitssymptomen und/oder flüchten sich in Suizidgedanken. Für einige junge Frauen erscheint das "Kinderkriegen" als der einzige Weg, ihrem Leben einen Sinn zu geben und gesellschaftliche Anerkennung zu erlangen, wobei oft nach kurzer Zeit deutlich wird, daß die Kinderversorgung in der Auseinandersetzung um die Frage eigener Berufstätigkeit nur Aufschub, nicht aber die Lösung des Konfliktes bedeutet.

Die Lebensgeschichte der Mädchen ist geprägt von Bedingungen und Erfahrungen, die die Entwicklung eines eigenen Lebensentwurfs und seine Durchsetzung in der entscheidenden Phase des Übergangs ins Erwerbsleben behindern. Der Schritt, in unsere Einrichtung zu kommen und die Angebote regelmäßig wahrzunehmen, zeigt eine hohe Motivation, die eigene Lage positiv verändern zu wollen.

Für ausländische Mädchen ist die Phase im Anschluß an die Schule von Unsicherheit darüber geprägt, wo das Mädchen in Zukunft leben wird. Rigide Geschlechtsrollennormen bilden den Rahmen, in dem Berufswünsche formuliert werden (können), wobei zusätzlich Überlegungen angestellt werden müssen, ob eine gewünschte Ausbildung auch im Herkunftsland Chancen auf Erwerbstätigkeit sichert. Der große Wunsch ausländischer Mädchen, eine Berufsausbildung aufzunehmen, begegnet einem Arbeitsmarkt, auf dem ausländische Mädchen und Frauen die schlechtesten Chancen haben, Ausbildung oder Beschäftigung zu finden.

Institutioneller Rahmen, Konzept und Arbeitsbereiche des Mädchentreffs

Unsere Einrichtung ist Treffpunkt und Beratungsstelle für Mädchen und junge Frauen und liegt im traditionellen Arbeiterstadtteil Kiel-Gaarden. Heute leben hier ebenfalls viele türkische Arbeiter/innen und ihre Familien. Die Trägerschaft des Mädchentreffs liegt beim Jugendamt der Stadt Kiel.

Der Mädchentreff ist in einem ehemaligen Laden mit anliegender Wohnung zu ebener Erde auf ca. 160 qm untergebracht. Die fünf zur Verfügung stehenden Räume, Küche und Bad sind für verschiedene Angebote eingerichtet (Werken, Nähen und andere Handarbeiten, Fotos entwickeln und diverse andere Gruppenaktivitäten wie Musik hören, tanzen etc.; es gibt ein Büro und einen Beratungsraum).

Aktuell arbeiten drei Mitarbeiterinnen auf sozialpädagogischen Planstellen. Hinzu kommen jährlich wechselnde Praktikantinnen und Honorarkräfte (ausschließlich Frauen) zur Unterstützung eines breit gefächerten Angebots.

Ziel unserer Arbeit ist es grundsätzlich, Mädchen und junge Frauen anzusprechen und ihnen Mut zu machen, ihren eigenen Lebensweg zu suchen und die dabei auftretenden Hindernisse und Krisen bewältigen zu lernen. Das Erkennen von gesellschaftlich festgelegten Rollensterotypen bietet für sie die Chance, von diesen unabhängiger zu werden und auf der Grundlage ihrer eigenen Möglichkeiten soziale und politische Kompetenz zu entwickeln. Nur so werden sie auch weiterhin in die Lage versetzt, ihre Vorstellungen und Bedürfnisse auf ihrem Lebensweg wahrnehmen, einfordern und verwirklichen zu können.

Unsere Beschreibung der Schwierigkeiten, mit denen junge Frauen konfrontiert sind und die sie bei/mit uns bearbeiten wollen, zeigt, daß wir gemeinsam Strategien entwickeln müssen, die an den *verschiedensten* Problemfeldern ansetzen. Oft ist es mit der Unterstützung bei der Suche nach einer Arbeitsstelle nicht getan (wobei finanzielle Unabhängigkeit eine immens wichtige Erfahrung für die jungen Frauen ausmacht).

Viele unserer Besucherinnen haben in ihrer Lebensgeschichte Verhaltensmuster gelernt, die für ihre individuelle Situation in ihren ursprünglichen sozialen Zusammenhängen "zum Überleben" notwendig und nützlich waren, für ihre Weiterentwicklung jedoch Grenzen setzen. Unser Ziel ist es hier, jungen Frauen zu ermöglichen, ihre eigenen Verhaltensweisen zu durchschauen, sie auf ihre Weiterverwertbarkeit zu hinterfragen und so bislang vorhandene Handlungsspielräume zu erweitern.

Ausgangspunkt dieser Arbeit sind zunächst nicht die Lage bzw. die Erfordernisse des Arbeitsmarktes oder Anforderungen des jeweiligen Berufsfeldes, sondern die individuelle Befindlichkeit des einzelnen Mädchens bzw. der jungen Frau. Ihre Voraussetzungen (Schulabschlüsse etc.), ihre Wünsche und Vorstellungen in bezug auf ihr weiteres - nicht nur berufliches - Leben, ihre bisherigen Erfahrungen, die als Hindernisse und Brüche eine wunschgemäße Entwicklung des eigenen Lebens verhinderten, sind Ansatzpunkte unserer Arbeit.

Diese Arbeit zielt dabei zum einen auf eine Verbesserung der Kenntnisse und Fähigkeiten:

- Schularbeitenhilfe schon während der Regelschulzeit, aber auch bei nachgehenden Schulbesuchen oder während der Berufsschulzeit,
- intensive Hilfestellung bei Versuchen der Mädchen, grundlegende Fertigkeiten (Lesen, Schreiben, Rechnen, evtl. Maschineschreiben) zu erweitern oder zu erwerben,
- Beratung über und Vermittlung in schulische Weiterbildungsangebote.

Der zweite Schwerpunkt liegt auf Angeboten, die die jungen Frauen unterstützen sollen, die eigene Persönlichkeit zu stabilisieren:

- Einzel- und Gruppengespräche zu Fragen aus allen Lebensbereichen,
- Unterstützung beim Aufbau stabiler materieller Grundvoraussetzungen (Wohnung, Geld, Schulden),
- kontinuierliche Gruppenangebote (z. B. Sport für Frauen),
- Freizeitaktivitäten,
- Vermittlung in therapeutische Angebote.

Der dritte Arbeitsbereich beinhaltet Angebote, die sich gezielt mit der Problematik des Übergangs von Schule in Beruf befassen:

- Hilfestellung bei der Praktikums- und Lehrstellensuche,
- Vermittlung in ABM-Stellen, Lehrgänge etc.,
- Betriebsbesichtigungen,
- Gespräche mit berufstätigen Frauen (auch aus "frauenuntypischen" Berufen).

In vielen Bereichen unserer Gesellschaft wird der Eindruck erweckt, als hätten Mädchen und Jungen die gleichen Chancen. Dem steht, wie wir oben anhand der Übergangssituation Schule - Beruf deutlich gemacht haben, eine erhebliche Benachteiligung von Frauen gegenüber. Hier setzt unsere Arbeit im Mädchentreff - eine Einrichtung, die mit ihren Angeboten speziell Mädchen und junge Frauen anspricht - an. Unsere pädagogischen Interventionen zielen darauf ab, die eigene Situation nicht als individuelles Versagen zu definieren, sondern vor dem Hintergrund gesellschaftlicher Realität sehen zu lernen. So erarbeiten sich die Besucherinnen unserer Einrichtung eine notwendige Grundlage, eigene Bedürfnisse, Wünsche und Lebensvorstellungen ernstzunehmen und Schritte zu entwickeln, ihre Rechte in den verschiedensten Lebenszusammenhängen selbstbewußt einzufordern.

Engagierte Mädchenarbeit im pädagogischen Bereich greift auf Dauer jedoch nur, wenn gesellschaftlich eingeleitete Prozesse zum Abbau der Ungleichbehandlung von Frauen und Männern konsequent weiterverfolgt werden.

Foto: argus Hamburg

Winfried Seibert

Berufsorientierung im Spannungsfeld zwischen subjektiven Verarbeitungsformen und gesellschaftlichem Ausgestaltungsprozeß

Der politische Ausgestaltungsprozeß im Übergang von der Schule in den Beruf

Die Brisanz, mit der die Problematik des Übergangs von der Schule in den Beruf behandelt wurde, gab Aufschluß darüber, daß hier eine Thematik zur Debatte stand, deren Bedeutung über die unmittelbaren sozialen Folgen der Betroffenen hinausging.[1]

Doch die Thematik als Teil eines gesamtgesellschaftlichen Beschäftigungsproblems ist vielschichtig und fällt gegenwärtig hinter einer veränderten Ausgestaltung des Übergangs von der Schule in den Beruf einer sozialen Amnesie anheim. Was zum einen für Schulabgänger immer noch als potentielle Ausgrenzung aus dem gesellschaftlichen Arbeitsprozeß erfahrbar wird, die mit der Einschränkung an Reproduktionsmöglichkeiten verbunden ist und sie späterhin zu verstärkten Verkaufsanstrengungen ihrer Arbeitskraft nötigt, bedeutet zum anderen für die öffentlichen Instanzen die Notwendigkeit zur Ausdehnung eines Arbeitsaufwandes, deren Realisierung finanzielle Ressourcen beansprucht, die den Sozialversicherungspflichtigen belasten. Die Schulen, die noch unter dem Schock der Transformation der Bildungsreform: "Von der Idee zur Ruine"[2] stehen, konzentrieren sich auf die Veränderungen eines Qualifikationsbedarfs, dessen Nichtplanbarkeit wachsende Schwierigkeiten bereitet; die Arbeitsämter, die mit der rationellen Organisation der Arbeitssuchenden beauftragt sind, verweisen erwerbslose Jugendliche in die "Stille Reserve", und im Sozialversicherungssystem, das die Spitzen sozialer Härtefälle nivellieren soll, gibt es Ausgrenzungsstrategien, durch die den Betroffenen ihre Unterstützungsbezüge verwehrt werden.[3] Betriebe ihrerseits entdecken in den vielseitigen Bemühungen zum Verkauf der Arbeitskraft die Möglichkeit, diese unter Wert einzukaufen bzw. die Kosten für den Arbeitskräftebedarf durch den Einsatz von Auszubildenden zu senken.[4] Industrielle Interessenverbände lassen die Gelegenheit nicht ungenutzt, von ihren Mitarbeitern die Einsicht in den verstärkten Konkurrenzdruck abzuverlangen, um ihren Verzicht auf gewerkschaftliche Forderungen zu bewirken. Die Gewerkschaften andererseits sehen, zwischen den Positionen aufgerieben, ihren Einfluß schwinden.

Die prinzipielle Problematik des Übergangs von der Schule in den Arbeitsprozeß verliert sich in der Themenvielfalt seiner vielfältigen Konsequenzen, wenn danach gesucht wird, einen einigermaßen bruchlosen Übergang zu bewerkstelligen. Die Frage der Reproduktionsverunsicherung durch Jugendarbeitslosigkeit und Ausbildungsplatzmangel als Teil eines gesamtgesellschaftlichen Beschäftigungsproblems wird bei der gebotenen Suche nach geeigneten pragmatischen Maßnahmen verdrängt. Gesellschaftliche Zusammenhänge und Funktionsanalysen bleiben bei der Organisation von Existenzrisiken, die an den Brüchen im Übergang von der Schule in das System der Lohnarbeit zu Tage treten, außen vor. Unter thematischer Ausblendung wird das Problem auf ein Maß reduziert, wie es konstitutionell an den Anforderungen des Ausbildungs- und Beschäftigungssystems mitwirken kann, und findet sich im erklärten Ziel einer Sozial- und Bildungspolitik wieder, die ihre Intervention an der Aufrechterhaltung des Lohnarbeitersystems orientiert.[5] Im Berufsbildungsbericht des Bundesministeriums für Bildung und Wissenschaft heißt es entsprechend: "Das Angebot von Ausbildungsplätzen in den kommenden Jahren wird auch davon abhängen, inwieweit Verunsicherung vermieden und die Rahmenbedingungen so gesetzt werden, daß das Ausbildungsengagement der Betriebe nicht behindert, sondern bestärkt wird. Die Bundesregierung wird dazu weiter ihren Beitrag leisten. Ihre Berufsbildungspolitik fügt sich in die soziale Marktwirtschaft ein, ist also bestrebt, mit marktkonformen Mitteln den Anforderungen des Beschäftigungssystems, den Bildungswünschen der jungen Menschen und der technischen Entwicklung Rechnung zu tragen und durch flankierende Maßnahmen dort Hilfen zu geben, wo dies notwendig ist."[6]

Das Eingeständnis der Notwendigkeit flankierender Maßnahmen beinhaltet sowohl die Forderung nach Marktkonformität der Mittel als auch den Verweis auf Sicherstellung einer hinreichenden Verfügbarkeit von Arbeitskräften und Arbeitskräftenachfrage. Die gestellte Aufgabe ist klar umrissen. Staatliche Maßnahmen sollen die Interessen der einzeln auf den Arbeitsmarkt tretenden Lohnarbeiter, deren Reproduktionsmöglichkeiten prinzipiell an das Gelingen der Konstitution verwertbarer Arbeitskraft und deren anschließenden Verkauf gebunden ist, mit den Interessen der Arbeitskräfte nachfragenden Betriebe vermitteln. Der politische Konflikt um die Bedrohung der Nichtverkäuflichkeit der Arbeitskräfte wird auf das Bemühen um Kontinuität im gesellschaftlichen Reproduktionszusammenhang reduziert. Die Bemühung um "flankierende Maßnahmen" hat nun das Kunststück zu vollbringen, dort Hilfen zu installieren, wo es der allgemeine Reproduktionszusammenhang erforderlich macht, ohne daß dieser selbst in Frage gestellt ist. Die Problematik soll so aufgefaßt und interpretiert werden, daß sie bestehenden öffentlichen und privaten Handlungsspielräumen entspricht.

Die differenzierende Ausgestaltung des Übergangs und das Stillstellen seiner inneren Dynamik

Soll die Wirksamkeit vorhandener Handlungsspielräume nicht bloß verordnet werden, so bedarf es einer politischen Gestaltung des Konflikts innerhalb der Instanzen, Institutionen und Träger, die im Wirkungsfeld der Übergangsproblematik von der Schule in den Beruf stehen. Eine solche Gestaltung des Konflikts bedeutet aber zugleich seine Umgestaltung: er ist nicht mehr unmittelbar Ausdruck der Verunsicherung durch die Ausgrenzung aus dem gesellschaftlichen Arbeitsprozeß und der Brüchigkeit des allgemeinen Reproduktionszusammenhangs, sondern Vehikel für integrierende Maßnahmen, die selbst Bestandteil der Organisation des gesellschaftlichen Zusammenhangs sind. Soweit scheint das Kunststück der "flankierenden Maßnahmen" gelungen zu sein, offen bleibt die Frage nach der Wirksamkeit solcher Maßnahmen für die betroffenen Jugendlichen, die im Übergang von der Schule in den Beruf stehen.

a) Schulische und außerschulische Maßnahmen

Die politische Ausgestaltung der brisanten Lehrstellenmangelsituation reflektierte noch bis Anfang der achtziger Jahre die Auffassung, die Problematik sei für den absehbaren Zeitraum ihres Auftretens mit der Einrichtung von "schulischen" und "außerschulischen Maßnahmen" solange einzudämmen, bis arbeitsmarktpolitische Steuerungsmittel, wie Zurücknahme der Ausbildungsreform und Senkung der Ausbildungskosten, den marktwirtschaftlichen Selbstregulierungsprozeß eingeleitet hätten. Der sich abzeichnende "Pillenknick" gab zusätzlich Anlaß zur Hoffnung auf Selbstreinigungsprozesse des Problems durch sinkende Schülerzahlen. Die in dieser Zeit entstandenen Auffangbecken als Überbrückungszeiträume für Schulabgänger, wie das Berufsvorbereitungsjahr, die Maßnahmen zur beruflichen und sozialen Eingliederung, die verschiedenen Grundbildungs-Lehrgänge sowie die Motivationskurse der Arbeitsverwaltung, zeitigten jedoch nur höchst unzulängliche Wirkung.[7] Einerseits mußte mit der Ausgestaltung dieser Maßnahmen die Frage nach sinnvollen berufsvorbereitenden Angeboten immer wieder neu aufgeworfen werden, wodurch das Problem der Nichtplanbarkeit von Qualifikationen vor dem Hintergrund eines sich umstrukturierenden Arbeitsprozesses durch neue Technologien hervortrat, und andererseits rückte das brüchig gewordene biographische Berufseinmündungsklischee "Schule - Lehre - Beruf" die Frage ins Blickfeld, was an seine Stelle zu setzen sei.

b) Subventionen an Ausbildungsbetriebe

Die wachsende Bereitschaft von Sozial- und Bildungministerien bei der Ausgestaltung eines immer wieder neu aufgelegten Maßnahmenkatalogs gegen Jugendarbeitslosigkeit durch Auflockerung der Ausführungsbestimmungen für finanzielle Unterstützung, betrieblichen Forderungen stärker entgegenzukommen, hatte einen für die Nachfrageentwicklung stimulierenden Effekt, der sich in den Arbeitslosenstatistiken auswirkte. Mit der wachsenden Anpassung finanzieller Unterstützung wuchs aber zugleich deren mißbräuchliche Inanspruchnahme für Ausbildungsverhältnisse, die mit nicht-"vermittlungsbeeinträchtigten Gruppen" abgeschlossen wurden. "Die Beschäftigungshilfen sind damit, insgesamt betrachtet, kaum als Maßnahmen einzuschätzen, die vor allem besonders Betroffenen und in der Vermittlung beeinträchtigten Gruppen unter den arbeitslosen Jugendlichen mehr Chancen einer (Wieder-)Eingliederung in Arbeit und Beruf eingeräumt haben."[8]

c) Außerbetriebliche Werkstatt- und Ausbildungsprojekte

In dieser Situation entwickelten sich bei den Jugendämtern und verschiedenen freien Trägern Versuche, außerbetriebliche Lehrwerkstätten und Selbsthilfeprojekte zu installieren. Durch praktische Angebote sollte dem Abrutschen der von Berufsnot Betroffenen in die wachsende Dunkelziffer vorgebeugt werden. Gleichzeitig sollte den Betroffenen die Möglichkeit eingeräumt werden, sich an den politischen Auseinandersetzungen um Realisierungsbedingungen alternativer Berufsausbildung zu beteiligen. Mit der Finanzierung verschiedener Bundes- und Länderprogramme zur Durchführung von Werkstatt- und Ausbildungsprojekten eröffnete sich ein zusätzlicher Maßnahmenkatalog für den Teil der Jugendlichen, der sich durch den ausbleibenden bzw. den zu zaghaft greifenden marktwirtschaftlichen Selbstregulierungsprozeß angestaut hatte: diese Maßnahmen sollten sich insbesondere an Jugendliche mit schulischen und außerschulischen "Maßnahmekarrieren" wenden.

Die Anbieter solcher Projekte waren nicht selten von der Einsicht geleitet, daß eine Realisierung außerbetrieblicher Ausbildung und eine Etablierung von Selbsthilfeprojekten als pragmatische Alternative einerseits gesellschaftlicher Hintergründe struktureller Arbeitslosigkeit an das

Tageslicht befördern und andererseits die Hilflosigkeit des bestehenden Maßnahmenkatalogs zum Ausdruck bringen werde. Die politische Strategie, durch Beteiligung der von Berufsnot betroffenen Jugendlichen an der Ausgestaltung von pragmatischen Ausbildungsangeboten die gesellschaftlichen Hintergründe struktureller Arbeitslosigkeit erfahrbar werden zu lassen und damit eine Selbstorganisation der Betroffenen zu befördern, scheiterte an der Vielschichtigkeit der Frontenstellung, in der die Realisierungsbemühungen standen. Angesichts des Interessenkonfliktes zwischen beteiligten Schulen, Berufsschulen, DGB, Kammern, Arbeitsverwaltung, Stadt- und Kreisverwaltung sowie Bundes- und Länderministerien ließ sich eine Beteiligung der Betroffenen auch vor dem Hintergrund ihrer vielfältigen Informationsdefizite und mangelnder politischer Sachkenntnis vielfach nicht realisieren. Im Konfliktfeld ging die ursprüngliche Zielsetzung verloren. Man resignierte endlich an der Starrheit der mit der Berufs- und Ausbildungsberatung betrauten Institutionen wie Schule, Arbeitsamt und Kammern, die zwar die mißliche Lage eines ungenügenden Lehrstellenangebots als Teil eines gesamtgesellschaftlichen Beschäftigungsproblems berücksichtigten, aber keineswegs die Konsequenz zogen, ihre arbeitsmarktbezogene Perspektive in Frage zu stellen.

Mit dem Ausbau von berufsqualifizierenden Bildungsgängen, die ergänzend zu den Anbietern von Ausbildungsplätzen im dualen System hinzugetreten sind, läßt sich den Veränderungen der Beschäftigungsentwicklung nicht entgegentreten. Der gesellschaftliche Zusammenhang erzwingt die Orientierung an betrieblichen Erfordernissen, weil außerbetriebliche Bildungsgänge keine Arbeitsverhältnisse bereitstellen können.

d) Die Qualifikationsoffensive

Die neuerdings unter dem Stichwort "Qualifikationsoffensive"[9] eingeleitete Debatte beinhaltet den ausdrücklichen Hinweis auf die größer gewordene "Differenzierung" der Auszubildenden in verschiedene Gruppen. Die erwähnte "Offensive" macht sich dabei den Ausbau der berufsqualifizierenden Bildungsgänge zunutze, um Ausbildungsinhalte auf den berufsspezifischen Teil zu beschränken. Der durch die Übergangsproblematik existierende Qualifikationsbedarf soll dabei mit der "Gleichstellung von beruflicher und allgemeiner Bildung"[10] totgeschwiegen werden.

Vor diesem Hintergrund bleibt die politische Ausgestaltung des Übergangs von der Schule in ein Beschäftigungsverhältnis eingebunden in den Konflikt um die jeweiligen Interessen der Handwerks- und Industriebetriebe. Diese Eingebundenheit ist folglich für das Verständnis der breiten Vielfalt von Wirkungsbereichen für die Betroffenen zentral und ihre Thematisierung bei der Vermittlung von Perspektiven der Berufswahl unerläßlich. Die Ausdifferenzierung der flankierenden Maßnahmen gegen Jugendarbeitslosigkeit ist gegenwärtig soweit gediehen, daß die Themenstellung hinter der breiten Vielfalt seiner Wirkungsbereiche nur noch am Rande erscheint. Mit der Realisierung von schulischen und außerschulischen Maßnahmen, von außerbetrieblichen Ausbildungsstätten und Werkstattprojekten sowie pädagogischen Betreuungsmaßnahmen, deren Fortbestand für absehbare Zeit wohl außer Frage steht, hat der Berufseinmündungsprozeß eine Form erhalten, die der brüchigen Bewältigung der Nahtstelle zwischen Bildungs- und Beschäftigungssystem entspricht.

Berufsorientierung und die Perspektive "subjektive Verarbeitung"

War bislang der Übergang zwischen Schule und Arbeit weitgehend familiärer Betreuung anheimgestellt, und stellte vorübergehend in den fünfziger und frühen sechziger Jahren der relativ glatte Berufseinmündungsprozeß einen sozialen Hintergrund dar, der lebensweltliche Orientierung quasi automatisch mitlieferte, so konnte sich folglich institutionelle Berufsorientierung auf Bewerbungshilfen sowie die Vermittlung von Informationen über Berufsbilder und deren Wandel durch Veränderung im Arbeitsprozeß konzentrieren. Mit dem Ausbau des notwendig gewordenen politischen Ausgestaltungsprozesses im Übergang von der Schule in den Arbeitsprozeß ist in der Folge eine Umorientierung bestehender Handlungsperspektiven erforderlich.

Die Konsequenzen des dargestellten politischen Ausgestaltungsprozesses im Übergang lassen sich auf verschiedenen Ebenen charakterisieren. Sie spiegeln sich einerseits im wachsenden Handlungsbedarf von Instanzen und Institutionen, die mit der Organisation und Bewältigung der praktischen Problemlagen zu tun haben, wider und andererseits in den wachsenden Handlungsanforderungen an die Jugendlichen in ihrer Gesamtheit. Denn die Labilisierung im Ausbildungs- und Beschäftigungssystem und die daraus folgende Verunsicherung betreffen nicht ausschließlich den marginalisierten Teil, sondern jeden einzelnen, der sich in der Situation befindet, sein Arbeitsvermögen im Ausbildungssystem zu konstituieren, um es anschließend zum Erwerb seiner Subsistenzmittel feilbieten zu können. Die notwendig gewordene politische Ausdifferenzierung des Maßnahmenkatalogs erzwingt in ihrer Konsequenz eine veränderte Perspektive, wenn sie sich mit den Interessen der einzeln Betroffenen rechtfertigen will.

In der schulischen Vorbereitung auf die Aufnahme eines Arbeitsverhältnisses ist tendenziell immer noch das Bild vorherrschend, das einen bruchlosen Übergang von der Schule in ein Ausbildungsverhältnis darstellt. Obgleich sich die allgemeinen Rahmenbedingungen beim Übergang von der Schule in den Beruf stark verändert haben und folglich sich auch das Verhalten der Jugendlichen beim Übergang anders darstellt, endet schulische Betreuung, wenn die Schüler den Klassenverband verlassen.

Brüche im Berufseinmündungsprozeß haben ihren Ausdruck in der allgemeinen Verunsicherung bei der Entwicklung von Lebensentwürfen, die nach dem Verlassen der Schule gefordert sind. Berufliche und soziale Identität sind für den Schulabgänger auf "später" zu verschieben, weil schulische Warteschleifen den Antritt der Lehre verschieben oder die Lehre in einem Berufsbereich absolviert wird, der keinerlei Identifizierung mit der dort ausgeübten bzw. zu erlernenden Tätigkeit ermöglicht. Weiterhin bleibt zu bemerken, daß das Berufsrisiko gerade dort am größten ist, wo es im besonderen für Hauptschüler noch Möglichkeiten gibt, überhaupt eine Lehrstelle zu finden. Wird die finanzielle Unabhängigkeit für den Jugendlichen nicht mehr planbar, so wird damit zugleich sein Lebensentwurf zunehmend abstrakter und zu etwas, das sich seiner unmittelbaren Vorstellung entzieht. Je weiter die Möglichkeit zur selbständigen Lebensplanung aber in das Erwachsenenleben verschoben wird, um so vielfältiger werden die Problembereiche, die bei beruflicher Orientierung zu berücksichtigen sind.

Das Anwachsen der Ausdifferenzierung pädagogischer Angebote und einzelner Hilfsmaßnahmen spiegelt die Vielzahl der Problembereiche zwar wider, die mit den Brüchen im Berufseinmündungsprozeß aufgetreten sind. Gleichzeitig sind die pädagogischen Angebote aber oftmals nur pragmatische Lückenbüßer, die den Tendenzen allgemeiner Verunsicherung nur mangelhaft begegnen können. Hilfen bei der beruflichen Orientierung sind demnach in wachsendem Maße vor die Aufgabe gestellt, diese Problembereiche selbst zum Gegenstand pädagogischer Arbeit zu machen. Berufliche Orientierung hat dabei nicht nur über die verschiedenen schulischen und außerschulischen Maßnahmen, die sich sehr häufig an den Besuch von allgemeinbildenden Schulen anschließen, und über verschiedene außer- und überbetriebliche Ausbildungs- und Werkstattprojekte zu informieren, sondern muß den gesellschafts- und bildungspolitischen Hintergrund und Bedeutungszusammenhang dieser Angebote ausdrücklich umfassend aufgreifen, weil den Jugendlichen selbst augenfällig ist, daß alle buntschattierten Ersatzangebote angesichts scheinbarer Unbeeinflußbarkeit beruflicher Zukunft verblassen. Soll sich hier nicht Resignation breit machen, so hat berufliche Orientierung auch zur Entwicklung von Kriterien zu erziehen, diese Angebote beurteilen zu können.

Die Entwicklung solcher Kriterien setzt genaue Information über und Kenntnis der vielfältigen Zwischenglieder zwischen Schule und Arbeit voraus. Andererseits aber sind die Informationsfülle und die Hinweisvielfalt aus Familie und Freundeskreis sowie der verschiedenen Institutionen wie Kammern, Arbeitsamt und Schule so komplex, daß sie von den Betroffenen oftmals gar nicht verarbeitet werden können.[11] Nicht selten besteht beispielsweise ein fatales Mißverhältnis zwischen den Detailkenntnissen, die Schulabgänger aufgrund von Betriebspraktika und Arbeitslehreunterricht in bestimmten Arbeitstätigkeiten besitzen, und ihrer extremen Uninformiertheit über formale Abläufe beim Berufseinmündungsprozeß sowie den immensen Defiziten, sich in dem Lebensabschnitt zwischen Schule und Beruf zurechtzufinden. Die Individualisierung und Differenzierung des Angebots setzt die Selbständigkeit der einzelnen Betroffenen voraus. Nimmt erstere zu, ohne letztere sicherstellen zu können, so fallen zunehmend gerade diejenigen heraus, die durch die Maßnahmegestaltung einbezogen werden sollten.

Die Orientierungslosigkeit bestehender Instanzen, den Bruch zwischen praktischen Anforderungen im Umgang mit den Betroffenen (respektive mit deren Problemlagen und den je einzelnen Handlungsspielräumen, die zur Verfügung stehen) zu bewältigen, erscheint in der Verhaltensunsicherheit der Jugendlichen in veränderter Form. Der politische Ausgestaltungsprozeß zeigt seine Brüche im wachsenden Zwiespalt zwischen den jeweiligen Handlungsspielräumen einzelner Instanzen, die im weitesten Sinne mit dem Übergang zu tun haben, und den jeweils individuellen Formen der Betroffenen, die Labilisierung des Ausbildungs- und Beschäftigungssituation subjektiv zu verarbeiten. Dabei ist die Vielfalt der Faktoren, die in den einzelnen Verarbeitungsformen zu berücksichtigen sind, stetig angewachsen. Der Berufseinmündungsprozeß beinhaltet vielfältige Zwischenglieder, die eine Veränderung der Lebensgestaltung notwendig werden lassen, und bindet Lebensplanung stärker in den gesellschaftlichen Wirkungszusammenhang ein. Das Eingebundensein erscheint aber durch den politischen Ausgestaltungsprozeß nur in den Reibungspunkten mit den Zwischengliedern des Übergangs und verhindert so den Einfluß auf die politische Ausgestaltung. Die Blockierung ist wechselseitig: Subjektive Verarbeitungsformen blockieren dabei ihren Einfluß auf den politischen Ausgestaltungsprozeß, und die bestehende Ausgestaltung des Übergangs stellt die innere Dynamik subjektiver Verarbeitungsformen still.

Perspektive "Wirkungszusammenhang" in der Berufsorientierung

Im Kontext dieses wechselseitigen "Blockierungszusammenhangs"[12] zwischen den erfahrbaren Problemlagen und der politischen Gestaltungsverantwortung hat Berufsorientierung den Ausgestaltungsprozeß als politischen Konflikt in den pädagogischen Gegenstandskatalog mit aufzunehmen. Die ideologische Verstellung berufsorientierender Instanzen, sich angesichts verschärfter Reproduktionsbedingungen perspektivisch auf die Produktion von "well adjusted people" beschränken zu müssen, erweist sich zunehmend als dysfunktional für die Aufgabe, Kenntnisse und Fähigkeiten zu vermitteln, die der veränderte Übergangsprozeß erforderlich macht.

Die ableitbaren Forderungen an pädagogische Konzepte zur Berufsorientierung liegen dabei nicht vorrangig in der Ausweitung und additiven Ergänzung des vorhandenen Reflexionsrahmens, auch nicht darin, den übergreifenden sozialen Prozeß ergänzend als Thema hinzuzufügen. Der Gegenstandskatalog der "Berufswahlforschung" läßt kaum Themenbereiche, Einflußfaktoren und Bestimmungshintergründe der beruflichen Orientierung unberücksichtigt.[13] Er steigert eher die Vielfalt und Vielzahl der den Berufseinmündungsprozeß determinierenden Themen ins Unübersehbare und leistet damit gegenwärtiger begrifflicher Diffusion zusätzlichen Vorschub. Der angesprochene Wirkungszusammenhang des Ganzen und dessen Bedeutung für die je einzelnen Entscheidungen der Schulabgänger bleiben dabei in ähnlicher Weise außen vor, als ob diese nicht angesprochen worden wären.

Kenntnisse über und durch berufsorientierende Instanzen werden von seiten der betroffenen Jugendlichen - angesichts ihrer je einzelnen Problemerfahrung und Notsituation - auf das pragmatische Gestaltungsfeld reduziert, das subjektiv unmittelbare individuelle Unterstützung verspricht. Gestaltung, Absicht und Motiv treten vor deren Wirksamkeit in den Hintergrund und Lethargie gegenüber einer Situation, die gleichzeitig durch ihre Tendenz zur Individualisierung der Problemlagen wachsende Handlungsanforderungen an den einzelnen stellt.

Einem pädagogischen Konzept zur Berufsorientierung wächst damit eine Verantwortung zu, die in der Summe der Einzelverantwortlichkeiten innerhalb bestehender Instanzen, die mit der Übergangsproblematik zu tun haben, nicht explizit vorgesehen ist. Entsprechend besteht ein Mangel an Erfahrungsräumen und Gestaltungsfeldern, deren Notwendigkeit sich aus dem Wirkungszusammenhang der vielfältigen Bestimmungsfaktoren der Übergangsproblematik herleitet und dessen reflexive Betrachtung erzwingt. Dem Mangel, der sich ausschließlich in der Summe scheinbarer Nebensächlichkeiten und verschwindender Dysfunktionalitäten offenbart, steht die Verantwortlichkeit innerhalb der einzelnen Institution gegenüber. Letztere eskamoniert die politische Bedeutung dieser Mangelerfahrung, wenn sie nicht nach Möglichkeiten sucht, diese zur Sprache zu bringen.

Dabei darf die Suche nach Gestaltungsfeldern auch defizitäre subjektive Verarbeitungsformen der im Übergang befindlichen Jugendlichen nicht unberücksichtigt lassen, sondern hat dafür Sorge zu tragen, daß unmittelbare Lebenszusammenhänge von Schulabgängern in der politischen Ausgestaltung sozialer Phänomene erkennbar werden. Weder subjektive Verarbeitungsformen, die den vorhandenen Lebenszusammenhängen entsprechen, noch die gegenwärtige Ausgestaltung der Problematik können dabei als positive Bezugsgröße dienen. Der rein affirmative Bezug auf den Lebenszusammenhang blendet die Wirkungsweise des politischen Ausgestaltungsprozesses aus, der wesentlich die Gestaltung der Lebenszusammenhänge determiniert. Der rein institutionalisierte Zugang zu Problemen der Lebensgestaltung des Übergangs Schule - Beruf verkürzt die Problematik um die Dimension ihres Wirkungszusammenhangs für die Betroffenen.

Das geforderte Gestaltungsfeld kann dieses Dilemma aus sich heraus nicht lösen, sondern verweist auf einen Rahmen, der an sich konfliktträchtig ist. Nur innerhalb eines solchen Konfliktrahmens läßt sich die oben geforderte Verantwortlichkeit realisieren. Berufsorientierende Arbeit in Abgangsklassen beispielsweise ist somit nicht mehr ausschließlich eine Frage nach pädagogischen Konzepten. Vielmehr ist hier eine Arbeitsweise von Nöten, die gestaltend in den Übergangsprozeß eingreift.

Eine solche Gestaltung bleibt zunächst an den einzelnen Erlebnissen und Vorstellungen, die aus komplexen Lebenszusammenhängen der Schulabgänger in Familie, Freundeskreis und Schule gewonnen werden, orientiert. Eine Konfrontation dieser Erlebniswelt mit Institutionen, die das politische Ausgestaltungsgefüge determinieren, bedarf eines kooperativen Rahmens dieser Instanzen, in dem deren jeweilige Aufgabenstellungen nebeneinanderstehen. Die gesellschaftlich vorfindbaren Differenzierungen der komplexen Übergangsproblematik in Einzelverantwortlichkeiten, die auf jeweilige Teilaspekte gerichtet sind, sind allerdings in einem mit Schülern organisierten Gestaltungsfeld nicht direkt erkennbar. Das Konflikterlebnis zwischen jeweiligen Interessen von Arbeitsverwaltung, Kammern und Verbänden läßt zunächst nur die Notwendigkeit eines Beurteilungsvermögens über unterschiedliche Aufgabenstellungen erkennen, ist aber zugleich als Erfahrung zu interpretieren, ein Gestaltungsfeld selbst determinieren zu können. Erst in der Herstellung dieses Beziehungszusammenhanges wird es möglich, gewonnene Konflikterlebnisse zur Konflikterfahrung auszubauen. Die verkürzte Orientierungspraxis, Schulabgängern einheitliche Handlungsanweisungen für den "Übergang in das Erwachsenenleben" zu geben bzw. über das Gestaltungsfeld als vorgegebene Beziehungsgröße zu informieren, läßt unberücksichtigt, daß eine Konflikterfahrung die Notwendigkeit der Organisation eines Gestaltungsfeldes unabdingbar voraussetzt. Was Unterweisungen in Berufsorientierung immer schon vorab geleistet haben, wird von Schulabgängern in wachsendem Maße eigenverantwortlich abverlangt; die Komplexität von Erlebnisvielfalt in Problemgebiete zu unterteilen, um daraus Erfahrungsschlüsse ziehen zu können. Die Vielfalt von Konfliktfeldern, denen Jugendliche im Übergang in das Arbeitsleben ausgesetzt sind, erzwingt die Vermittlung der Fähigkeit, Konflikterlebnisse in Erfahrung umwandeln zu können. Dies den Schulabgängern abzuverlangen, ohne ihnen die Möglichkeit gegeben zu haben, diesen Prozeß zu erlernen, ist eine Überforderung. Die These von der "Gleichwertigkeit von beruflicher und allgemeiner Bildung" ist vor diesem Hintergrund nur eine zynische Antwort auf die gegenwärtige Situation.

Der aufgezeigte Schritt zur Erfahrung aus den unterschiedlichen Konfliktfeldern des Übergangs gibt dabei noch nicht von selbst den politischen Bedeutungsgehalt innerhalb des Wirkungszusammenhangs zu erkennen, sondern bringt zunächst nur die Notwendigkeit der Reflexion auf ihn zum Vorschein. Bedeutet ein berufsorientierendes Konzept, die Organisation des Spannungsfeldes zwischen defizitären Verarbeitungsformen der Jugendlichen einerseits, die ihren Übergang "in die Welt der Erwachsenen" zu organisieren suchen, und der gegenwärtigen politischen Ausgestaltung des Übergangsprozesses andererseits, so bleiben solche Organisationsformen selbst weitgehend defizitär, wenn sie - gemessen an der Komplexität der Gesamtproblematik und der subtilen Ausgestaltung in den einzelnen Problembereichen - diese nicht hinreichend zu berücksichtigen in der Lage sind. Ihre defizitäre Erscheinungsform kommt um die Frage nicht herum, ob sie ungenügendem Kenntnisstand geschuldet ist oder der existierende Kenntnisstand die Unübersichtlichkeit des Ausgestaltungsprozesses zum Vorschein bringt. Wo diese Frage aber nicht gestellt wird, bleibt der Blockierungszusammenhang zwischen subjektiver Ausgestaltungsproblematik und politischem Ausgestaltungsprozeß weiter bestehen. Die Verantwortlichkeit tritt an die Stelle, an der es keine Verantwortung gibt.

Anmerkungen

1 H. Dieter Mueller verweist in "Berufswahlfreiheit und Kultur" auf die Brisanz der Thematik vor dem Hintergrund "soziokultureller Organisationsdefizite". "Denn zum einen wird der Hinweis auf 'kurzfristige Engpässe' bei der Berufseinmündung nicht die Probleme der heute Betroffenen lösen. Zudem wirken sich die Erfahrungen mit der Erst-Berufswahl auch längerfristig auf den beruflichen Werdegang aus. Zum anderen werden die arbeitsgesellschaftlichen Wandlungsprozesse auch Umstrukturierungen des beruflich-sozialen Integrationsprozesses zur Folge haben, die den Organisationsprozeß der Berufswahlfreiheit künftig über die Erst-Berufswahl hinaus tangieren" (Mueller, H. D., Berufswahlfreiheit und Kultur. München 1986, S. 191).

2 In den vom Bundestag verabschiedeten "Grundsätzen zur Neuordnung der beruflichen Bildung" Ende 1973 sollte die Kontrolle in der beruflichen Bildung und insbesondere des Prüfungswesens der Zuständigkeit der Kammern entzogen und dem Staat überantwortet werden. Wesentlicher Baustein im Bildungsgesamtplan war das 10. allgemeinbildende Schuljahr und im elften Jahr eine berufliche Grundbildung im Rahmen des Berufsbildungsjahres. "Seit der Verschärfung der Krise des Ausbildungs- und Beschäftigungssystems hat sich faktisch jedoch ein Prozeß der Differenzierung und Hierarchisierung im Übergangsbereich Schule - Arbeitswelt durchgesetzt: Unter dem gemeinsamen Signum '10. Bildungsjahr' werden immer mehr Schüler schon vor Beginn einer Berufsausbildung aussortiert und umorientiert" (Petzold/Schlegel, Qual ohne Wahl. Frankfurt 1983, S. 97). Siehe auch ebenda, S. 21 - 27.

3 Durch ansteigende Arbeitslosenzahlen ist es für Arbeitssuchende immer aussichtsloser, Vermittlungsangebote zu bekommen. Viele Erwerbslose, zu denen die Gruppe von Jugendlichen zu zählen ist, die keinen Arbeits- und Ausbildungsplatz gefunden hat, ziehen aus nutzlosen Unannehmlichkeiten bei den Arbeitsämtern die Konsequenz. Der einsetzende "Entmutigungseffekt" drängt viele in die "Stille Reserve". Nach dem Arbeitsförderungsgesetz gilt diese Gruppe nicht als arbeitslos und wird in keiner Arbeitslosenstatistik geführt. In der Folge fällt diese Gruppe aus dem Netz sozialer Sicherungen heraus. Vgl. Balsen/Nakielski/Rössel/Winkel, Die neue Armut. Köln 1984, S. 125 ff. sowie 148 ff.

4 "Eine qualifizierte Berufsausbildung verursacht Kosten, die die Betriebe nach Möglichkeit einsparen wollen. Aus diesem Grund bilden 80 % aller Betriebe überhaupt nicht aus, sondern versuchen ihren Bedarf an qualifizierten Arbeitskräften über den Markt zu decken. Bei den ausbildenden Betrieben muß zwischen Groß- und Kleinbetrieben, d. h. im wesentlichen zwischen Betrieben aus dem Bereich von Industrie- und Handelskammern und solchen aus dem Handwerkskammerbereich unterschieden werden" (Petzold/Schlegel, a. a. O. 1983, S. 137 ff.).

5 Die angesprochene Verschiebung sozialer Problemlagen auf eine partikularisierende Organisationsform des administrativen Apparates verweist auf eine Systematik, die einerseits sensibel auf soziale Konfliktpotentiale zu reagieren vermag, diese aber zugleich so verändert und kleinarbeitet, daß gesellschaftliche Zusammenhänge in den realen Dysfunktionalitäten wie Kompetenzüberschneidungen und bürokratischen Konfliktformen nicht mehr erkennbar sind. Diese Dysfunktionalitäten sind damit nicht unmittelbarer Ausdruck von sozialen Problemen, sondern Ausdruck von historisch sich verändernden gesellschaftlichen Formen, auf soziale Konfliktfelder zu reagieren.

6 Berufsbildungsbericht 1986. Grundlagen und Perspektiven. Bildung und Wissenschaft 10, Bonn 1986, S. 8.

7 Vgl. Petzold/Schlegel, a. a. O. 1983, S. 88 ff.

8 Unter den vielfältigen Maßnahmen gegen Jugendarbeitslosigkeit, die regional auch sehr unterschiedliche Formen haben, bezieht sich der zitierte Bericht von G. Wenninger auf arbeitsmarktpolitische Maßnahmen in Nordrhein-Westfalen, die vom Land seit Ende Februar 1976 im Rahmen eines Anschlußprogramms zum Programm vom 22. Januar 1975 durchgeführt wurden. Die Darstellung konzentriert sich auf die Gewährung von Eingliederungszulagen bzw. Beschäftigungshilfen für arbeitslose Jugendliche, weil sie die finanziell aufwendigste Maßnahme dieser Region darstellt. Die Untersuchungsergebnisse dürften allerdings im wesentlichen auf vergleichbare Maßnahmen aus anderen Regionen übertragen werden können. Vgl. Wenninger, G., Zur Effektivität von Beschäftigungshilfen für arbeitslose Jugendliche. In: Lenhard, G. (Hrsg.), Der hilflose Sozialstaat. Jugendarbeitslosigkeit und Politik. Frankfurt 1979, S. 320 ff.

9 Vgl. Stellungnahme des Hauptausschusses des Bundesinstitutes für Berufsbildung zum Entwurf des Berufsbildungsberichtes 1987 des Bundesministers für Bildung und Wissenschaft, Pkt. 4 "Qualifikationsoffensive-Notprogramm für Opfer des 'dualen Systems', oder Rechtsanspruch auf umfassende Aus- und Weiterbildung". Aus: Pressemeldung, Bundesinstitut für Berufsbildung 5/1987.

10 Vgl. Berufsbildungsbericht 1986, a. a. O., S. 10 ff.

11 "... aufgrund des Diktats des Arbeitsmarktes und der fehlenden Möglichkeiten, eine handlungsmotivierende beruflich-soziale Lebensperspektive zu entwickeln, stellt der Berufswahlprozeß eher ein von Sinnbezügen entblößtes Ritual dar, denn einen bewußten, rationalen Entwicklungsprozeß. Aufgrund der Strukturbedingungen in den beruflich-sozialen Allokations- und Selektionsmechanismen ist auch die existentielle Frage nach der Art und Weise des Zusammenhangs von Arbeiten und Leben aus dem Berufswahlprozeß herausgelöst" (Mueller, H. D., a. a. O. 1986, S. 212).

12 Der Begriff "Blockierungszusammenhang" ist angelehnt an den entsprechenden Begriff bei H. D. Mueller in "Berufswahlfreiheit und Kultur". Unter anderem

wird in seiner Arbeit zu zeigen versucht, daß ein Blockierungszusammenhang zwischen politischer Gestaltungsverantwortung, resultierenden Problemdefinitionen und untersuchten Problemen der vorherrschenden Berufswahlforschung "institutionalisiert" ist, der "eine umfassende soziale Organisation der Berufswahlfreiheit" behindert. Ohne bestimmen zu wollen, was unter einer "umfassenden Organisation" zu verstehen ist, wird in Anlehnung an dieses Verständnis des Zusammenhangs hier im Text der Versuch unternommen, gegenwärtige Gestaltungsfelder im Spannungsfeld zwischen subjektiven Verarbeitungsformen und politischem Ausgestaltungsprozeß zu beurteilen, um das Bewußtsein des Blockierungszusammenhangs in Organisationsansätze einbeziehen zu können. Die Möglichkeiten dazu finden sich in der Kritik dieser Ansätze, die in den Organisationsformen zu installieren sind. Vgl. Mueller, H. D., a. a. O. 1986, S. 68 ff.

13 Vgl. ebenda, S. 74 ff.

H. Dieter Mueller

Zukunft der Berufswahlfreiheit.

Plädoyer für eine soziokulturelle Neuinterpretation und Neuorganisation der Berufswahl und Berufsorientierung

Mit dem folgenden Diskussionsbeitrag soll zum einen die politische, wissenschaftliche und pädagogische Auseinandersetzung mit den Problemen beruflich-sozialer Integration unter dem demokratischen Leitbild freier Berufswahl rückgebunden werden in den soziokulturellen Sinn- und Organisationszusammenhang. Zum anderen werden die Zukunftsfragen einer soziokulturellen Neuorganisation der Berufswahlfreiheit auf dem Hintergrund der arbeitsgesellschaftlichen Entwicklungen gestellt und Lösungsansätze bezeichnet.[1]

> Es gibt keinen erbarmungsloseren Zwang
> als den einer Freiheit, die zur Ware
> und Institution eingefroren ist.
>
> Roger Garaudy

In der Berufswahlproblematik, wie diese sich in den fehlenden beruflichen Identifikations-, Wahl-, Einstiegs- und unzureichenden zukunftsorientierten beruflichen Qualifizierungschancen äußert, findet sich eine jener von Garaudy gemeinten "eingefrorenen" Freiheiten.

Der Berufswahlprozeß ist zu einem von sozialen Sinnbezügen und individuellen Partizipationschancen weitgehend entblößten Ritual verkommen. Für den größten Teil der Bevölkerung verbindet sich kaum eine positive Lebenserfahrung mit dem Begriff "Berufswahl".

Zukunftsfragen und Realpolitik

Aufgrund weitreichender arbeitsgesellschaftlicher Wandlungsprozesse (u. a. veränderte markt- und produktionsökonomische Bedingungen, verstärkter Einsatz neuer Technologien, Flexibilisierungstrends in der Arbeitswelt, soziale und ökologische Grenzen des ökonomischen Wachstums, Auflösung traditioneller Arbeitsethik) stellen sich auch für die *beruflich-soziale Integration* historisch neue Gestaltungsaufgaben. Hierbei handelt es sich nicht bloß um ökonomisch-rationale und administrativ-technokratische, sondern vielmehr um *kulturelle* Aufgaben- und Problemstellungen.

Diese betreffen auch den sozialen Sinnzusammenhang und damit das politisch-kulturelle *Normensystem* unserer Gesellschaft.

Aufgrund unserer demokratischen Verfassung bildet der *historisch-politische Kern* der Berufswahlfreiheit das Selbstbestimmungsprinzip des beruflich-sozialen Lebens als ein Element der Selbstverwirklichung der Persönlichkeit. Es besteht formal der Anspruch, Ausbildung und Beruf frei wählen sowie Arbeitsverhältnisse frei eingehen und beenden zu können. Ihren vollen Sinn gewinnt die Berufswahl nicht allein durch quantitativ ausreichende berufliche Wahl- und Einstiegschancen, sondern erst durch die Verwirklichung der beruflichen Interessen und Fähigkeiten in der Berufspraxis selbst.[2]

Wenn auch künftig nicht zu erwarten ist, daß der Arbeitsgesellschaft "die" Arbeit völlig ausgeht, so zeichnen sich jedoch tiefgreifende Veränderungen im Arbeitsplatzangebot sowie Umstrukturierungen in der Arbeitswelt ab. Die *Arbeits-Verhältnisse* selbst befinden sich im Wandel: so das Verhältnis von Arbeitszeit und Freizeit sowie das der Erwerbsarbeit zur Eigenarbeit, der Stellenwert der Erwerbsarbeit im Lebensverlauf, das Verhältnis von Ausbildungsprozessen zu den Berufsperspektiven sowie das von Schul- und Berufsabschlüssen zu den Beschäftigungschancen und nicht zuletzt das Verhältnis des einzelnen zu seiner Arbeit. Insgesamt werden durch diese Veränderungen im Verhältnis von Arbeiten und Leben auch fundamentale soziale Gestaltungsfragen der Berufswahlfreiheit aufgeworfen.

So stellen sich einerseits historisch neue Fragen an die bisherigen Organisationsformen und Institutionen der Berufseinmündung und beruflichen Entwicklung. Andererseits steht das berufszentrierte Lebensmodell und damit der *berufsorientierte Modus sozialer Integration* in seiner traditionellen, sinnverleihenden Bedeutung in Frage.

Allerdings fehlt für ein solches Nachdenken über und Entwickeln von zukunftsorientierten Problem- und Handlungsstrategien im Zusammenhang mit der Berufswahlproblematik noch weitgehend das *soziale und politische Problembewußtsein*: Denn betrachtet man die öffentliche, politische, wissenschaftliche und pädagogische Auseinandersetzung über die Ausbildungsmisere und (Jugend-)Arbeitslosigkeit sowie die vorherrschenden politischen Handlungsstrategien und berufs(wahl)vorbereitenden "Maßnahmen", so findet sich hier kaum ein den historisch-politischen Kern der Berufswahlproblematik sowie die zukünftige Gestaltung der Berufswahlfreiheit tangierender Lösungsansatz.

Vor diesem Hintergrund gilt es zunächst zu fragen, worauf das bestehende Berufswahldilemma und das fehlende Problembewußtsein in der öffentlichen Diskussion und bei der sozialen Organisation der Berufswahlfreiheit zurückzuführen ist.

Zentrale These meines Diskussionsbeitrages ist, daß bereits die vorherrschende soziale und politische *Problemperspektive* und die bestehenden berufsorientierenden *Institutionen* einer Realisierung der Berufswahlfreiheit entgegenstehen. Dieses läßt sich wesentlich nicht allein auf eine Dominanz privatwirtschaftlicher Interessen in der Berufsbildung zurückführen, sondern resultiert auch aus einer Erstarrung bzw. Verkrustung der politischen Administration im Sinne einer "institutionellen Sklerose" (M. Olson).

Traditionelle Berufswahlpolitik - die "eingefrorene" Freiheit

Die seit Mitte der 70er Jahre verbreitete bildungspolitische Maxime, nach der irgendeine Lehrstelle besser sei als gar keine, bringt nicht nur die Ausgrenzung der Sinnfrage und der beruflich-sozialen Lebensperspektive aus dem Berufswahlprozeß sowie die bestehenden strukturellen Beschränkungen bei der Berufseinmündung zum Ausdruck, sondern ebenso die Begrenzungen in der dominierenden politischen Problem- und Handlungsperspektive. So zielen politisch-administrative Maßnahmen überwiegend auf eine quantitative "Entsorgung" der Berufswahlproblematik durch sog. Auffangmaßnahmen (Berufsgrundbildungsjahr, Berufsvorbereitungsjahr, MBSE-Maßnahmen u. v. a.)[3].

Insgesamt wird in der vorherrschenden Politik das Berufswahlproblem bzw. das der Berufsorientierung lediglich als ein *situatives, statistisch-verwaltungsmäßiges* und *politikbereichsspezifisches* *"Entsorgungsproblem"* betrachtet.

Die bestehende politische Konzeptionslosigkeit findet ihren Niederschlag in einem wahren Dschungel an berufs(wahl)vorbereitenden/berufsorientierenden Maßnahmen, die darauf abzielen, sog. Problemgruppen "von der Straße" (und aus der amtlichen Arbeitslosenstatistik) zu holen. Ursprünglich qualitative politisch-pädagogische Zielsetzungen wurden hierbei durch kurzfristige arbeitsmarktpolitische Ziele umorientiert.

Die vorherrschende politische Problemdefinition von Berufswahl bzw. Berufsorientierung als ein individuelles Motivations-, Informations- und Entscheidungsproblem kann insgesamt als Versuch interpretiert werden, strukturelle Arbeitsmarkt- und Beschäftigungsprobleme zu individualisieren und die Berufswahlproblematik lediglich als das Problem einer "Randgruppe" zu erklären (Marginalisierung).

Die politische, pädagogische und ebenso die wissenschaftliche Auseinandersetzung findet so auch schwerpunktmäßig im Zusammenhang mit Jugendarbeitslosigkeit, Problemgruppen und "Sondermaßnahmen" sowie mit der Lehrstellen*zahl*diskussion statt. Hierdurch finden die vorherrschenden politischen Strategien der Individualisierung und Problemgruppenzuschreibung ihre Anerkennung jedoch auch in der Kritik ihrer Kritiker: das Einlassen der mit der Problematik befaßten Wissenschaftler, Pädagogen und Projektmitarbeiter auf diese administrativ-politisch bestimmte Problemdefinition läßt die Auseinandersetzung in einem den Kern der Berufswahl nicht tangierenden Diskussionsrahmen verharren.

Letztlich fungieren die berufs(wahl)vorbereitenden bzw. berufsorientierenden Maßnahmen sowie die pädagogischen Projektmitarbeiter (Sozialarbeiter, -pädagogen, Lehrer) als *Lückenbüßer* im wahrsten Sinne des Wortes: Denn diese büßen für die Lücke zwischen dem demokratisch-politischen Freiheitsrecht der Berufswahl und der bestehenden situativen, lediglich problementsorgenden Handlungsstrategie der politischen Administration.

Die vielfach von den Beteiligten selbst geäußerte Kritik am Notmaßnahmencharakter und der Lückenbüßerfunktion führt jedoch nicht etwa zu einer Überschreitung der vorgegebenen Problemperspektive, sondern zielt eher auf eine *Perfektionierung* pädagogischer Sondermaßnahmen. Damit aber tragen diese pädagogisch engagierten Diskussionen letztlich mit dazu bei, die vorherrschende, den eigentlichen sozioökonomischen Ursachenzusammenhang ausblendende Problemdefinition von Berufswahl bzw. Berufsorientierung zu zementieren.

In der Sorge um die eigene Reproduktion wird hierdurch letztlich die entsorgende Problemperspektive reproduziert. Selbst sozial engagierte Projekte "verkörpern" diese durch ihre überwiegend motivations- und informationsorientierte, problemgruppenorientierte Projektarbeit.

Der politische Anpassungsdruck und das soziale Engagement der Mitarbeiter in solchen Projekten - das hier in keiner Weise gemindert werden soll -, sowie der Projektalltag versperren vielfach den Blick für projektübergreifende, zukunftsorientierte Handlungsperspektiven. Zu stark ist häufig der existentielle Druck, die eigene Stelle zu legitimieren, sowie die Notwendigkeit einer direkten Hilfe für in Berufsnot geratene Jugendliche.

Durch diese Kanalisierung der Diskussion und der politischen Handlungsstrategien auf Problemgruppen und Sondermaßnahmen wird jedoch die grundsätzlich bestehende Fragwürdigkeit der Berufswahlrealität innerhalb einer "auf kapitalistischer Basis ruhenden Kultur" (Max Weber) selbst nicht einmal thematisiert, geschweige denn nach neuen politisch-pädagogischen Handlungsperspektiven gesucht: Man dreht sich so lange in dem vorgegebenen Problemzirkel, bis der öffentliche Handlungsdruck infolge fehlender beruflicher Einstiegsmöglichkeiten zumindest statistisch wieder entschwindet - damit aber auch weitgehend die Sondermaßnahmen.[4]

Dieses dominierende, lediglich problemverlagernde Verständnis von Berufswahl/Berufsorientierung korrespondiert weitgehend mit den berufswahlunterstützenden sozialen Institutionen (insbesondere Berufsberatung, Arbeitsvermittlung und Schule). So dienen die bestehenden sozialen Institutionen in ihrer konkreten Ausgestaltung und Praxis letztlich nicht der Selbstbestimmung bei der Berufswahl. Realiter sind diese Einrichtungen einseitig an ökonomistischen Gestaltungskriterien, vermeintlichen Sachnotwendigkeiten und bürokratischen Ordnungsvorstellungen orientiert, die weitgehend auf Steuerung und Beeinflussung zugeschnitten sind.

Die Realisierung der Berufswahlfreiheit wird in der Arbeitsverwaltung lediglich als Problem effizienter Materialversorgung, Beratungs- und Vermittlungsformen sowie Informationen zur "richtigen" Berufsentscheidung gesehen.

Durch diese verwaltungsmäßige Organisationsform wurde das Grundrecht auf freie Berufswahl auch institutionell auf eine bloße Bewerbungs*chance* "festgeschrieben" und das Berufswahlproblem "rationalisiert": Damit *schienen* zumindest die sozialorganisatorischen Voraussetzungen geschaffen, um dieses Grundrecht wahrzunehmen. Die sozialen Organisationsformen standen fortan nur noch im Hinblick auf ihre Funktionalität gemäß der administrativ-politischen Problemdefinition im Mittelpunkt des Interesses.

Aber auch in der *schulpädagogischen Berufsorientierung* herrscht dieses rationalistische, von gesellschaftlichen wie individuellen Lebenszusammenhängen abstrahierende Verständnis von Berufswahl als Informations- und Entscheidungsproblem vor. So bleibt selbst hier die existentielle Frage nach der Art und Weise des Zusammenhangs von Arbeiten und Leben aus der Berufswahlvorbereitung weitgehend ausgeblendet.[5]

Als Fazit bleibt festzuhalten, daß dem historisch-politischen Kern des bürgerlich-demokratischen Freiheitsrechtes der Berufswahl weder in den öffentlichen, politischen noch pädagogischen Auseinandersetzungen sowie in den bestehenden Organisationsformen Rechnung getragen wird. Die freie Berufswahl bleibt von daher bloß verwaltet und damit "eingefroren".

Einer Realisierung der Berufswahlfreiheit stehen somit nicht allein ökonomisch bedingte Begrenzungen infolge der Dominanz privatwirtschaftlicher Interessen in der Berufsbildung entgegen, sondern ebenso die erstarrte administrativ-politische Organisationspraxis und schulpädagogische Realität. Letztlich zielt all dies lediglich auf die Perfektionierung eines unzulänglichen Zustandes.

Eine kultur-politische Perspektive von Berufswahl

Da historisch neue Problemstellungen, wie sie sich aus den eingangs skizzierten arbeitsgesellschaftlichen Entwicklungen und den politisch-demokratischen Leitbildern ergeben, bisher in die vorherrschende soziale Organisationspraxis der Berufswahlfreiheit weitgehend keinen Eingang fanden, gilt es, den bisherigen Problemhorizont von Berufswahl/Berufsorientierung zu überschreiten. Hierzu soll nun eine *kulturelle* Perspektive entworfen werden.

Es kann davon ausgegangen werden, daß von der jeweiligen zu politischer Anerkennung gelangten Definition sozialer Probleme und dem Verständnis gesellschaftlicher wie individueller Konflikt- und Problemlagen auch wesentlich die politischen und pädagogischen Handlungsstrategien abhängen. Angesichts der "Neuen Unübersichtlichkeit" (Jürgen Habermas) sind die Definition und Interpretation von sozialen Problemen und die Entwicklung neuer Leitbilder verstärkt zum Gegenstand gesellschaftlicher Auseinandersetzungen geworden. Hierin besteht auch die historische Chance, der Berufswahlfreiheit eine sozioökonomisch neue Qualität und einen lebenspraktischen Sinn beizumessen.

Die Fragen des Berufsnachwuchses, der Berufseinmündung, der beruflichen Qualifizierung und Entwicklung sowie die Gestaltung der Arbeitsmarkt- und Arbeitsverhältnisse unter dem demokratischen Leitbild der freien Berufswahl sind künftig als eine originäre *kulturelle* Gestaltungsaufgabe zu verstehen. Berufswahl ist nicht auf ein Problem von sozialen Problemgruppen zu reduzieren, sondern bildet vielmehr ein *Strukturproblem* unserer "auf kapitalistischer Basis ruhenden Kultur".

Mit dem Verständnis der Berufswahlfreiheit als kulturelles Problem wird der vorherrschenden Praxis einer Zersplitterung einerseits in wissenschaftliche Spezialerkenntnisse und andererseits in politikbereichsspezifisches Expertentum entgegenzuwirken versucht.[6]

Im *Kulturbegriff* wird noch zusammengehalten, was durch die wissenschaftliche Arbeitsteilung und die bereichsspezifische Politik auseinandergerissen wurde: der (soziale und individuelle) *Lebenszusammenhang*.

Kultur umfaßt nicht bloß das "Schmuckwerk" einer bestimmten historischen Epoche oder das, was gegenwärtig im Feuilleton einer Zeitung Aufnahme durch seine Kritiker findet. Kultur ist vielmehr der jeweils historisch-konkrete Entwicklungsstand menschlicher Selbstkonstitution und Umweltgestaltung. Sie umfaßt den "whole way of life", also die gesamte Lebensweise.[7]

In der jeweils dominanten *soziokulturellen Ordnung*, die das Normensystem und die Organisationsprinzipien des sozialen Lebens wesentlich bestimmt, spiegeln sich zwar die Interessen der mächtigsten sozialen Gruppen wider ("Definitions-Mächte"). Die soziokulturelle Ordnung ist jedoch nichts Statisches, sondern stellt den jeweiligen Entwicklungsstand der gesellschaftlichen Auseinandersetzung um die *kulturelle Hegemonie* dar. Das jeweils historisch konkret durchgesetzte *Gesellschafts- und Menschenbild* durchzieht die gesamte Lebensgestaltung und den Lebenszusammenhang so, daß es für den einzelnen scheint, als müsse es so sein, wie es ist.

Auch die vorherrschende soziale Definition und Interpretation der soziokulturellen Gestaltungsaufgabe der freien Berufswahl resultiert aus diesen kulturell-hegemonialen Auseinandersetzungsprozessen. Wie wir feststellten, dominieren hierbei gegenwärtige *ökonomistische Effizienzkriterien* und *verwaltungsmäßige Entsorgungsstrategien* gegenüber demokratischen Wertvorstellungen und den lebensweltlichen Bedürfnissen der Menschen.

Die bestehende soziokulturelle Ordnung bietet jedoch aufgrund ihrer besonderen kulturgeschichtlichen Entstehungs- und Entwicklungsbedingungen sowie ihrer nunmehr demokratischen Ausrichtung "Interpretationsspielräume", die bisher nicht genutzt wurden. Im Verlauf der bürgerlich-kapitalistischen Kulturentwicklung mischten sich in der Forderung nach Berufswahlfreiheit von Beginn an ökonomische Interessen mit bürgerlichen Menschenrechtsforderungen und demokratischen Freiheitsrechten.[8]

Eine kulturell-hegemoniale Funktion konnte das soziale Leitbild der Berufswahlfreiheit erst durch die kulturelle Bedeutung des bürgerlichen Berufsethos in Deutschland erringen. Über dieses legitimierte sich das kapitalistische Erwerbsstreben gesellschaftlich im fortgeschrittenen Stadium und schuf sich auch darüber eher willige Arbeitskräfte (Max Weber charakterisiert das Berufsethos als die "Sozialethik des Kapitalismus").

"Beruf" enthält aber aufgrund seiner sozialethischen Begründung einen *Sinn*gehalt, der auch die Verheißung einer besseren Arbeitswelt umfaßt. Auch auf diesem kulturgeschichtlichen Hintergrund ist die Auseinandersetzung Jugendlicher und Erwachsener mit Berufswahlproblemen immer auch als eine *Sinnfrage* zu verstehen. Hierin liegt zugleich ein *emanzipatorisches* Potential in Berufswahlprozessen begründet (s. unten 4. Kernfrage).

In der "Doppelwertigkeit" dieses bürgerlich-demokratischen Freiheitsrechtes und der bestehenden Disparität zwischen ethischen Grundlagen bzw. demokratischen Rechten und einer eindimensional ökonomistischen Orientierung der sozialen "Definitionsmächte" und der Organisationspraxis von Berufswahlfreiheit liegen auch die Ansatzpunkte für eine Neuinterpretation und Neuorganisation.

Das Abweichen der bestehenden sozialen Organisationspraxis von den selbst gesetzten, in Reden vielfach verkündeten kulturellen demokratischen Leitbildern von Berufswahl läßt sich als *soziokulturelles Organisationsdefizit* begrifflich fassen: Hierdurch wird die Wertevergessenheit bzw. die bestehende "Kulturlosigkeit" der gesellschaftlichen Organisationspraxis deutlicher zum Ausdruck gebracht.[9]

Kultivierung der Berufswahlrealität

Auf dem Hintergrund der umfassenden arbeitsgesellschaftlichen Veränderungen besteht nunmehr auch eine historische Chance, die Gestaltung einer freien Berufswahl in einen sich demokratisch verstehenden *kulturellen Integrationsprozeß* rückzubinden. Berufswahl umfaßt dann jedoch mehr als lediglich eine quantitative Versorgung mit Ausbildungs- und Arbeitsplätzen und eine bloß situative Anpassung an die sich wandelnden Arbeitsmarkterfordernisse.

Die Wertevergessenheit bzw. Kulturlosigkeit des gegenwärtigen beruflichen Integrationsprozesses ist nur dann zu überwinden, wenn die soziokulturelle Organisationspraxis an den Zielen und Inhalten einer sich politisch-demokratisch verstehenden Kultur und damit auch an den "Sinnbedürfnissen" der Menschen orientiert.

Da dies zunächst einen soziokulturellen Interpretations- und Definitionsprozeß voraussetzt, sollen hier die vier *Kernfragen* für eine solche Auseinandersetzung formuliert und wegweisende Ansatzpunkte umrissen werden:

1. Was soll "Integration" in unserer politisch-demokratischen Kultur bedeuten und welcher Stellenwert soll der Berufswahlfreiheit darin zukommen?

Ein "integrierter Mensch" im demokratischen Sinne ist *Subjekt*, Mitgestalter seiner eigenen und gesellschaftlichen Verhältnisse - nicht Objekt. Idealiter handelt er selbstverantwortlich, da er Sinn in seinem Handeln sieht und da Entwicklungsmöglichkeiten für seine Kompetenzentwicklung vorhanden sind. Demnach ist berufliche *Integration* nicht bloß Anpassung, sondern auch kritische Befähigung zur Auswahl und Transformation des Vorgegebenen.

Aufgrund der bisherigen kulturellen Bedeutung des Berufs als einem "Bindeglied zwischen Individuum und Gesellschaft" (K. M. Bolte) prägen Berufswahlerfahrungen nicht nur die Identifizierungsbereitschaft mit einer bestimmten Berufsaufgabe, sondern ebenso das Engagement für die bestehende politisch-demokratische Kultur.

Die Erfahrung indessen, offiziellen politischen Leitmaximen gefolgt und in "irgendeine" Lehrstelle eingemündet zu sein, die weder den eigenen Berufswünschen entspricht noch eine Beschäftigungschance eröffnet, oder gar die Erfahrung, überflüssig zu sein, wird kaum die Bereitschaft junger Menschen fördern, sich als konstruktive Mitglieder dieser Gesellschaft "verdient" machen zu sollen. Aber auch bei Erwachsenen fördert die Erfahrung, sich bei der beruflichen Entwicklung als ökonomische Knetmasse zu fühlen, ebenfalls nicht die Bereitschaft zur sozialen Mitverantwortung und Mitgestaltung.

Durch das Fehlen einer *sinnhaften* Verortung des Berufswahlprozesses, der über die erste Berufsentscheidung hinausreicht und dessen voller Sinn sich erst in der Berufsarbeit selbst realisiert, sowie fehlende Partizipationschancen ist der einzelne nicht sozial integriert, sondern lediglich an die sich wandelnden Arbeitsmarktverhältnisse mehr oder weniger *angepaßt*.

Berufswahl im demokratischen Sinne sollte jedoch die *Verhaltenschance* bedeuten, an der Gestaltung und Entwicklung der eigenen beruflich-sozialen Biographie und gesellschaftlichen Entwicklung teilzuhaben. Partizipation im Berufswahlprozeß ist so nicht nur die Bewältigung vorgegebener und nicht hinterfragbarer beruflicher Entwicklungsschablonen; dies stellt eher eine *Verhaltenszumutung* dar.

Die Zukunft der Berufswahlfreiheit hängt davon ab, inwieweit es gelingt, deren soziokulturelle Gestaltung rückzubinden in den gesellschaftlichen *Normbildungsprozeß*. Dies läßt sich wie folgt begründen:

Wenn auch bloß "intern" der berufliche Arbeitsprozeß nach ökonomischen Rationalitätsmaßstäben organisiert und durchgeführt wird, so prägen die "Produkte" dieser Arbeit jedoch auch die "externen" sozialen

Verhältnisse mit (u. a. durch die Qualität der Verbrauchsgüter, durch Umweltbelastungen sowie ökonomisch geprägte Verhaltensformen). Es besteht also ein Zusammenhang zwischen der Berufsarbeit und der Gesamtgesellschaft. Allerdings ist dies keine Austauschbeziehung, denn die *ökonomischen* Effizienzkriterien herrschen gegenüber *sozialen* Zielen und Wertvorstellungen vor.[10]

Zurückgeführt werden kann dies historisch auf die weitgehende Abkoppelung des "Ökonomisierungsprozesses" der Gesellschaft von den lebensweltlichen Bedürfnissen der Menschen.[11]

Auch Berufe wurden hierbei "ökonomisiert" und lediglich als technisch-ökonomische Qualifikationsbündel sozial gestaltet. Die "Berufsschneidung" selbst, also die Institutionen und Prozesse, die darüber entscheiden, welche Arbeitsfähigkeiten zu einem Beruf kombiniert und auf welcher Hierarchieebene dieser angesiedelt wird, erschien lediglich als ein "Sachproblem". Hierdurch wurde jedoch die Berufsausübung selbst faktisch als bloß materielle Versorgungschance *definiert* und die Berufsorientierung zur Berufskunde degradiert.

Berufe sind indessen aufgrund ihres kulturgeschichtlichen Entstehungszusammenhangs nicht bloß technisch-ökonomische Sachnotwendigkeiten. Diese Sichtweise abstrahiert von den *Sinnbedürfnissen* der Menschen. Zudem wird nach wie vor pädagogisch und selbst politisch das "Berufsethos" weitgehend noch verbreitet, und der "Beruf" ist eine nach wie vor im gesellschaftlichen wie individuellen Bewußtsein verankerte Kategorie.

Berufe sind vielmehr sozial gestaltet und gestaltbar. In der Berufsgliederung und in den Qualifikationsbündelungen der einzelnen Berufe manifestieren sich auch die Resultate kulturell-hegemonialer Auseinandersetzungen. So verbinden sich mit den Berufen auch bestimmte *Menschenbilder* und *soziale Ordnungsvorstellungen*, die über die reine Erwerbsarbeit hinausweisen.[12]

Die künftige soziokulturelle Gestaltung der Berufswahlfreiheit muß diese bisher "versteckten" Normbildungsprozesse bei der Berufsschneidung *öffentlich* machen, d. h. die Bürger an der inhaltlichen Bestimmung und Gestaltung von Berufen zu beteiligen und damit auch zur Lebensqualität beizutragen. Die bisher überwiegend nur berufskundlich orientierte Berufswahlvorbereitung kann dann auch eine lebenspraktische und soziale Bedeutung gewinnen (s. 4. Kernfrage).

Insgesamt ist die Realisierung der Berufswahlfreiheit als eine "vom Ganzen her" (und nicht nur ökonomisch-funktional) in Angriff zu nehmende, demokratische "kulturpolitische", eben politikbereichsübergreifende

Aufgabe zu verstehen. Hierbei müßte das Ziel sein, es dem einzelnen zu ermöglichen, seine Erwerbsarbeit (und Eigenarbeit, s. Kernfrage 3) *sinnhaft* mit dem sozialen Leben zu verknüpfen und zugleich an der Kultivierung der Arbeitswelt aktiv teilzunehmen. Erst dann kann auch von einer *beruflich-sozialen Integration* unter dem Leitbild einer freien Berufswahl im demokratischen Sinne gesprochen werden.

2. Welches sind - unter Berücksichtigung der gegenwärtigen arbeitsgesellschaftlichen Veränderungen - die Zukunftsaufgaben beruflichsozialer Integration unter dem Leitbild freier Berufswahl?

In den vielfältigen und z. T. kontroversen Diskussionen über den "Wandel der Arbeit" schwingt ein hohes Maß an Unsicherheit vor allem über die zukünftige Entwicklungsrichtung des technischen und sozialen Fortschritts mit. Jürgen Habermas charakterisiert so auch unsere gegenwärtige historische Situation als eine "Neue Unübersichtlichkeit".[13] Da Prognosen über die Zukunft des Arbeitsmarktes und die Arbeitswelt nicht bereits die tatsächlichen Gestaltungsformen vorwegnehmen können, diese zudem keine schicksalshaften Resultate gesellschaftlicher Entwicklung darstellen, tragen auch die Auseinandersetzungen über den Wandel der Arbeit vielfach Züge eines "Richtungsstreites".

So ist die Frage, ob der "Arbeitsgesellschaft" die Arbeit ausgeht, eher resignativ, da hierdurch mehr die quantitativen Versorgungsprobleme mit Arbeitsplätzen thematisiert werden als die historisch qualitativ neuen Gestaltungsmöglichkeiten von Arbeiten und Leben. Auch schwingt dabei häufig die Sorge über eine Erosion der kulturell-hegemonialen Bedeutung der berufsförmig organisierten Arbeit mit - ohne hierzu bereits eine ebenso systemintegrativ wirkende Alternative gefunden zu haben.[14]

Insgesamt beherrscht die gesellschaftliche Auseinandersetzungen nicht mehr der klassische Verteilungskonflikt, sondern der Grundkonflikt um die kulturelle Hegemonie. Es geht um soziokulturelle Wertentscheidungen und eine (wie immer geartete) *andere* Gestaltung und Organisation der Erwerbsarbeit. Die Interpretation und Organisation sozialer Aufgaben und Probleme sowie die Durchsetzung von sozialen Leitbildern und Organisationsformen, die der neuen Arbeits- und Lebensrealität entsprechen sollen, sind zum vorherrschenden Gegenstand gesellschaftspolitischer Kontroversen geworden.

Auch für die beruflich-soziale Integration gilt es, das *Leitbild einer freien Berufswahl* historisch neu zu interpretieren und entsprechende Organisationsformen zu entwickeln.

Angesichts tiefgreifender Veränderungen der "Arbeitslandschaft", sinkender Wachstumsraten und eines zunehmenden arbeitskraftsparenden Einsatzes neuer Technologien zeichnet sich bereits gegenwärtig ab, daß zum einen die Wege in und durch das Berufs-Leben anders verlaufen werden.[15] Zum anderen wird ein wachsender Teil der erwerbsfähigen Bevölkerung künftig anders als allein durch den "Verkauf" ihrer Arbeitskraft den Lebensunterhalt "verdienen" müssen.[16]

Politik wie Pädagogik, Verwaltung wie betriebliche Praxis stehen mithin vor der Aufgabe, das bisherige Organisationsmodell des Arbeitsmarktes als Verteilungsinstanz zwischen Arbeitskräften und Arbeitsplätzen anders zu gestalten und einzubinden in einen umfassenden kulturellen Integrationsprozeß.[17] Hierbei gilt es auch, die Ziele, Inhalte und Organisationsformen der bisherigen berufswahlvorbereitenden und berufsberatenden Institutionen sowie den berufsorientierten Modus sozialer Integration neu zu bestimmen.

Da das Eingehen von Ausbildungs- und Arbeitsverhältnissen sowie deren Beendigung entsprechend unserer verfassungsmäßigen Postulate demokratisch gestaltet sein soll, gilt es, einen Weg zu finden, der zum einen ohne staatliche Berufszuweisung und gesetzliche Arbeitspflicht auskommt und zum anderen den einzelnen nicht ungeschützt der Willkür wirtschaftlicher Interessengruppen überläßt.

Die Grundfragen für eine solche soziokulturelle Neuorganisation der Berufswahlfreiheit lauten:

- Welchen Stellenwert soll der Berufsarbeit für die materielle Existenzsicherung, soziale Sicherheit, Sinnerfüllung und den sozialen Status beigemessen werden?
- Was kann bzw. soll auf diesem Hintergrund "Berufsorientierung" bedeuten?
- Wie kann bei einem hohen Rückgang an Erwerbsarbeitsplätzen der ökonomisch nicht bzw. nur zeitweise benötigte Bevölkerungsteil im erwerbsfähigen Alter künftig anders als durch die bisherigen Formen der Erwerbsarbeit integriert werden?
- Wie muß die Verteilung der Erwerbsarbeit bzw. die berufliche Laufbahn künftig organisiert werden, damit die Zukunft der Berufswahlfreiheit im demokratischen Sinne realisiert und gesichert werden kann?

Einige richtungsweisende Ansatzpunkte sollen nachfolgend zur Diskussion gestellt werden:

3. Welche Gestaltungschancen der Berufswahlfreiheit bzw. welche Risiken verbinden sich mit den arbeitsgesellschaftlichen Entwicklungen?

Die Frage nach den Gestaltungschancen unterstellt eine noch relative Offenheit in der Entwicklungsrichtung unserer ökonomischen und sozialen Lebens- und Arbeitsverhältnisse. Eine solche Unbestimmtheit in der soziokulturellen Entwicklung äußert sich u. a. in einer strukturellen Labilisierung herkömmlicher kultureller Orientierungsmuster (wie denen des unbeschränkten ökonomischen Wachstums oder der berufs- und arbeitszentrierten Lebensmodelle) und Organisationsformen (wie z. B. Institutionen beruflich-sozialer Integration). So werden die ökonomischen und ökologischen Grenzen des Wachstums, eine veränderte Arbeitsethik sowie veränderte markt- und produktionsökonomische Herausforderungen und der verstärkte Einsatz neuer Technologien weitreichende Auswirkungen u. a. auf den Arbeitsmarkt, die Organisation der Betriebe und Verwaltungen, die Berufsinhalte und Qualifikationsanforderungen sowie auf die Wege in und durch das Berufs-Leben haben.[18]

Insgesamt besteht gegenwärtig selbst innerhalb der Herrschaftseliten in Wirtschaft und Politik eine Situation von Unsicherheit, in der traditionelle Leitbilder nicht mehr selbstverständlich soziale Geltung beanspruchen können, historisch neue jedoch noch nicht entfaltet und sozial "verankert" sind. Die gesellschaftlichen Auseinandersetzungen um die "Zukunft der Arbeitsgesellschaft" ranken sich so auch primär um eine kulturelle Neubewertung der Berufsarbeit mit entsprechenden neuen Verteilungs- und Organisationsformen.

In diesen Auseinandersetzungen zeichnen sich sowohl Chancen zur Neustrukturierung als auch Risiken einer weitreichenden Labilisierung unserer Lebens- und Arbeitsverhältnisse ab.

Chancen einer kulturellen Neubewertung der Berufsarbeit

In der gegenwärtigen neuen Unübersichtlichkeit liegt eine Handlungschance, das Verhältnis von Arbeiten und Leben in einem demokratischen Prozeß historisch neu zu bestimmen und zu organisieren. Ein solcher Handlungsbedarf resultiert nicht allein aus dem höheren Anspruchsniveau eines großen Teils der Bevölkerung an die Berufsarbeit, sondern auch aus den ökonomischen Erfordernissen neuer industrie- und sozialpolitischer Konzepte und Organisationsformen.[19] So werden sich künftig die herkömmlichen systemintegrativen Modelle einer geradlinig verlaufenden beruflichen Laufbahn und der berufsorientierte Modus sozialer Integration kaum mehr wie bisher sozial legitimieren lassen. Diese stehen vielmehr in ihrer traditionellen Bedeutung, ihren Inhalten und Organisationsformen zur Disposition.

Die *kulturelle Neubewertung der Berufsarbeit* im Lebenszusammenhang bildet eine Grundvoraussetzung, um den ökonomischen, ökologischen und sozialen Herausforderungen zu begegnen. Ausgangspunkt stellt hierbei die Entmythologisierung der berufsförmig organisierten Arbeit dar: denn die Berufsidee als "Sozialethik des Kapitalismus" hat einerseits mit dazu beigetragen, die Arbeitsrealität und deren Gestaltbarkeit zu "vernebeln". Andererseits hält der Berufsbegriff noch eine Vorstellung von sinnhafter, ganzheitlicher Arbeit wach, für die nunmehr auch Realisierungschancen bei einer Neuorganisation der Berufswahlfreiheit erkundet und durchgesetzt werden können. *Entmythologisierung* bedeutet nicht nur, den Zusammenhang von beruflicher und sozialer Stellung zu enttabuisieren und damit die Teilhabe an der soziokulturellen Gestaltungsarbeit und am sozialen Reichtum sowie die soziale Sicherheit nicht mehr allein von der Stellung im Beschäftigungssystem abhängig zu machen. Auch die Erwerbsarbeit selbst in ihrer sozialen Definitionskraft ist zu korrigieren, und damit sind andere Formen der Arbeits- und Lebensgestaltung ebenfalls sozial anzuerkennen.

Dies setzt grundsätzlich die Überwindung des vorherrschenden "ökonomistischen Menschenbildes" voraus, das geleitet ist vom individualistischen Besitzstreben als dem wesentlichen Motor wirtschaftlicher und gesamtgesellschaftlicher Entwicklung.[20]

Insgesamt gilt es künftig, ein erweitertes Verständnis von *Beruf* zu entwickeln und auch andere Arbeitsformen wie Eigenarbeit, Hausarbeit, nachbarschaftlich organisierte Arbeit u. ä. sozial anzuerkennen.

Bei einem hohen Rückgang an Erwerbsarbeitsplätzen dürfen allerdings aufgrund unserer demokratisch-politischen Postulate keine sozialen Teilnahmebeschränkungen normiert werden (z. B. nach Geschlecht, Alter, Wohnort, Ausbildung). Vielmehr gilt es, "... die Grenze zwischen Arbeitsmarkt und anderen Tätigkeits- und Versorgungsformen so offenzuhalten, daß sie von allen Arbeitskräften aufgrund ihrer jeweils vorherrschenden Präferenzen in beiden Richtungen überquert werden kann."[21]

Berufswahlfreiheit würde dann nicht mehr allein die Entscheidung zwischen bestimmten Berufen bzw. einer beruflichen Laufbahn bedeuten, sondern auch eine "Abwahl" im Sinne einer "Freiheit vom Beruf", d. h. einer (temporären) Wahl zwischen Arbeit in der primär privatwirtschaftlich organisierten Erwerbssphäre (einschließlich Alternativbetriebe) und soziokultureller Arbeit in der privaten und öffentlichen Lebenssphäre. So zeichnet sich bereits heute ein vermehrter Bedarf an soziokultureller Arbeit im Sinne orientierender, sozial unterstützender und beratender sowie versorgender Arbeiten ab (z. B. im sozialpflegerischen, Bildungs- und Erziehungsbereich, im Bereich der Weiterbildung, Gesundheit, Rechtshilfe, Umweltschutz, Freizeit).

Voraussetzung für eine solche "dualwirtschaftlich" gestaltete Berufswahlfreiheit ist eine chancengleiche Entscheidungsfreiheit; die bezeichnete Entmythologisierung der Berufsarbeit; die weitgehende Selbstverwaltung der soziokulturellen Arbeitsformen, Mitbestimmung in der privatwirtschaftlich organisierten Erwerbssphäre und nicht zuletzt eine sozial anerkannte, nicht-diskriminierende Einkommenssicherung, d. h. eine Abkoppelung der sozialen Sicherung von der Erwerbsarbeit (z. B. in Form eines garantierten Mindesteinkommens bzw. "staatsbürgerlichen Grundgehalts", Hermann Glaser).

Solche Voraussetzungen lassen sich jedoch erst dann schaffen, wenn ein gesellschaftlicher Konsens über die künftige Entwicklungsrichtung unserer Volkswirtschaft hergestellt ist. Hierzu bedarf es umfassender Konzepte und Organisationsmodelle zur Kultivierung unserer ökonomischen Verhältnisse.[22]

Allerdings mögen diese Postulate angesichts der gegenwärtigen neokonservativ geprägten gesellschaftlichen Situation eher utopisch anmuten. Den Risiken einer fortschreitenden Entkultivierung unserer Lebensverhältnisse durch eine weiterhin ökonomistisch dominante Gestaltung des arbeitsgesellschaftlichen Wandels indessen gilt es kulturelle Alternativen entgegenzustellen.

Risiken einer kulturellen Neubewertung der Berufsarbeit

Zum einen besteht das Risiko einer verschärften *Individualisierung* der Lebensbahnen, die die einzelnen "... immer nachdrücklicher mit sich selbst und den Fragen der Entfaltung ihrer Individualität, ihres persönlichen Wohin und Wozu konfrontiert, sie aber zugleich einbindet in die Enge und Zwänge standardisierter und gegeneinander isolierter Lebenslagen."[23] Statt kultureller Integration würde die Segmentierung und Marginalisierung der Gesellschaft fortschreiten: unter den bestehenden ökonomischen Rationalisierungsmaßstäben wäre dann zu erwarten, daß ein noch geringerer Teil der Erwerbsbevölkerung hochqualifizierte Arbeiten mit entsprechenden Versorgungschancen, sozialen Sicherheiten und sozialem Status verrichtet. Diese "Arbeits-Privilegierten" würden nach wie vor ihren Lebenssinn durch ihre Arbeit definieren. Diesen stünde eine vielschichtig differenzierte Bevölkerungsgruppe gegenüber, von denen einige zwar relativ gesicherte Arbeitsplätze innehätten, allerdings in gering qualifizierten und schlecht bezahlten Arbeitsverhältnissen.

Ein größerer Teil der erwerbsfähigen Bevölkerung indessen fiele fast völlig aus einer geregelten Arbeit heraus. Realiter würde sich dann die Gesellschaft in "Arbeitsprivilegierte" und "Freizeitproletarier" teilen.[24]

Zum anderen zeichnen sich neue betriebliche Organisationsformen ab, die das generationsspezifische emanzipatorische Potential an Mitarbeitern mit Nutzungsformen der neuen Technologien ökonomisch eindimensional zu verbinden versuchen. Die Integration der neuen Generation an Erwerbstätigen, die weniger materiell orientiert ist und mehr Freiräume beansprucht, gilt als eine zentrale Aufgabe künftiger Unternehmensorganisation und Herausforderung für das Management.[25]

Auch der Bedeutungszuwachs *interner Arbeitsmärkte* und die gegenwärtig wahre Flut an *Unternehmenskulturkonzepten* deuten auf verstärkte Bemühungen der Wirtschaft hin, ihre Produktions- und Dienstleistungsbedingungen auch *kulturell* zu sichern: Denn die traditionellen betriebsorganisatorischen Modelle, die auf tayloristisch orientierter Arbeitsteilung und hierarchischer Kontrolle basieren, scheinen nicht mehr nur wie bisher den Bedürfnissen der abhängig Beschäftigten nicht gerecht zu werden, sondern tendenziell auch den neuen markt- und produktionsökonomischen Erfordernissen entgegenzustehen.[26]

Allerdings bedeuten dieses neue ökonomische Gestaltungsbedürfnis und die mit den neuen Produktionskonzepten verbundenen Gestaltungschancen nicht zwangsläufig Positives für die Allgemeinheit. So werden die bestehenden gesellschaftlichen Herrschaftseliten in Wirtschaft und Politik ihre soziale Definitions- und Organisationsmacht nicht einfach zur Disposition stellen, sondern versuchen, durch ein technokratisches "Kultur-Management" die neue Arbeitsrealität in ihrem Sinne zu gestalten. Vielleicht droht uns hierbei künftig ein historisch neues, diesmal *einheimisches Gastarbeiterproblem*: Denn die künftigen Formen von Unternehmenskultur werden voraussichtlich nur von einer kleinen, gut qualifizierten Stammbelegschaft getragen. Sollte der Trend zur Labilisierung und Marginalisierung der Erwerbsarbeitssphäre anhalten, könnte dem großen Teil der in stabilen Beschäftigungsverhältnissen stehenden (Teilzeit-)Erwerbstätigen lediglich der Rang von "Unternehmens-Gästen" zukommen. Aufgabe der kleinen Gruppe an qualifizierten Arbeitskräften wäre dann nicht allein ihre fachbezogene Arbeit, sondern auch die Integration der jeweiligen "Gastarbeiter" in das Unternehmen. So haben kulturelle Kompetenzen der betrieblichen Rekrutierung relativ an Gewicht gewonnen.[27] Kommunikationsfähigkeit, Verantwortungsbewußtsein, Zuverlässigkeit, Flexibilitätsbereitschaft sowie die Fähigkeit zur Einordnung und Weiterentwicklung der Unternehmenskultur können als die eigentlichen "Zukunftsqualifikationen" gelten.

Bei einer solchen bewußten Förderung und Honorierung kultureller Kompetenzen besteht nur dann eine Chance zur Mitgestaltung der Arbeitenden, wenn diese pädagogisch nicht bloß eindimensional nach ökonomischem Nutzenkalkül vorbereitet werden. Vielmehr gilt es, *kulturelle Maßstäbe* und Handlungskompetenzen zur Teilnahme an der Gestaltung und Entwicklung des Arbeitslebens in Bildungsprozessen grundzulegen.

Gehen wir auf dem Hintergrund der bisherigen Ausführungen der vierten Kernfrage zur Zukunft der Berufswahlfreiheit nach:

4. Welche neue Lernzielperspektive braucht künftig die Berufsorientierung?

Die neue Lernzielperspektive der Berufswahlvorbereitung und langfristiger Berufswahlhilfen muß *zukunftsorientiert* und auf das *kulturelle Handeln* ausgerichtet sein.

Antizipation, im Sinne einer Orientierung an potentiellen künftigen Ereignissen und Situationen bei der Existenzsicherung und einer Entwicklung alternativer Tätigkeitsformen sowie Gestaltungsmöglichkeiten des Verhältnisses von Arbeiten und Leben, einerseits und *Partizipation*, im Sinne einer nicht bloß formalen Beteiligung an den beruflichen und sozialen Entscheidungen und dem Gestaltungsprozeß, andererseits bilden dann die neuen Lebenszielperspektiven.[28]

Erst die Einheit von antizipativen und partizipativen Fähigkeiten kann dem hier dargelegten Verständnis von Integration in eine politisch-demokratische Kultur gerecht werden: Denn der soziokulturelle Definitions- und Gestaltungsprozeß soll nicht von einem zentralen Plan oder einer zentralen Behörde geleitet und durchgeführt werden oder zur freien Verfügung wirtschaftlicher und politischer Interessengruppen stehen. Vielmehr sind die Voraussetzungen dafür zu schaffen, daß *alle sozialen Gruppen* an der Ausgestaltung und Weiterentwicklung unserer demokratisch sich verstehenden Kultur mit-arbeiten können.

Wenn es zutrifft, daß wir uns historisch in einer gesellschaftlichen Situation befinden, in der es auch darauf ankommt, neue Orientierungen und Organisationsformen für unser soziales Leben zu entwickeln, so besteht auch für die Neudefinition und Neuorganisation der Berufswahlfreiheit eine historische Chance.

So war der Berufswahlprozeß auch bisher nicht bloß auf materielle Existenzsicherung zugeschnitten, sondern originär politisch: trug er doch durch seine sozialisatorische und integrative Funktion zur Aufrechterhaltung der bestehenden gesellschaftlichen Reproduktionsprozesse bei. Einerseits wurden in berufsorientierenden Institutionen und Prozessen die vorgegebenen einseitig ökonomisch-interessebezogenen Allokations- und Selektionsformen legitimiert. Andererseits wurde durch den "Wahlmechanismus" eine subjektiv-sinnhafte Verknüpfung des einzelnen mit "seiner" künftigen Berufsaufgabe mehr oder weniger hergestellt.

Beruf selbst ist seit Entstehung unserer auf kapitalistischen Prioritäten beruhenden Kultur ein *Politikum*.[29] Mit dem Berufsbegriff verbindet sich aufgrund seiner spezifischen bürgerlichen Entwicklungsgeschichte nicht nur ein die realen Arbeitsverhältnisse ausblendender Bedeutungsgehalt, sondern ebenso die Vorstellung einer besseren, anders gestalteten ganzheitlichen Arbeit.[30]

Bisher wurde jedoch diese politische Potenz des Berufs in der Berufsorientierung nur einseitig interessenbezogen, ökonomisch genutzt. Die politisch-kulturelle und emanzipatorische Dimension, durch die der Berufswahlprozeß auch zur Demokratisierung und damit zur kulturellen Teilhabe beitragen kann und soll, wurde bisher aus der Berufswahlvorbereitung ausgeklammert. Berufswahl wird nur als Wahl zwischen ökonomisch-technischen *Sachaufgaben* aufgefaßt und die Berufsorientierung entsprechend informations- und entscheidungsorientiert zu gestalten versucht.

Künftig gilt es, die traditionelle Grundfrage der Berufswahl, "Was will ich werden?", zu ersetzen durch die umfassendere Frage, *"Wie will ich leben?"*. Erst hierdurch kann die vorherrschende Problemperspektive überschritten und die Berufsarbeit sowie deren Problematik in den soziokulturellen Kontext rückgebunden werden, aus dem sie ursprünglich resultiert. Hierdurch wird auch zur Entmythologisierung der Berufsarbeit beigetragen.

Gegenstand der schulischen Berufswahlvorbereitung (im Rahmen eines allgemeinbildenden Faches Arbeitslehre) ist dann nicht mehr allein die Berufsinformation, sondern u. a. auch das mit den Berufen verbundene Menschen- und Gesellschaftsbild sowie dessen soziale Konstitution und Entwicklung. Erst unter dieser Perspektive können auch die Gestaltbarkeit und Veränderbarkeit der Berufswelt und deren kulturelle Einbindung einsichtig sowie alternative Formen der Arbeits- und Lebensgestaltung zum Thema der Berufsorientierung gemacht werden.

Berufswahlvorbereitung als Informations- und Aufklärungsprozeß bildet - so verstanden - einen Beitrag zur Selbstverständigung und Identitäts-Arbeit. Sie kann damit eine praktische Lebenshilfe für den einzelnen werden.

Berufe im herkömmlichen Sinne erscheinen dann nicht mehr als der "Weisheit letzter Schluß". Vielmehr können aufgrund der Erkenntnis von Arbeiten und Leben als sinnvolles Ganzes, der Vielfalt ihrer Gestaltungsmöglichkeiten sowie deren soziale Anerkennung die freie Wahl als durchgängiges, über die Erstberufswahl hinausweisendes Prinzip der Lebensgestaltung wirksam werden: Denn das bisher in Bildungsprozessen vermittelte und öffentlich verbreitete Ideal eines geradlinig aufsteigenden beruflichen Werdegangs wird der Zukunft noch weniger gerecht als der Gegenwart. Der "Normalfall" wird künftig eher der diskontinuierliche, durch Brüche und Wechsellagen charakterisierte "flexible" Lebensweg sein.

Zur Bewältigung dieser Situationen der Unsicherheit und Unabwägbarkeiten sowie zur Verteidigung und Durchsetzung der eigenen Interessen bedarf es verstärkt der bezeichneten antizipativen und partizipativen Fähigkeiten. Erst so lassen sich die "Flexibilitätsspielräume" im Verhältnis von Arbeiten und Leben sowie bei der Arbeitsgestaltung selbst durch die betroffenen Bevölkerungsgruppen mitgestalten.

Hierzu ist es notwendig, in der Berufswahlvorbereitung nicht bloß ein rationalistisches Entscheidungstraining zur "richtigen" Berufsentscheidung zu veranstalten, sondern gerade auch hier die Fähigkeit zur aktiven Einmischung in den soziokulturellen Definitions- und Organisationsprozeß der Berufswahlfreiheit zu entwickeln. *Kulturelle Einmischungsstrategien* und -fähigkeiten bilden damit die zentralen handlungsleitenden Lernziele der Berufsorientierung.

Insgesamt kann bei einer so verstandenen Berufsorientierung auch dem Bedeutungsverlust, den die Erst-Berufswahl erfahren hat, Rechnung getragen werden: Denn wird die Berufswahl nicht mehr als zentrale Lebensentscheidung und bloßer Entscheidungsprozeß verstanden, könnte der Übergang von der Schule in den Beruf bzw. in andere Existenzsicherungsformen realiter als eine Orientierungs- und Erprobungsphase mit Korrekturmöglichkeiten gestaltet werden. Im Mittelpunkt der Lernprozesse stünden neben dem grundlegenden "Lernen lernen" die Vermittlung berufsbezogener Schlüsselqualifikationen sowie antizipativer und partizipativer Kompetenzen zur Gestaltung des Arbeits-Lebens und des Verhältnisses von Arbeiten und Leben. Allgemeinbildung und berufliche Bildung wären hierbei, ihrem wesensmäßigen Zusammenhang entsprechend, integriert.

Schulen selbst dürften nicht mehr bloß auf das Bestehende vorbereiten, sondern müßten als "Zukunftswerkstätten" auf die Gestaltung und Weiterentwicklung unserer sozialen Lebens- und Arbeitsverhältnisse vorbereiten. Auch die bestehenden berufsorientierenden Institutionen gilt es auf die Kultivierung der Berufswahlrealität und auf Lebenshilfe hin auszurichten. Hierzu sind *Kooperationsformen* sowohl zwischen Ratsuchenden und Beratenden als auch zwischen den Institutionen (insbesondere Berufsberatung, schulische Berufsorientierung, zuständige Stellen bei den Kammern, Unternehmer, Gewerkschaften, Jugendbildungsstätten u. a.) notwendig. Einige richtungsweisende Modelle existieren bereits.[31]

Künftig gilt es jedoch auch, verstärkt *dezentrale* Selbsthilfeorganisationen aufzubauen und zu fördern, deren Ziel es ist, gemeinsam mit den Berufswählenden neue Lösungsmöglichkeiten zur Berufswahlhilfe zu initiieren und zu erproben (im Sinne von "Bürgerinitiativen für Berufswahlfreiheit").[32]

... zurück zur Gegenwart

Zugegeben, das Vorangegangene mutet teilweise utopisch an und wirft mehr Fragen auf, als es Antworten bietet. Das war beabsichtigt: denn angesichts der Chancen und Risiken unserer gegenwärtigen arbeitsgesellschaftlichen Entwicklungen sowie einer eher neokonservativen, restaurativen wirtschaftlichen und politischen Gestaltungspraxis bedarf es verstärkt "Denkanschlägen" auf erstarrte Sichtweisen, veraltete Fragestellungen und verkrustete Institutionen. Wir befinden uns in einer Zeit historisch neuer kultureller Fragen und sozialer Experimente, in der alte Gewißheiten und Antworten nicht mehr sozial "legitim" sind.

Die Frage der Berufswahl und Berufsorientierung bezeichnet einen *Verfassungsauftrag* und zielt in unserer demokratischen verfaßten Kultur auf die kulturelle *Integration* junger Menschen wie Erwachsener.[33] Durch die Berufswahl soll der einzelne am materiellen und sozialen Reproduktionsprozeß *teilhaben*.

Wenn künftig nicht weiter ein unzulänglicher sozialer Zustand reproduziert werden soll, bedarf es der Entwicklung von kulturellen Einmischungsmöglichkeiten auch bei der Berufswahl. Optionen müßten dann nicht nur für bestimmte privatwirtschaftlich organisierte Erwerbsberufe bestehen, sondern auch alternative, gemeinwirtschaftlich bzw. selbstorganisierte Tätigkeits- und Versorgungsformen sind sozial anzuerkennen und zu gewährleisten.

Da Grundrechte keiner Logik des "Habens", sondern einer solchen des "Seins" folgen sollten, hat das Grundrecht auf Berufswahlfreiheit in der Zukunft nur dann eine Realisierungschance, wenn bereits gegenwärtig die notwendig andere, eben *kulturelle* Problemperspektive sowie entsprechende integrative Organisationsformen einer freien Berufswahl entwickelt und durchgesetzt werden.

Das hierbei unausweichliche Aufeinanderprallen gegensätzlicher und unterschiedlicher Interessen bzw. Interpretationen charakterisiert erst eine *lebendige demokratische Kultur*.

Im gegenwärtigen kulturell-hegemonialen, sozialen Definitions- und Gestaltungsprozeß mache ich mir allerdings über die Definitionsmacht der Sozialwissenschaften keine Illusionen: Denn ob Forschungsergebnisse und Vorschläge auf realpolitische Entscheidungen nehmen, ist keine wissenschaftsimmanente Frage, sondern eine der "Verwendungstauglichkeit" für die jeweils vorherrschenden politischen und wirtschaftlichen Interessengruppen.[34]

Insgesamt müßte der kulturelle Konflikt über die soziale Ausgestaltung der Berufswahlfreiheit auch integraler Bestandteil der schulischen und außerschulischen Berufsorientierung werden. Der einzelne würde so nicht mehr auf ein sinnentleertes Entscheidungsritual "vorbereitet", sondern vielmehr auf eine aktive Einmischung in die ihn selbst betreffenden Entscheidungen.

Auch wenn künftig die Erwerbsarbeit noch weniger als bisher den ganzen Sinn des Lebens ausmachen wird, ist dennoch nicht zu erwarten, daß sie für die Existenzsicherung völlig "entschwindet". Zudem sind andere Tätigkeits- und Versorgungsformen im Entstehen. So bleibt die Forderung und auch die Hoffnung bestehen, daß wir vielleicht einmal sagen können: "Und es ist für niemanden schwierig, die Arbeit zu finden, die ihm besonderes gefällt und seinen Neigungen und Fähigkeiten entspricht, so daß keiner für die Bedürfnisse der anderen geopfert wird" (William Morris).[35]

Die Berufswahlfreiheit wäre dann nicht mehr zur "Ware und Institution eingefroren", sondern Lebenselement einer demokratischen Kultur.

Anmerkungen

1 Margarete Boehle danke ich herzlich für ihre intensive Manuskriptdurchsicht und anregende Diskussion. Ausführlich setze ich mich mit den wissenschaftlichen, politischen und pädagogischen Dimensionen der Berufswahlproblematik in der Arbeit "Berufswahlfreiheit und Kultur" auseinander: Mueller, H. D., Berufswahlfreiheit und Kultur. München 1986. Dort wird auch ein *integrativer* kulturtheoretischer Bezugsrahmen entwickelt, der darauf zielt, die "zersplitterten" aspekthaften Auseinandersetzungen mit dem Berufswahlproblem in die gesellschaftlichen und individuellen *Lebenszusammenhänge* rückzubinden (vgl. ebenda, S. 113 ff.).
2 Vgl. ebenda, S. 27 ff.
3 Vgl. Petzold, H. J./Schlegel, W., Qual ohne Wahl - Jugend zwischen Schule und Beruf. Frankfurt 1983, S. 88 ff.
4 Diese Aussicht, die Notmaßnahmen wie im bisherigen Umfang weitgehend überflüssig machen könnte, müßte das Eigeninteresse der Projektmitarbeiter verstärkt an *Zukunftsperspektiven* wecken (vgl. beispielsweise den Bericht über die Tagung pädagogischer Mitarbeiter/innen in Arbeitslosenprojekten, Groß-Schneen, 4./5. Dezember 1986. Göttingen 1987, S. 32 ff.).
5 Vgl. Mueller, H. D., Perspektiven und Ansätze einer jugend- und zukunftsorientierten Berufswahlvorbereitung, in: GATWU (Hrsg.): Arbeitslehre zwischen Technikfeindlichkeit und Arbeitslosigkeit. Bad Salzdetfurth/Hildesheim 1983, S. 165 - 176; Mueller, H. D., a. a. O. 1986, S. 57 ff.
6 Vgl. Mueller, H. D., a. a. O. 1986, S. 79 ff. und 116 ff.
7 Vgl. ebenda, S. 133 ff.
8 Vgl. ebenda, S. 222 ff.
9 Vgl. ebenda, S. 57 ff. und S. 182 ff.
10 Vgl. Leipert, Chr., Ist "humaner Wohlstand" möglich? In: Universitas, 41, 11/1986, 1110 - 1120.
11 Vgl. Ulrich, P., Transformation der ökonomischen Vernunft. Fortschrittsperspektiven der modernen Industriegesellschaft. Bern/Stuttgart 1986.
12 Vgl. Beck, U./Brater, M./Daheim, H., Soziologie der Arbeit und der Berufe. Grundlagen, Problemfelder, Forschungsergebnisse. Reinbek 1980.
13 Habermas, J., Die neue Unübersichtlichkeit. Frankfurt 1985.
14 Siehe auch Stooß, Fr., Verliert der "Beruf" seine Leitfunktion für die Integration der Jugend in die Gesellschaft? In: MittAB 2/1985, 198 - 208.
15 Vgl. hierzu auch die einschlägigen Studien aus dem Institut für Arbeitsmarkt- und Berufsforschung (IAB), Nürnberg: von Rothkirch, Chr./Weiding, I., Die Zukunft der Arbeitslandschaft, in: Beiträge zur Arbeitsmarkt- und Berufsforschung (BejtrAB), Bände 94.1/94.2, Nürnberg 1985; dies., Zum Arbeitskräftebedarf nach

Qualifikationen bis zum Jahr 2000. In: Beiträge zur Arbeitsmarkt- und Berufsforschung (BeitrAB), Band 95, Nürnberg 1986.
16 Vgl. Berger, J./Offe, C., Die Zukunft des Arbeitsmarktes. Zur Ergänzungsbedürftigkeit eines versagenden Allokationsprinzips. In: Offe, C. (Hrsg.), "Arbeitsgesellschaft". Frankfurt 1984, S. 87 - 117.
17 Siehe dazu beispielsweise Maier, H. E./Schmid, Th. (Hrsg.), Der goldene Topf. Vorschläge zur Auflockerung des Arbeitsmarktes. Berlin 1986.
18 Siehe Anm. 15.
19 Vertiefend dazu die Bände von Staudt, E. (Hrsg.), Das Management von Innovationen. Frankfurt 1986; und Maier, H. E./Schmidt, Th. (Hrsg.), a. a. O. 1986.
20 Ausführlicher zu diesem Problem siehe beispielsweise Polanyi, K., Kritik des ökonomistischen Menschenbildes. In: Technologie und Politik, Band 12, Reinbek 1978, 109 - 127; Ulrich, P., a. a. O. 1986.
21 Berger, J./Offe, C. a. a. O. 1984, S. 101.
22 Ansätze dazu finden sich u. a. bei Beck, U./Lau, Chr., "Verwendungstauglichkeit" sozialwissenschaftlicher Theorien. Das Beispiel der Bildungs- und Arbeitsmarktforschung. In: Soziale Welt, Sonderband 24/1982, 369 - 394; Projektgruppe Grüner Morgentau (Hrsg.), Perspektiven ökologischer Wirtschaftspolitik. Ansätze zur Kultivierung von ökonomischem Neuland. Frankfurt 1986; Ulrich, P., a. a. O. 1986.
23 Beck, U., Jenseits von Stand und Klasse? In: Soziale Welt, Sonderheft 2/1983, 35 - 74: S. 63.
24 Vgl. Opaschowski, H. W., Arbeit. Freizeit. Lebenssinn? Orientierungen für eine Zukunft, die längst begonnen hat. Opladen 1983, S. 190 ff.
25 Vgl. z. B. das Konzept einer werteorientierten Personalpolitik von Wollert, A., u. a., Werteorientierte Personalpolitik - Ein Beitrag zur Diskussion des personalpolitischen Gesamtkonzeptes der Zukunft. In: Personalführung, Heft 8/9, 1983.
26 Vgl. Kern, H./Schumann, M., Das Ende der Arbeitsteilung? Rationalisierung in der industriellen Produktion. München 1984.
27 Vgl. Windolf, P./Hohn, H. W., Arbeitsmarktchancen in der Krise. Betriebliche Rekrutierung und soziale Schließung - Eine empirische Untersuchung. Frankfurt/New York 1984.
28 Vgl. Peccei, A. (Hrsg.), Das menschliche Dilemma. Zukunft und Lernen. Wien/München 1979, S. 34 ff.
29 Vgl. Crusius, R./Wilke, M., Plädoyer für den Beruf. In: Aus Politik und Zeitgeschichte, Band 48/1979, 3 - 13.
30 Vgl. Mueller, H. D., a. a. O. 1986, S. 166 ff., 213 ff., 235 ff.
31 Beispielsweise das "Kooperationskonzept" des Jugendamtes Offenbach/Main zwischen Schule, staatlichem Schulamt, Jugendbegegnungsstätten, einer Jugendberatungsstelle und dem Kommunalen Jugendbildungswerk (vgl. Grandke, G., Beschäf-

tigungspolitische Initiativen und Mitbestimmungsmöglichkeiten. In: Bullemann/ Cooley/Einemann: Lokale Beschäftigungs-Initiativen. Marburg 1986, S. 138 ff.). Auch in der Europäischen Gemeinschaft wird eine Vielzahl von Projekten mit neuen beruflichen Integrationsformen gefördert. Allerdings herrscht auch hier bloß die *Problemgruppenperspektive* vor. Freiheit der Berufswahl wird somit nicht als ein Struktur- bzw. kulturelles Problem, sondern als *Sonderproblem* zu lösen versucht.

32 Siehe z. B. "Selbsthilfe Berufswahl e. V."; Bundesverband München.
33 Vgl. Mückenberger, U., Die Ausbildungspflicht der Unternehmen nach dem Grundgesetz. Rechtsgutachten. Baden-Baden 1986.
34 Vgl. Beck, U./Lau, Chr., a. a. O. 1982.
35 Morris, W., Kunde von Nirgendwo. Reutlingen 1981 (zuerst 1890), S. 126.

Eyke Berghahn
Rolf Deutschmann

Neue Wege gegen Jugendarbeitslosigkeit aus gewerkschaftlich-GRÜNER Sicht:

Das Konzept eines Jugendausbildungs- und Beschäftigungssystems (JABS)

Die Ursachen für die Berufsnot der Jugendlichen liegen neben dem Abbau von Arbeitsplätzen in einer gigantischen Fehlausbildung. Eine Krise des Berufsbildungssystems wird von SPD und CDU jedoch nicht als Strukturproblem eingestanden, sondern als Mengenproblem bagatellisiert. Gegen das "duale System" mit seinen diversen Warteschleifen wird das Konzept eines Jugendausbildungs- und Beschäftigungssystems (JABS) entwickelt. Dieses Konzept ordnet sich in einen größeren Zusammenhang von beschäftigungspolitischen Initiativen ein, wie sie vor allem in den Strategien regionaler Wirtschaftsentwicklung seitens des "Londoner Modells" erdacht und praktiziert werden.

Der unaufhaltsame Abstieg des dualen Systems

Die Politiker suchen Licht am anderen Ende des Schülerbergtunnels und drücken sich davor, die schwerwiegenden strukturellen und dauerhaften Mängel des dualen Ausbildungssystems mit seinen beiden Lernorten (Betrieb/Schule) zuzugeben:

- die mangelnde Abstimmung und Planung zwischen den beiden Lernorten Betrieb und Berufsschule,
- die dominierende Rolle der Unternehmer und ihrer Interessenorganisation (Kammern) gegenüber Auszubildenden, Betriebsräten und Gewerkschaften,
- die mangelnde Abstimmung und zunehmende Schereentwicklung zwischen Ausbildungs- und Beschäftigungssystem,
- die Abhängigkeit hinsichtlich der Zahl der angebotenen Ausbildungsplätze und Berufe von der Entscheidung der unter Kosten-Nutzen-Denken kalkulierenden Betriebe,
- die Abhängigkeit von der einzelbetrieblichen Finanzierung und den regional sehr unterschiedlichen Wirtschaftsstrukturen und Teilarbeitsmärkten,

- den Gegensatz zwischen den einzelbetrieblichen Interessen und der Vermittlung zukunftsorientierter, berufsfeldübergreifender Grundqualifikation.

Opfer dieses kränkelnden Systems sind über 2,2 Millionen Jugendliche, die in den letzten zehn Jahren ohne Ausbildung blieben (Bundesinstitut für Berufsbildung, Berlin 1986). Abgekoppelt sehen sich Sonderschüler, Hauptschüler ohne und mit (schwachem) Abschluß, Ausländer sowieso, zunehmend Mädchen - selbst mit guten (Real-)Schulabschlüssen, ja selbst Abiturienten; sie alle erhalten oftmals nur noch dadurch Ausbildungschancen, daß das kranke duale System an den Tropf staatlicher Sonder-, Not- und Benachteiligungs-Programme gehängt wurde.

Nur noch die gute Hälfte der Jugendlichen eines Jahrgangs wird vom dualen System mit Lehrstellen versorgt! In einer Bilanz kommt der DGB auf fast 325.700 Jugendliche, die 1985 lehrstellenlos blieben.

Geradezu dramatisch ist die Entwicklung beim Berufseintritt nach Lehrabschluß (2. Schwelle). Nur noch jeder zweite erwischt hier einen glatten Start, d. h. einen unbefristeten Arbeitsvertrag im erlernten Beruf (Frankfurter Rundschau, 10.1.1986). Die Jugendarbeitslosigkeit verlagert sich also tendenziell in die nächste Altersgruppe; von den fast 600.000 arbeitslosen Jugendlichen unter 25 Jahren (März 1985) befanden sich 435.000 in der Altersgruppe der 20- bis 25jährigen.

Die Statistiken belegen: Das duale System versagt quantitativ immer mehr. Die Krise des Berufsbildungssystems ist kein Mengen-, sondern ein Strukturproblem. Eine quantitative Analyse des dualen Systems offenbart dies noch deutlicher. Die eigentlichen Ursachen für die Berufsnot der Jugend liegen - neben dem Abbau von Arbeitsplätzen - in einer gigantischen Fehlausbildung. "Hauptsache ausbilden!" hieß die Devise der vergangenen Dekade - und Tausende von kleinen Handwerksbetrieben bildeten Bäcker, Schlachter, Friseure und Kfz-Mechaniker (an denen sie nicht schlecht verdienten) über Bedarf aus.

Das Drei-Klassen-Ausbildungssystem

CDU und SPD mögen sich in vielen Punkten nicht grün sein. In der Berufsausbildungsfrage wäre ein Koalitionspaket schnell geschnürt. Trotz des bundesweiten Wirrwarrs an unterschiedlichen Maßnahmen und Kompetenzen, die nur noch Fachidioten über- und durchblicken, ist man sich in den Eckpfeilern einig:

- Das Ausbildungsmonopol der Unternehmer ist unantastbar.
- Das "duale System" ist eine heilige Kuh.

- Die galoppierende Jugendarbeitslosigkeit ist weitgehend ein demographisches Problem; man schielt nach den geburtenschwachen Jahrgängen und liebäugelt mit dem Wirtschaftswachstum.

Die ideologischen Vorstellungen beider Parteien sind so unverbrüchlich an das herkömmliche Berufsbildungssystem gebunden, daß folgerichtig die Aufgabe des Staates nur darin bestehen kann, in Krisenzeiten mit Notmaßnahmen in die Bresche zu springen - die Struktur des Systems selbst aber unangetastet zu lassen.

Dadurch haben sich neben dem dualen System unter der Hand zwei weitere Subsysteme staatlich finanzierter Ausbildungsgänge etabliert:

- 80.000 Jugendliche (11 Prozent) erhalten - verglichen mit betrieblich ausgebildeten - Zweitklassiges: Freie Träger (Kirchen, Arbeitgeberverbände, Gewerkschaften und Vereine) haben einen außerbetrieblichen Sektor entwickelt, in dem oft weder Tarifverträge noch das Betriebsverfassungsgesetz gelten.
- Ferner ein schulisches Sammelbecken für alle, die keinen Platz in der ersten und zweiten Klasse fanden: allein im Schuljahr 1982/73 wurden eine Viertel Million Jugendliche in solche Warteschleifen abgeschoben, die sie nach ein oder zwei Jahren ohne anrechenbare Qualifikation wieder verlassen.

Neue Maßnahmen - aber keine Problemlösungen

CDU und SPD haben inzwischen die '2. Schwelle' entdeckt. Günter Apel, Bevollmächtigter des Hamburger SPD-Senats für den Ausbildungsstellenmarkt, hat sich dazu etwas ausgedacht, was aus der CDU/Arbeitgeberküche stammen könnte. Sein Vorschlag: Jugendliche werden nach der Lehre bei halbem Lohn auf eine Stelle gesetzt, wenn sie sich nebenbei weiterqualifizieren. Dazu legt dann die Bundesanstalt für Arbeit noch soviel drauf, daß sie bis zu 75 Prozent des bei Vollbeschäftigung erzielbaren Nettolohns verdienen. Solche zwangsweisen Weiterbildungskonzepte sind die zynische Form des Begriffs "lebenslanges Lernen" und pervertieren durch Arbeitszeitverkürzung bei *vollem Lohnverzicht* gewerkschaftliche Ziele.

Einen anderen Weg zur Lösung des Problems der "zweiten Schwelle" fordern Björn Engholm (SPD) und der stellvertretende Landesvorsitzende der CDU Schleswig-Holstein (neben führenden norddeutschen Gewerkschaftern und einem Vertreter des Unternehmerverbandes): Ihr Vorschlag zielt auf die Abschaffung der engen Kriterien bei der Vergabe von ABM (u. a. muß es sich um zusätzliche Aufgaben handeln) durch die Bundesanstalt für Arbeit. Damit kann man Jugendlichen jedoch ebenfalls keine Perspektive bieten, denn ABM ist auf ein Jahr (maximal drei Jahre) befristet.

Statt Abkopplung - Ausbildung für alle!

Zur Überwindung der Massenarbeitslosigkeit setzen die Konservativen knallhart auf neue Technologien, Wirtschaftswachstum und Flexibilisierung der Arbeitskraft. Kritische Töne aus der SPD lassen eher auf Wahlkampfopportunismus schließen. Ihr Fortschrittsoptimismus läuft letztlich auf den der CDU hinaus, auch wenn Sozialdemokraten lau zu bedenken geben, daß die sozialen Folgewirkungen des technischen Fortschritts gemildert werden müßten.

Die GRÜNEN stellen sich dem herrschenden Fortschrittsglauben entgegen. Sie wollen einen ökologischen Umbau der Gesellschaft, Gebrauchswertproduktion und sozial-nützliche Innovation. Der Kampf um diese beiden Linien kann nicht ohne die organisierte Arbeiterschaft geführt werden. Siegen die Konservativen (wozu die SPD-Spitze in diesem Sinne durchaus zu zählen ist), wird die Zweiteilung der Gesellschaft auf Dauer zementiert - in diejenigen, die ins System der Erwerbsarbeit integriert sind, und diejenigen, die davon abgekoppelt sind.

Entscheidend entgegenwirken kann man dieser bereits im Ausbildungssystem angelegten Abkopplung vieler Jugendlicher nur durch eine *drastische Arbeitszeitverkürzung*. Sie ist aber untauglich, die strukturellen Mängel des Ausbildungssystems aufzuknacken. In Abgrenzung zu den CDU- und SPD-Vorstellungen vom Draufsatteln auf die Ausbildung (ABM, Weiterlernen) sollten die GRÜNEN kurzfristig ein Konzept vertreten, das neben das duale System treten muß. Es muß darauf abzielen, Ausbildung und Beschäftigung schon im Ansatz miteinander zu verkoppeln, um die Realisierung von zwei Forderungen schon von vornherein zu intendieren:

a) Ausbildung für alle!
b) Runter von der Benachteiligten-Schiene!

Wer nicht ausbildet, muß zahlen!

Jugendliche denken oft, sie hätten wegen schlechter Zeugnisse selbst Schuld, wenn sie lehrstellenlos bleiben. Dabei ist die Schuldfrage durch das Bundesverfassungsgericht längst geklärt: "Wenn der Staat ... den Arbeitgebern die praxisbezogen Berufsausbildung der Jugendlichen überläßt, so muß er erwarten, daß die gesellschaftliche Gruppe der Arbeitgeber diese Aufgabe ... so erfüllt, daß grundsätzlich alle ausbildungswilligen Jugendlichen die Chance erhalten, einen Ausbildungsplatz zu bekommen. Das gilt auch, wenn das freie Spiel der Kräfte zur Erfüllung der übernommenen Aufgaben nicht mehr ausreichen sollte." (BVerfG-Urteil vom 10.12. 1980). Dieses im Artikel 12 GG abgesicherte Recht, seinen "Beruf, Arbeitsplatz und Ausbildungsstätte frei zu wählen", wird von der Wirklichkeit verhöhnt: Man nimmt, was man kriegt. Dabei müßten die Unternehmer jährlich 12,5 Prozent mehr Ausbildungsplätze anbieten, als Lehrstellenbewerber nachfragen, um den Jugendlichen ein "auswahlfähiges Angebot" zu machen (BVerfG, ebenda).

Der Staat ist gefordert, verantwortlich zu handeln. CDU und SPD entziehen sich dieser Verantwortung seit Jahren, denn dazu müßte man den Unternehmern auf die Füße treten. Durch staatliche Maßnahmen und Sonderprogramme werden sie statt dessen jährlich um acht Milliarden entlastet.

Das Scheitern der doppelzüngigen Gesetzesinitiativen der SPD-Rationalisierungschefs im Bundesrat bzw. der SPD-Fraktion im Bundestag ist vorprogrammiert. Die Unionsmehrheiten im Bund werden sich so verhalten wie die sozialdemokratischen Mehrheiten in den Ländern. Dabei will keiner der bisher vorliegenden Gesetzesentwürfe das Ausbildungsmonopol der Unternehmer antasten, sondern nur ausgleichende Gerechtigkeit herstellen zwischen großen und kleinen Unternehmer-Fischen: Ausbildungsfaule Betriebe (75 Prozent der Industrie- und 50 Prozent der Handwerksbetriebe bilden überhaupt nicht aus) sollen an ausbildungswillige und -fleißige Betriebe zahlen (Umlage).

Das Ei des Kolumbus ist damit noch nicht geschaffen, denn solch ein Gesetz löst primär die quantitativen Probleme der Berufsausbildung. Deshalb versucht ein neuer Entwurf der Hamburger GAL (Grün-Alternative Liste), einen Teil der Ausbildungsplatzabgabe zum Aufbau eines integrierten "Jugend-Ausbildungs- und Beschäftigungssystems" ('JABS') zu verwenden: In dem Maße, in dem in einzelnen Berufsfeldern dual-Ausgebildete nach der Lehre nicht in ihren Ausbildungsbetrieben unbefristet übernommen werden, wird die Unternehmerabgabe genutzt, um die Ausbildung in solchen Betrieben und Projekten zu finanzieren, die Dauerarbeitsplätze garantieren.

Merkmale eines Jugendausbildungs- und Beschäftigungssystems (JABS)

a) *Organisation*: JABS-Betriebe bilden aus und produzieren in Formen öffentlicher und privater Trägerschaft (Genossenschaften, GmbH etc.).
b) *Vernetzung*: Das JABS vollzieht sich in vernetzten, dezentralen Strukturen, d. h. die JABS-Betriebe in den Stadtteilen bilden einen Ausbildungs- und Produktionsverband. Dachorganisation ist eine verwaltungsunabhängige, selbstverwaltete Körperschaft oder Anstalt, die z. B. Aufträge vermittelt und verteilt, Beratungen organisiert, einen gemeinsam genutzten Maschinen- und Fuhrpark unterhält und die zweckmäßige Mittelverwendung kontrolliert.
c) *Innovation*: JABS-Betriebe sind innovativ in bezug auf die Ausbildungs- und Produktionsbedingungen und im Hinblick auf sozial-nützliche bzw. ökologisch notwendige Produkte und Dienstleistungen. Sie sollen auch dann erbracht werden, wenn sie bislang nicht als profitbringend galten.
d) *Integration*: JABS-Betriebe heben die rigide Trennung zwischen Lebensbedingungen einerseits und Lern- und Produktionsbedingungen andererseits auf.
e) *Strukturen*: In JABS-Betrieben werden demokratische und selbstverwaltete Strukturen entwickelt (vgl. Abb. 1, S. 171).

In Hamburg werden erste Konturen dieser Merkmale in Ausbildungs- und Beschäftigungsprojekten sichtbar: 1982 gelang es der GAL, im Rahmen der Tolerierungsverhandlungen mit der SPD (der 6 Monate die Mehrheit in der Bürgerschaft fehlte) die Einrichtung Autonomer Jugendwerkstätten (AJW) und neue Formen vollzeitschulischer Berufsausbildung durchzusetzen. Dies alles entwickelte sich dann - eingebettet in die Sonder-Notprogrammpolitik des SPD-Senats - allerdings mit dem Pferdefuß von anschließender Nichtübernahme in Betriebe - also in die Arbeitslosigkeit.

Immerhin gibt es inzwischen in Hamburg 15 meist stadtteil- und sozialpädagogisch-orientierte Ausbildungswerkstätten, die ganz im Sinne unserer JABS-Konzeption mit der Planung und dem Aufbau von Genossenschaften und selbstverwalteten Betrieben begonnen haben.[1] Jugendliche, Frauen und Ausländer wollen mit ökologisch und gesellschaftlich sinnvollen und nützlichen Produkten das Übel an der Wurzel packen: durch Schaffung von Dauerarbeitsplätzen.

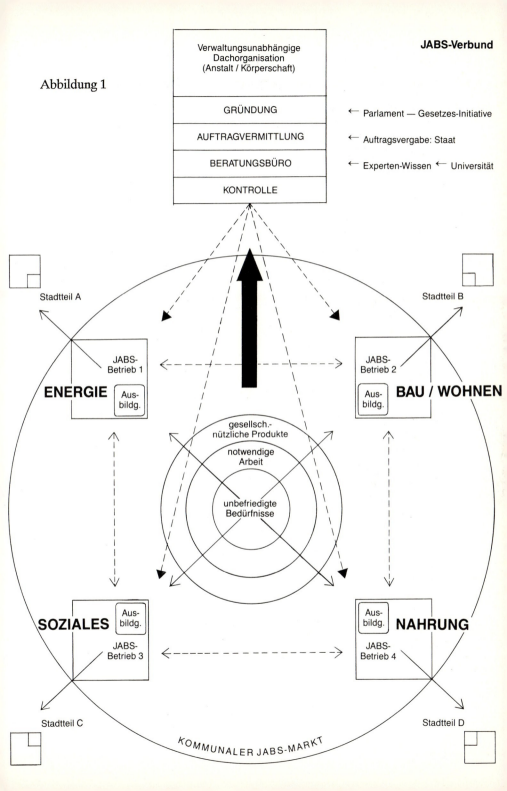

Abbildung 1

Das JABS - eine Tochter des Londoner Konzepts für regionale Wirtschaftspolitik (GLEB)

Gegen die weiter fortschreitende Vernichtung von Arbeitsplätzen infolge von Wirtschaftskrise, Rationalisierung und Sparpolitik öffentlicher und privater Betriebe arbeitete die Groß-Londoner Labour-Regierung (mit Initiativen und Gewerkschaften) unter dem Stichwort "Umbau der Londoner Wirtschaft" eine Strategie aus, die auf dezentraler Planung sowie den vorhandenen Ressourcen der Region Groß-London (GLC/GLEB) aufbaut.[2]

Heruntergewirtschaftete Gebäude, offensichtlich vorhandenes freies Kapital, Hochschuleinrichtungen und vor allem "das Wissen und Können der Arbeiter" wurden in das Realisierungskonzept einbezogen.

Folgende Grundsätze werden mit diesem Politikansatz verfolgt:

- gleichrangige Berücksichtigung sozialer und kommerzielle Gesichtspunkte bei Investitionsentscheidungen,
- Entwicklung langfristiger Planungen für die Londoner industriellen Kernsektoren in enger Kooperation mit Arbeitern und Unternehmervertretern,
- Mobilisierung der vorhandenen Ressourcen für die Schaffung von Arbeitsplätzen in den Bereichen gesellschaftlich notwendiger Produkte und Dienstleistungen,
- Erweiterung der Mitbestimmung der Arbeiter in der Industrie,
- Förderung technologischer Entwicklungen zum Nutzen der Arbeiter und der Gemeinden.[3]

Elemente der Umsetzung dieses Konzeptes regionaler Wirtschaftsentwicklung sind u. a.

- die Einrichtung von Maschinenbanken mit gebrauchten Maschinen, die für die Ausbildung und Produktion genutzt werden,
- die Vergabe von zinsgünstigen Krediten und die Übernahme von Bürgschaften,
- eine gezielte Einkaufs- und Auftragsvergabe-Politik der öffentlichen Hand,
- Beratung über Technologien, Betriebsführung, Produktion und Marketing.

Zwar kennt man in England nicht unser duales System, doch läßt sich unschwer übersehen, daß das JABS sich nahezu nahtlos in das vorgestellte Londoner Modell einer regionalen Wirtschaftspolitik integrieren läßt.

Die Arbeit liegt auf der Straße

Trotz Massenarbeitslosigkeit und Verwertungskrise geht die "falsche Arbeit" aus - die richtige, die gesellschaftlich notwendige, sozial-nützliche liegt auf der Straße. Schon heute müssen wir für die Versäumnisse der Vergangenheit teuer bezahlen, z. B. mit

- hohen Mieten, weil erhaltenswerter, sanierungsbedürftiger Wohnraum in Altbauten zu Gunsten von Spekulations-Neubauten vernichtet wurde,
- hohen Energiekosten, weil nicht auf Fern- bzw. Nah-Wärme, sondern Atomenergie gesetzt wurde.
- Der Wasserpreis wird in die Höhe schnellen, weil - trotz Wissen um Wasserknappheit - Grundwasser immer noch für Kühlzwecke verschwendet wird, statt Wasser-Recycling zu betreiben (Trennung von Trink- und Brauchwasserleitungen, von Haushalts- und Industrie-Abwasser, Brauchwasseraufbereitung).
- Ähnliches gilt für die Müllentsorgung, das Recycling von Baustoffen, für den Bereich der Entsorgung, für Anlagen und Verfahren der Luftreinhaltung oder den Ausbau eines umweltfreundlichen Nahverkehrssystems.

Ein immenser gesellschaftlicher Bedarf an Arbeit besteht im sozialen Dienstleistungs- und Selbsthilfegruppen-Bereich: Altenhilfe, Kinderbetreuung, Betreuung von Drogen- und Genußmittelkranken, psychisch Kranken, geistig Behinderten, ferner Freizeitmöglichkeiten, die den sozialen, kommunikativen und kreativen Bedürfnissen der Menschen entgegenkommen. Diese Aufgabe wird umso wichtiger, je mehr die fremdbestimmte Arbeit in Fabriken Verwaltungen und Büros an Bedeutung für die Menschen verliert bzw. je mehr es gelingt, Arbeitszeitverkürzungen durchzusetzen.

Finanzierung eines Jugendausbildungs- und Beschäftigungssystems

Die Gralshüter der Marktwirtschaft werden Sturm laufen gegen eine solche Politik, die sich mit dem dualen System anlegt und über das Instrument der Auftragsvergabe in den sogenannten "freien Markt" eingreift. Doch dazu gibt es aus GRÜNER Sicht keine akzeptable Alternative. Alle ernstzunehmenden Untersuchungen gehen nun einmal davon aus, daß immer mehr Jugendliche nach Beendigung ihrer Lehre keinen festen Arbeitsplatz finden und einen rapide steigenden Anteil der Arbeitslosen stellen werden. Wie man das Problem der "zweiten Schwelle" der Jugendarbeitslosigkeit also auch dreht und wendet, an einer grundlegenden Erkenntnis kommt man nicht vorbei: Neue, zusätzliche Arbeitsplätze entstehen in nennenswertem Umfang nur, wenn der Staat durch eine politische Setzung Bedarf schafft, den er selbst oder die Betriebe (z. B. bei der Beseitigung oder der Vermeidung von Umweltschäden) finanzieren müssen. Weil aber JABS-Betriebe in der Regel mit schon existierenden Betrieben kaum konkurrieren können (wenn sie nicht allein in wirtschaftlichen Nischen produzieren wollen und sollen), dann werden sie neben einer Anschubfinanzierung auch die Bevorzugung bei der Vergabe öffentlicher Aufträge benötigen.

Anmerkungen

1 Verband sozialpolitischer Erwerbsbetriebe. Ev. Jugend Hamburg. 2000 Hamburg 76, Hirschgraben 25.
2 Die kürzlich von den Konservativen betriebene Auflösung des "Greater London Council" (GLC) bedeutet auch das Ende der GLEB.
3 Vgl. Frankfurter Rundschau v. 16.2.1985.

Autorenverzeichnis

Alt, Gabriele, Dipl.-Sozialpädagogin, Mitarbeiterin des Mädchentreffs Kiel-Gaarden.
Apel, Günter, Senator a. D., Bevollmächtigter des Hamburgischen Senats für den Ausbildungsmarkt.
Banse, Bettina, Dipl.-Pädagogin, Mitarbeiterin des Mädchentreffs Kiel-Gaarden.
Berghahn, Eyke, Lehrer in berufsvorbereitenden Schulen, Personalrat (GEW), Mitglied der Fachgruppe Bildung der GAL, Hamburg.
Deutschmann, Rolf, Lehrer in berufsvorbereitenden Schulen, Mitglied des Vorstands der GEW Hamburg und der Fachgruppe Bildung der GAL, Hamburg.
Friebel, Harry, Dr., Dozent an der Hochschule für Wirtschaft und Politik (HWP), Hamburg.
Gaiser, Wolfgang, Dr., Wissenschaftlicher Mitarbeiter des Deutschen Jugendinstituts (dji), München.
Heinz, Walter R., Dr., Professor für Psychologie an der Universität Bremen.
Klawe, Willy, Dipl.-Pädagoge, Jugendbildungsreferent an der Volkshochschule Norderstedt.
Kühnlein, Gertrud, Wissenschaftliche Mitarbeiterin der Sozialforschungsstelle Dortmund.
Mueller, H. Dieter, Dr., Dozent am Institut für Polytechnik/Arbeitslehre der Universität Frankfurt.
Otto-Brock, Eva-M., Wissenschaftliche Mitarbeiterin des Deutschen Jugendinstituts (dji), München.
Raab, Erich, Wissenschaftlicher Mitarbeiter des Deutschen Jugendinstituts (dji), München.
Rademacker, Hermann, Wissenschaftlicher Mitarbeiter des Deutschen Jugendinstituts (dji), München.
Seibert, Winfried, Dipl.-Sozialpädagoge, Mitarbeiter in der Jugendarbeit, Offenbach/Main.
Stengler, Karl, Referatsleiter im Landessozialamt Hamburg.
Wahler, Peter, Wissenschaftlicher Mitarbeiter des Deutschen Jugendinstituts (dji), München.
Wiebe, Hans-Hermann, Pastor/Dipl.-Pädagoge, Jugendbildungsreferent der Evangelischen Akademie Nordelbien, Bad Segeberg.

Foto: argus Hamburg

Folgende aktuelle Publikationen sind im Rahmen der Tagungen der Evangelischen Akademie Nordelbien in Bad Segeberg entstanden:

Hans-Hermann Wiebe (Hrsg.), Verborgen im Licht. Neues zur Jugendfrage. Frankfurt: Syndikat 1986

Hans-Hermann Wiebe (Hrsg.), Jugend in Europa - Situation und Forschungsgegenstand. Opladen: Leske & Buderich 1988

Gunter Hesse/Hans-Hermann Wiebe (Hrsg.), Die Grünen und die Religion. Frankfurt: Athenäum 1988

Hans-Hermann-Wiebe (Hrsg.), Politische Kultur - Politische Moral. Die Kieler Affäre und kirchliches Handeln. Bad Segeberg: C. H. Wäser 1988 (Zeitkritische Beiträge 1 der Evangelischen Akademie Nordelbien)

Hans-Hermann Wiebe (Hrsg.), Die Gegenwart der Vergangenheit. Historikerstreit und Erinnerungsarbeit. Bad Segeberg: C. H. Wäser im Druck (Zeitkritische Beiträge 2 der Evangelischen Akademie Nordelbien)

Diese Bände sind über den Buchhandel zu beziehen oder über die

Evangelische Akademie Nordelbien
Marienstr. 31
2360 Bad Segeberg